宋代笔记俗语词研究

SONGDAI BIJI SUYUCI YANJIU

齐瑞霞 ⊙ 著

知识产权出版社
全国百佳图书出版单位
—北京—

图书在版编目（CIP）数据

宋代笔记俗语词研究 / 齐瑞霞著 . —北京：知识产权出版社，2021.8
ISBN 978－7－5130－7630－2

Ⅰ.①宋… Ⅱ.①齐… Ⅲ.①笔记—俗语—研究—中国—宋代 Ⅳ.①H131

中国版本图书馆 CIP 数据核字（2021）第 148930 号

责任编辑：李学军	责任校对：谷　洋
封面设计：刘　伟	责任印制：孙婷婷

宋代笔记俗语词研究

齐瑞霞　著

出版发行：知识产权出版社 有限责任公司	网　　址：http://www.ipph.cn
社　　址：北京市海淀区气象路 50 号院	邮　　编：100081
责编电话：010－82000860 转 8559	责编邮箱：752606025@qq.com
发行电话：010－82000860 转 8101/8102	发行传真：010－82000893/82005070/82000270
印　　刷：北京虎彩文化传播有限公司	经　　销：各大网上书店、新华书店及相关专业书店
开　　本：720mm×1000mm　1/16	印　　张：14.5
版　　次：2021 年 8 月第 1 版	印　　次：2021 年 8 月第 1 次印刷
字　　数：222 千字	定　　价：88.00 元
ISBN 978－7－5130－7630－2	

出版权专有　侵权必究
如有印装质量问题，本社负责调换。

序

2000年前后，齐瑞霞在山东师范大学文学院随我读了硕士研究生，后来又在山东大学儒学高等研究院跟冯春田教授读了博士研究生，硕、博都是主修汉语史。这样，她在汉语研究上就具有了广博的知识、系统的理论和扎实的实践能力。近年来，瑞霞在近代汉语研究方面发表了多篇有价值的论文，最近又将出版《宋代笔记俗语词研究》，这都是很重要的成果。我很赞赏瑞霞所取得的成绩。

这部《宋代笔记俗语词研究》选题好、理论新，搜罗广泛、分析深入，洵为上乘之作。本书在前人研究的基础上，收集整理了64部宋代笔记中的600多个俗语词，并选定、考释了其中的近400个词语。沿源讨流，锱铢无遗，真是一个了不起的成绩，这在汉语史、方言学、民俗学、词汇学、词典学、古典文学上都是具有重大意义的。

对于这部著作，我想讲下面几点。

其一，在汉语史的研究上，词汇的研究较语音、语法来说相对困难一些，因为词汇数量庞大、系统复杂。这就有一个研究方法的问题。四十年前，我的老师殷孟伦先生发表了《谈谈汉语词汇研究的断代问题》（载《文史哲》1981年第2期），主张断代研究汉语词汇，比如"把先秦、两汉作为一段，又把以后各代的文献也分作若干段，一段一段地进行工作"，这样，"选词也好，释义也好，不至感到茫然"。这是真正具有指导价值的理论。瑞霞的这部书，"宋代"，是断代的；"笔记"，是专书的；"俗语词"，是专题的；都是具体的限定。这就把近乎无限的数量化为了有限的数量，从而可以进行封闭式的研究。

本书是第一次以宋代笔记作为语料、以俗语词作为研究对象的汉语词汇研究。这样的选择和研究，改变了过去汉语词汇研究方面重雅言轻方俗口语、宋代笔记研究中重文史轻语言的不足，拓展了词汇研究的领域，丰富了词汇研究的内容，构建了更为合理的历史词汇学的理论体系，可以让人们在更为开阔的视野中看清汉语词汇历时发展的全貌。比如"儿化"。"儿化"是汉语史上的重要现象，但是宋代有没有"儿化"？这并没有确切的结论。有的学者对《朱子语类》中的"儿化"进行考察，认为只有"猫儿""狗儿""些儿"三例，而且还都是孤证。但宋代笔记中的"儿化"是大量存在的，仅《梦粱录》卷十三"夜市"所记，就有"刀儿""枪儿""猫儿""棒槌儿""扇面儿""盐豆儿""销金帽儿""鱼龙船儿"等，共36个。全书的例子还要多得多。这充分说明，"儿化"在宋代已经很普遍了。

其二，本书研究宋代笔记中的俗语词，但并不是单纯地收释词语，而是在收集和整理词条的基础上，以两个专章（第四章、第五章）对这些词语的成词理据和词义的发展演变进行多维分析，从而对这些词语的成词和变化有一个全面、清晰的认识。比如在语料的选择上，瑞霞提出要"环顾左右"和"瞻前顾后"，意思是"既要注重宋代笔记中俗语词的分析，也要参考宋代除笔记之外的其他同期文献，还要关注与俗语词发展演变相关的后期文献，特别是宋以后一些重要笔记或典籍对宋代俗语词作出的相关分析。这样才能对宋代笔记俗语词有一个全面、系统的认识"。这是很好的理论，它能避免片面性。其实，这个理论既可适用于选择语料，也可适用于诠释词语。例如"官人"，最早是动宾短语，即赐官于人。《尚书·皋陶谟》："知人则哲，能官人。"经过词汇化，成为名词，意思是为官之人。《荀子·强国》："士大夫益爵，官人益秩，庶人益禄。"杨倞注："官人，群吏也。"后来，词义开始泛化，由"为官之人"成为对男人的尊称，如张官人、李官人等。这体现了宋代的官场文化和官本位思想对社会众生的影响。词义再泛化，就成为妻子对丈夫的称谓了。再如"恶发殿"，俗谓吴越王钱镠发怒即升此殿。实际是钱镠清廉，仰慕周公工作勤勉，"一沐三握发"，所以将其宫殿命名为"握发殿"。吴人语讹，说成了"恶发殿"。久而久之，积非成是。本书正本清源，支派清晰，意义明确，给人留下了深刻的印象。

其三，本书从文字、音韵、方言、民俗等多方面探讨所收俗语词的形成和语义特点，特别是对具体词条进行分析时，往往能发表自己的见解，以消除对俗语词认识的讹误。例如"打野胡"。《云麓漫钞》卷九："世俗，岁将除，乡人相率为傩，俚语谓之'打野胡'。"瑞霞考证，"野胡"，亦作"夜胡"等，实际当是"野呼"（野謼），是驱傩的人在田野里驱逐鬼怪时的叫喊声。至宋代，因不明语源，主观臆想，加之驱傩时伴有对鬼祟之类驱逐、击打的动作，于是在因音同而讹的"夜胡"前冠以"打"字，又进而把"打夜胡"的"胡"与古代少数民族相联系，受到"打"词义的影响，"野謼"又被理解为"野狐"。种种形音，纠缠不清。再如"宽定宕"，古人认为是兄弟三人的名字胡宽、胡定、胡宕演变而来。瑞霞认为，此词最初用来指人的服饰肥大，不合身，穿在身上松松垮垮、晃里晃荡。由此引申出人的行为放荡而不知收敛，进而发展成为对行为不检点女性的称呼，如骂这种人为"宽定宕的东西"。经过考证，纠正讹误，形义分明，使人眼前一亮。

全书考求词义，多处使用了因声求义的方法。比如"抱"。扬雄《方言》卷八："北燕、朝鲜、洌水之间谓伏鸡曰抱。"章炳麟《新方言·释动物》："《说文》：'孚，卵孚也。'亦书作'抱'……今自江而北谓鸡伏卵曰'抱'，江南或转如'捕'。"瑞霞说："孵、孚、伏与'抱'均为一声之转。"我所知河南方言"抱小鸡"曰"布鸡娃"，"布""抱"亦一声之转。

核查方言，也是本书考求词义的方法。比如"外后日"，其义为"大后天"，"内蒙古西部如临河、包头、东胜等地方言"仍如此用法。再如"混堂"，意思是澡堂，浴池，"现在上海等地依旧叫澡堂为混堂"。又如"空手冷面"，意思是两手空空，一毛不拔。"今陕北方言中仍有'空手冷面'的说法，如'空手冷面价，你敢到人家家里去了？'"方言是古代语言的化石，印证方言，使词义更加亲切，易于理解。

本书还有许多可圈可点的地方，就不再一一论述了。

书中还有个别论之未详或未及论述的地方。在这里，我把我的想法写出来，以与瑞霞博士和读者朋友相商。

其一，第二章第二节，"骨董"。"骨董"一词的得名，代表性的观点有三种："一是认为'骨董'源于方言，初无定字，因此产生了诸多的记录形式"；"二是认为'骨董'应为'匫董'的讹写……（章炳麟）认为'骨董'是'匫'的分音"；"第三种看法认为'骨董'为象声词，是食物在锅中熬煮时发出的声音，'骨董羹'因此得名"。瑞霞认为"象声词的解释较为可信"。但是在我看来，骨董羹的"骨董"和骨董行的"骨董"应当是两个词。熬煮食物的"骨董"（或者"咕嘟"）、跳进水中的"骨董"（或者"咕咚"），是象声词，这没有问题。骨董行的"骨董"、古器物的"骨董"，就是另外一个词了。这个"骨董"，章先生认为"是'匫'的分音"，这是确凿无疑的。《说文·匚部》："匫，古器也。"《玉篇·匚部》："匫，呼骨切，古器也。"上古属晓母、物部。按郭锡良《汉字古音手册》，其音为 xuet。声母见溪群晓匣，其音相通。随着时间的推移，"xuet"逐渐演变为两个音节，即"gu dong"。记录这两个音节，当时也有多种形式，如汩董、谷董、骨董、古董等。后来多写作"骨董"，《现代汉语词典》定形为"古董"。我曾有《"趵突泉"释名》一文，认为"趵突"乃"濼"演变而成为双音节。匫—骨董、濼—趵突，其演变轨迹应该是一致的。

其二，第二章第四节，"沙"。"'沙'的用例见《江邻幾杂志》："廛俗呼野人为沙块，未详其义。"有学者认为"沙"是吴地方言，吴地多沙，其民司空见惯，所以用"沙"来喻指普通而无可称道之人；又如巴蜀盛产红苕，蜀语的"苕"则多含贬义。我认为，汉字是表意系统的文字，所以许多人一看到"沙"就想到沙子，一看到"苕"就想到红苕，都是惑于字形。江休复，字邻幾，宋代陈留人。"沙"未必为吴地方言。今考"沙"乃记音字，本字当作"傻"。《广韵》：沙，所加切；傻，沙瓦切。二字声韵皆同，唯调有平上之分。"沙块"犹今言傻瓜也。与城里人相比，"野人"（乡下人）诚悫、朴拙、心眼儿少，不会来事，便被视为傻。古代这类词很多，如村、乡、伧、楚等，皆是也。"苕"亦傻之音转。前几年有部电影《一个勺子》，说的是在我国西北地区，农民拉条子在镇上遇到了一个讨饭的傻子，傻子便跟他回了家，以后生发出许许多多的事情。在甘肃、新疆等地的方言里，"勺子"

就是傻子。勺、傻一声之转。这种现象在口语里、书本上很是普遍,古代有,现代有,将来还会有。解决这类问题,就是不能囿于字形,而以语音贯通之。用王念孙的话来说,就是"就古音以求古义,引申触类,不限形体"(《广雅疏证·自序》);用王引之的话来说,就是"学者以声求义,破其假借之字而读以本字,则涣然冰释,如其假借之字而强为之解,则诘屈为病矣"(《经义述闻·自序》)。所谓"不限形体",是说一组音同音近的字可能表示相同的意义,不能按字面释义;所谓"读以本字",是说根据上下文,在这一组音同音近的字中找出本字或常用之字。这是解决这类问题的管钥。

是为序。

吴庆峰
2021 年 7 月 1 日

目 录

第一章 绪 论 ·· 1

    第一节 笔记与俗语词概说 ·································· 3

        一、关于笔记 ··· 3

        二、关于俗语词 ·· 4

        三、宋代笔记与俗语词 ·································· 6

    第二节 笔记与俗语词的研究价值 ························ 10

        一、笔记语言研究与宋代语言研究 ················· 10

        二、宋代笔记的语料价值 ····························· 12

        三、俗语词研究的语言学价值 ······················· 14

        四、俗语词研究的民俗学价值 ······················· 15

        五、俗语词研究与辞书编订 ·························· 19

    第三节 宋代笔记俗语词的研究现状与研究方法 ···· 20

        一、研究现状 ·· 20

        二、研究方法 ·· 22

第二章 宋代笔记俗语词分类例说 ························· 27

    第一节 宋代笔记称谓类俗语词 ·························· 28

        一、亲属称谓类俗语词 ································ 28

        二、社会称谓类俗语词 ································ 35

        三、詈辞 ··· 51

第二节　宋代笔记名物类俗语词 ……………………………… 56
　　一、衣食住行类俗语词 …………………………………… 57
　　二、商业娱乐类俗语词 …………………………………… 68
　　三、日常杂用类俗语词 …………………………………… 80
　　四、其他名物类俗语词 …………………………………… 85

第三节　宋代笔记动作类俗语词 ……………………………… 89
　　一、单音节动作类俗语词 ………………………………… 89
　　二、双音节动作类俗语词 ………………………………… 94
　　三、三音节动作类俗语词 ………………………………… 99

第四节　宋代笔记性状类俗语词 ……………………………… 101

第三章　宋代笔记俗语词构词法考察 …………………………… 110

第一节　复合式俗语词 ………………………………………… 111
　　一、并列式 ………………………………………………… 111
　　二、动宾式 ………………………………………………… 119
　　三、主谓式 ………………………………………………… 122
　　四、偏正式 ………………………………………………… 123

第二节　重叠式俗语词 ………………………………………… 128

第三节　派生式俗语词 ………………………………………… 130
　　一、前缀 …………………………………………………… 130
　　二、后缀 …………………………………………………… 134

第四章　宋代笔记俗语词成词理据分析 ………………………… 143

第一节　俗语词成词理据的语言因素 ………………………… 144
　　一、语音造词 ……………………………………………… 144
　　二、字形拆分 ……………………………………………… 153
　　三、缩略 …………………………………………………… 154

第二节　俗语词成词理据的其他因素 ………………………… 155
　　一、避讳 …………………………………………………… 156

二、社会习俗 …………………………………………… 159
　　三、历史典故 …………………………………………… 160
　第三节　习非成是对俗语词形成的影响 ………………… 162
　　一、语言自身因素的干扰 ……………………………… 163
　　二、语言接触过程中产生的误解 ……………………… 168
　　三、习非成是对俗语词词义的影响 …………………… 170

第五章　宋代笔记俗语词词义的生成与演变 ……………… 172
　第一节　词义借用与俗语词词义的变化 ………………… 172
　　一、源自方言口语的俗语词 …………………………… 172
　　二、源自少数民族的音译外来词 ……………………… 176
　第二节　词义衍生与俗语词词义的变化 ………………… 178
　　一、词义泛化与专指 …………………………………… 178
　　二、修辞引申产生的词义变化 ………………………… 182
　　三、实词虚化 …………………………………………… 188
　　四、短语词汇化 ………………………………………… 195
　第三节　俗语词色彩意义的变化 ………………………… 201
　　一、词义扬升 …………………………………………… 201
　　二、词义贬降 …………………………………………… 202
　　三、感情色彩发生多次转变 …………………………… 203

词条索引 ……………………………………………………… 207

参考文献 ……………………………………………………… 210

后　　记 ……………………………………………………… 219

第一章 绪 论

在中国历史上,两宋是一个在经济、文化、艺术、科技等方面都得到高度发展的"黄金时代"。近代国学大师陈寅恪认为华夏文化"造极于赵宋之世"①。不但超越了前朝历代,而且也为其后的元明之所不能及。德国经济史学家贡德·弗兰克说:"宋代中国在重要技术、生产、商业发展方面和总的经济发展方面尤为突出。麦克尼尔认为中国是当时世界上最重要的'中心'了……自11世纪和12世纪的宋代以来,中国的经济在工业化、商业化、货币化和城市化方面远远超过世界其他地方。"②

作为记录文化的重要载体,语言与社会的发展密切相关。随着宋代社会在经济文化等领域的繁荣,这一时期的语言也随之发生了重要变化。在词汇方面的突出表现就是大量新词语的产生,特别是随着城市经济、民俗文化和市民文学的兴起和繁盛,俗语词、方言词、行话市语等大量增加,词汇的丰富性得到了进一步的发展。这些在词汇方面呈现出的新特点,使宋代成为汉语词汇发展和研究的一个重要阶段,受到历代学者的关注和探究。

词汇是语言的重要组成部分,也是语言研究的重要领域。但是"以往的汉语研究,对'两头'(上古汉语和现代汉语)做得比较多,而对中间一段(近代汉语)研究得很少"③。中国传统训诂学最早依附于经学而产生,解经、注经是训诂学的主要任务。基于此,训诂学对先秦两汉的文献典籍关注较多,

---

① 陈寅恪:《邓广铭〈宋史职官志考证〉序》,载陈寅恪:《金明馆丛稿二编》,上海古籍出版社1980年版,第245页。

② [德]贡德·弗兰克:《白银资本:重视经济全球化中的东方》,刘北成译,四川人民出版社2018年版,第267页。

③ 蒋绍愚:《近代汉语研究概要》,北京大学出版社2005年版,第9页。

对六朝以来的词语关注和研究相对较少,其中俗语词更是被认为难登大雅之堂,不为研究者所重视。这种情况也反映出传统汉语词汇研究中两个比较突出的问题:

一是注重书面语,轻视口语。也就是在汉语词汇研究领域,长期以来较为偏重书面语或雅言、官话的研究,而对口语的研究明显着力不够。事实上,口语和书面语作为汉语存在的两种表达形式,相互依存、相互影响,共同推动了汉语的持续发展。梳理汉语的发展历史可以发现,先秦时期汉语在口语和书面语方面的差别并不明显,但是自汉魏六朝以降,随着社会的分化融合,书面语与口语之间的差别就开始凸显,至唐宋时期,市民阶层以及俗文学的兴起,语言口语化、通俗化倾向明显,书面语、口语之间的差异也日益突出。传统词汇学将研究重点放在书面语,显然不能客观真实地反映汉语发展的实际。因此,在关注书面语的同时,口语研究也应作为一个重要方面加以重视。作为其中口语化程度较高的俗语词,理应成为汉语词汇研究的重要内容。

二是重视汉语发展两端的研究,缺少对汉语词汇在汉语史不同历史时期发展演变的整体性考察。从历时角度看,词汇的发展是一个连续、渐变的过程,汉语从先秦到现代经历了漫长的发展演变过程,其间语言也产生了许多新的变化和特点。只有将一个具体的词放到一个发展变化的时序中,才能更加准确和深入地了解其发展演变的全过程。因此无论是汉语词汇研究,还是词汇史的研究,都不能仅停留在汉语发展两端,还要对汉语词汇自魏晋以来各个历史阶段的发展情况加以重视。

俗语词属于口语词,俗语词的研究也是口语词研究的一部分。因此,选取一个特定历史时期的典型语料对俗语词进行集中研究,既可以了解该时期俗语词使用和发展的基本状况,又可以拓展和丰富整个汉语词汇史研究。宋代笔记俗语词研究正是基于这方面的考虑,通过对宋代笔记中出现的俗语词进行收集和整理,在此基础上对俗语词的构词方式、成词理据及词义的生成演变等问题,进行深入分析和讨论,并借助词汇化、语法化以及认知语言学等理论,对俗语词在形成和发展过程中的演变机制和诱发因素,作理论性的说明阐释和规律性的总结提炼,这不仅是俗语词研究也是汉语口语词研究中十分重要的内容。之所以将研究语料确定为宋代笔记,主要是考虑到宋代笔记写作时代易于确定、内容涵盖面广、语言风格率意自由，其中产生或使用了大量的俗语词等因素。笔记作为宋代重要文献，以往对其的关注和研究多侧重于文学、历史、民俗等方面，语言方面的研究相对较少。所以，无论是从俗语词研究方面，还是从深入认识宋代笔记语料对于宋代语言研究的重要价值方面，都有进一步深入研究的空间和必要。

第一节 笔记与俗语词概说

宋代是笔记创作和俗语词涌现的高峰期，要对宋代笔记中的俗语词进行系统的分析研究，首先需要对笔记和俗语词有一个较为清晰的认识和界定。

一、关于笔记

笔记作为一种文体，始于汉魏六朝，通常是指文人学士休闲消遣时随笔记录下来的作品，又称随笔、笔谈、杂识、杂记等。内容上具有"杂"的特点，广泛涵盖了鬼神险怪、典章制度、民情风俗、人物逸闻、掌故逸事、山川景物以及考据训证等。"所录唯山间木荫，率意谈噱，不系人之利害者；下至闾巷之言，靡所不有。"[①] 以沈括《梦溪笔谈》为例，全书现存26卷，按内容分为故事、辩证、乐律、象数、人事、官政、权智、艺文、书画、技艺、器用、神奇、异事异疾、谬误谲诈、讥谑、杂志、药议17门（大类）。可见笔记内容之庞杂，涉及领域之广博，具有区别于其他文体的个性化特点。或许止因如此，自其产生之始，笔记也仅被视为消闲之作，无关著述。正如清纪昀所言："景薄桑榆，精神日减，无复著书之志，惟时作杂记，聊以消闲。"[②]

笔记发展到宋代，已受到当时文人的普遍喜好和推崇，创作数量和质量

---

① （宋）沈括：《梦溪笔谈》，中华书局1985年版，第1页。
② （清）纪昀：《阅微草堂笔记》，上海启智书局1931年版，第617页。

都得到了前所未有的发展。数量上，据考宋代笔记约有400种，其中100多种亡佚，也有的认为宋代笔记约有800种。①可见数量极其庞大。质量上，笔记的写作者多为士大夫阶层，文化素质和文学修养普遍较高，内容又多写身边熟悉事物或自身履历见闻，加之格式规范上少有约束，所以写作水平、写作质量都有了大幅提高。刘叶秋先生对历代笔记进行了深入研究，将笔记小说大致划分为三类，即小说故事类、历史琐闻类和考据辩证类。②对照来看，三类笔记在宋代都有充分发展，出现了一大批在中国古代笔记小说发展史上具有重要影响的作品，小说故事类如《夷坚志》《清异录》《茅亭客话》《醉翁谈录》等；历史琐闻类如《涑水记闻》《归田录》《挥麈录》《老学庵笔记》《野客丛书》《齐东野语》《癸辛杂识》等；考据辩证类如《容斋随笔》《梦溪笔谈》《困学纪闻》等。

二、关于俗语词

俗语是一个比较宽泛的概念，历史上曾有过不同的称呼，"或称言、里言、俚言、乡言、俗言、传言、常言、迩言、恒言，或称谚、里谚、野谚、古谚、乡谚、俗谚，或称语、里语、俚语、民语、常语、古语、直语、鄙语、谚语、俗语，或称俗话、古话、炼话、常谈、俗谈、方言土语、街谈巷语等。其中最为常用的还是'俗语'"③。综合考察这些不同的名称，可知俗语一词包含的内容十分广泛，既有词，也有相当于词的固定短语。古人的俗语、俚语等，"概念大致和'口语词'相当。但以前因为没有'词'的概念，所以'俗语''俚语'有时指的不仅是口语中的词或词组，而且包括一些谚语之类的句子"。"为了把句子排除在外，在谈及口语词汇时，一般已不再使用'俗语'这一名称，而称之为'俗语词'"。④据此，宋代笔记俗语词的研究，在研究范围上仅包含俗语中属于词的部分，不包含如歇后语、成语、谚语等属于句子的内容。

---

① 李文泽：《宋代语言研究》，线装书局2001年版，第8页。
② 刘叶秋：《历代笔记概述》，北京出版社2003年版，第4页。
③ 徐宗才：《俗语》，商务印书馆1999年版，第1页。
④ 蒋绍愚：《近代汉语研究概要》，北京大学出版社2005年版，第274页。

关于俗语词的界定，目前学界尚存争议，分歧集中表现在如何认识和处理俗语词与口语词、方言词之间的关系上。郭在贻先生十分重视俗语词的研究，将汉魏六朝以来方俗词的研究视为传统训诂学研究的新领域，在对俗语词进行界定时，明确提出："俗语词，指的是古代文献中所记录下来的古代的口语词和方言词之类。"即俗语词应该"包括方言词和口语词"。① 徐时仪先生也认为俗语词和口语词的研究范围是一致的，"俗语词就是古白话系统中的白话词，也就是口语词"。②

朱庆之先生则认为俗语词与口语词是两个不同的概念，在研究范围上不完全相同，"口语词是相对于书面语词而言的，主要指只用于日常口语（包括方言词）而不用于书面语的那些词；俗语词是相对于雅言（文雅的）而言的，主要指口语中那些粗俗鄙俚难登大雅之堂的词"③。这种观点认为，俗语词仅为口语词的一部分，而且在研究口语词时应该包含方言词。

黄征先生对汉语俗语词开展了较为系统的研究，并对俗语词进行了界定，提出"汉语俗语词是汉语词汇史上各个时期流行于口语中的新产生的词语和虽早有其词但意义已有变化的词语"④。这个定义着眼于汉语词汇史的发展，对俗语词的基本条件进行了明确：（1）俗语词必须是口语词；（2）关注的是新词，包括某个特定历史时期新产生的词语，以及虽然产生时间在此之前，但意义有了新的变化的词语。

综合以上观点，俗语词对应的应该是雅言，口语词则是相对于书面语提出的，二者的命名，在理论上侧重点确实不同，但是在实际研究中，将二者严格区分开来，也存在许多困难。语言的存在形式应包含书面语和口语两种形式，但由于关于古人口语的直接资料的缺失，留存下来的口语资料也多是通过书面记录的形式完成的，所以，研究一个历史时期的口语状况只能通过反映口语的书面记录形式。因此，区别真正口语与书面语本身就已不易，再

---

① 郭在贻：《训诂学》（修订本），中华书局2005年版，第109页。
② 徐时仪：《古白话词汇研究论稿》，上海教育出版社2000年版，第26页。
③ 朱庆之：《佛典与中古汉语词汇研究》，文津出版社1992年版，第58页。
④ 黄征：《汉语俗语词研究的几个理论问题》，载《杭州大学学报（哲学社会科学版）》1992年第2期。

将俗语词从口语词中分离出来在实际操作中显然会存在更多困难。

另外，俗语词与方言词从理论上也是有区分的。具体而言，方言词更侧重从语言的地域特征进行划分，是相对于通语而言的。但是俗语词在形成和发展中，与方言词关系密切，因此在实际研究中也很难将两者截然分开。如有些俗语词产生之初属于方言词，仅在特定区域内使用，但随着文化的交流和语言的传播，部分方言词会逐渐扩展到更广的方言区域，甚至会进入这一时期的基本词汇系统中，这在俗语词形成过程中是较为普遍的现象。所以在进行具体研究时，将方言词，特别是对俗语词形成与发展产生较大影响的方言词，也应一并列入俗语词的考察范围。

基于上述分析，特别是考虑到实际研究中的可行性，可将宋代笔记俗语词的研究范围进一步界定为：(1) 宋代笔记中的口语词；(2) 俗语中属于词的部分，不包含俗语中属于句子的成分，如成语、谚语、歇后语、隐语等；(3) 与俗语词有着密切联系的方言词；(4) 以宋代新产生的俗语词，以及宋以前就已产生但到宋代词义有了变化，并且在构词、释义等方面以具有代表性的俗语词为主；(5)《汉语大词典》等未收录、释义失当或者所举例证在宋以后的俗语词。

三、宋代笔记与俗语词

写作态度上的随意率性，内容上的不拘一格，形式上的不循规蹈矩，形成了笔记"语言鄙俚，不以文饰"[①]的文体风格和语言特色，也使这种文体长期以来游离于正统文学，得不到应有的重视；但另一方面，也正是因为这样的创作特色和行文特点，使其更加贴近当时的社会生活，有较多的俚俗乡言夹杂其中，为汉语俗语词的研究提供了直接和丰富的研究语料。

在汉语词汇发展史中，特别是六朝以来，汉语产生了大量新的语言成分，其中有些与俚俗用语有着直接的关系。例如，宋代笔记中对"宁馨""阿堵"的记录和讨论。

---

① （宋）孟元老：《东京梦华录》，中华书局1982年版，第4页。

唐张谓诗："家无阿堵物，门有宁馨儿。"以宁为去声。刘梦得《赠日本僧智藏》诗云："为问中华学道者，几人雄猛得宁馨？"以宁为平声。盖《王衍传》曰："何物老妪，生宁馨儿？"山涛叱王衍语也。又《南史》："宋王太后疾笃，使呼废帝。帝曰：'病人间多鬼，那可往？'太后怒，谓侍者：'取刀来剖我腹，那得生宁馨儿！'"按二说，知晋、宋间以宁馨儿为不佳也。（吴曾《能改斋漫录》卷四）

宁馨、阿堵，晋宋间人语助耳。后人但见王衍指钱云："举阿堵物却。"又山涛见衍曰："何物老妪，生宁馨儿？"今遂以阿堵为钱，宁馨儿为佳儿，殊不然也。前辈诗"语言少味无阿堵，冰雪相看有此君"，又"家无阿堵物，门有宁馨儿"，其意亦如此。宋废帝之母王太后疾笃，帝不往视，后怒谓侍者："取刀来剖我腹，那得生宁馨儿！"观此，岂得为佳？顾长康画人物，不点目睛，曰："传神写照正在阿堵中。"犹言"此处"也。刘真长讥殷渊源曰："田舍儿，强学人作尔馨语。"又谓桓温曰："使君，如馨地宁可斗战求胜？"王导与何充语曰："正自尔馨。"王恬拨王胡之手曰："冷如鬼手馨，强来促人臂。"至今吴中人语言尚多用宁馨字为问，犹言"若何"也。刘梦得诗："为问中华学道者，几人雄猛得宁馨。"盖得其义。以宁字作平声读。（洪迈《容斋随笔》卷四）

前世谓"阿堵"，犹今谚云"兀底"，"宁馨"，犹"恁地"也，皆不指一物一事之词。（庄绰《鸡肋编》卷下）

今人称钱为阿堵，盖祖王衍之言也。阿堵，晋人方言，犹言这个耳。王衍当时指钱而为是言，非真以钱为阿堵也。今直称钱为阿堵，不知阿堵果何物邪？且顾长康曰："传神写照正在阿堵中。"谢安曰："明公何须壁间着阿堵辈。"殷中军曰："埋应在阿堵上。"此皆言阿堵，岂必钱邪？（王楙《野客丛书》卷八）

通过宋代笔记的记录可知，"宁馨""阿堵"本为魏晋时常用的指示代词。但因时代久远，在宋代对这两个词已发生了误解和臆断。如吴曾认为"宁馨"为"不佳、不好"的意思，显然认为"馨"是一个实词，作"美好"讲。这明显是拘泥于字形、望文生训的结果。

洪迈、庄绰、王楙等人打破字形束缚，通过归纳六朝时期的用例，认为"宁馨""阿堵"应该是六朝时常用的指示代词。"阿堵"，犹言"此处、这个"，相当于宋时的"兀底"。日本学者太田辰夫也认为："'阿堵'后来似变化为宋代的'阿底''兀底'，元代的'阿的''兀的'。"① 这样的分析和判断显然更为科学准确。

对于"宁馨"，洪迈参考当时的吴中方言，认为方言中多用"宁馨"来提问，所以应作"若何"，表达疑问的意思。对此现在研究者多持反对意见，认为"宁馨"也应该为指示代词，作"如此"讲。日本学者志村良治曾指出"尔馨、宁馨、如馨，是当时口语的特殊语词"，均可作"这个、这样"讲。② "宁馨"在宋代口语中也作"能亨""能地""恁地"。如《癸辛杂识》续集下："却言渊子大狂生，行也轻轻，坐也轻轻。他年青史总无名，我也能亨，你也能亨。""能亨"应是"宁馨"音转而成。《嬾真子》卷三："'宁'作去声，'馨'音亨。今南人尚言之，犹言'恁地'也。""恁地"亦即"能地"。"尔""宁""能"皆为一声之转。

宋代笔记中对"宁馨""阿堵"的分析和讨论，反映出在俗语词研究中的两个重要问题：（1）俗语词在汉语发展中没有得到足够重视。许多俗语词在产生之初，语义通俗明了，无须加注，世人就可以了解它的准确含义。但是随着时代的变迁、语言的发展变化，许多当时明白无误的口语词，反而成为后世文献阅读中的障碍，进而产生望文生训的错误。因此，任何时期有关俗语词的收集和整理工作，都是汉语词汇研究中不可或缺的重要组成部分。（2）俗语词在发展过程中会随着语音的变化，在词形上产生不同的形式，因此探究不同形式之间的变化关系，也是俗语词研究中十分重要的方面。

另外，通过整理和分析笔记中有关词语考证方面的资料，也可以得到很多汉语常用词、俗语词在形成及演变过程中的早期用例或关键性用例，这对汉语词汇源流演变问题的研究具有十分重要的意义，同时也可为词源性辞书的编纂修订提供重要、翔实的例证。

---

① ［日］太田辰夫：《汉语史通考》，江蓝生、白维国译，重庆出版社1991年版，第18页。
② ［日］志村良治：《中国中世语法史研究》，江蓝生、白维国译，中华书局1995年版，第41页。

如"睡觉",表示睡眠义,是现代汉语中的常用词。考察这一常用词的形成过程,可知"睡""觉"的连用形式最早见于唐五代时期,如白居易《睡觉偶吟》:"官初罢后归来夜,天欲明前睡觉时。""睡觉"产生之初应是一个短语,其中"睡"指"睡着","觉"指"醒来",可理解为"从睡眠中醒来",是并列式短语。宋代"睡觉"作为短语的例子依然普遍。《寓简》卷三:"太宗睡觉,谓文静曰:'醉中渴甚,梦入公家池中饮水,极清冷快意。'文静视其体犹湿也。"《夷坚乙志》卷十九:"宣和中,内侍杨戬方贵幸。其妻夜睡觉,见红光自牖入,彻帐粲烂夺目。"

"睡觉"由短语发展为词,在词义和组合关系上都发生了明显的变化。表示"睡眠"义的"睡觉",其内部组合形式应是动宾结构,"觉"为名词。因此,"觉"的词性变化,是"睡觉"这一常用词形成的关键。宋代笔记中的"觉"作为量词使用的记录,为"觉"的词性由动词向名词的转变提供了重要的线索。《鸡肋编》卷中:"赵叔问为天官侍郎,肥而喜睡,又厌宾客。在省还家,常挂歇息牌于门首,呼为'三觉侍郎',谓朝回、饭后、归第故也。"再如《冷斋夜话》卷一:"东坡曰:予少官凤翔,行山邸,见壁间有诗曰:'人间无漏仙,兀兀三杯醉。世上没眼禅,昏昏一觉睡。'"以上两例中的"觉",均受到数词的修饰,不应再看作动词,而应是一个量词。

进一步分析"觉"的量词用法的形成,可知应是由"觉"的动词义"醒来"引申而来的。"醒来"可以看作"睡"这一动作的结束和完成,因此也就可以用"觉"作为计数"睡"这一动作的量词。当"睡觉"中间的数词为"一",且将"一"省略时,其内部结构就产生出两种不同的解读:一种情况是仍旧作并列短语,指"睡醒"。另一种情况就是将"睡觉"看作省略数词的一种组合形式。恰恰是这种在结构上的重新分析,使得"觉"逐渐由动词向名词转化,"睡觉"也由最初的并列式结构转变为动宾式结构,并经过进一步的词汇化过程,凝固成词。所以说,宋代笔记中"数词+觉"这一中间形式的记录,为"睡觉"的词汇化过程提供了重要线索。

俗语词的研究也是如此。如"老婆"一词,现在是口语中对妻子的称呼,使用频率很高。但它在唐代主要是指"老年妇女",是一个偏正结构的合成词。如唐《寒山诗》三十六:"东家一老婆,富来三五年。昔日贫如我,今笑我无钱。"其中"老婆"即为"老年妇女"。宋代沿用这一用法,如《醉翁谈录》卷三:"里谚云:'三月十八,村里老婆风发。'盖是日村姑无老幼皆入城也。"但"老婆"作为"妻子"的俗称也始于宋代,如《梦粱录》卷十三:"更有叫'时运来时,买庄田,取老婆'卖卦者。""取老婆"已与今天的表达完全相同,指"娶妻","老"为前缀。再如《侯鲭录》卷三:"东坡云:王晋卿尝暴得耳疾,意不能堪,求方于仆。仆答之曰:'君是将种,断头穴胸当无所惜。两耳堪作底用,割舍不得?限三日疾去,不去,割取我耳。'晋卿洒然而悟。三日,病良已,以诗示仆云:'老婆心急频相劝,令严只得三日限。我耳已聪君不割,且喜两家皆平善。'"《汉语大词典》"老婆"条的第三个义项"妻子的俗称"首引的就是《梦粱录》中的例子。

笔记中保留下来的这些记录和分析,对研究汉语常用词、俗语词的发展十分珍贵,如果能够对这部分资料进行系统的整理,不仅有助于研究俗语词词义的发展演变,也可为汉语词汇史的研究以及大型辞书的编订提供更多准确可靠的材料。

第二节 笔记与俗语词的研究价值

宋代笔记在语言研究方面的价值,可以概括为以下几个方面:一是从更广的研究视野上,讨论宋代笔记在宋代语言整体研究,以及宋代语言在汉语史历史分期问题上的重要价值;二是通过收集整理和理论分析,深度挖掘宋代笔记重要的语料价值;三是俗语词研究的语言学价值;四是俗语词研究在宋代民俗研究方面的价值;五是俗语词研究对辞书编订的价值。

一、笔记语言研究与宋代语言研究

两宋经历了三百多年的历史,以靖康之难为界分为南、北两个时期。在汉语史的分期上,王力先生把宋代划分为两个时期,"公元4世纪至12世纪(南宋前半期)为中古期,公元13世纪至19世纪(鸦片战争)为近代时期"。① 大体上北宋接近中古，南宋归于近代。吕叔湘先生则建议"把近代汉语的开始定在晚唐五代"。② 据此，整个两宋时期都应归到近代汉语的范畴。

以上有关宋代语言历史分期问题的讨论，正可反映出宋代语言研究的两个方面的问题：（1）宋代是汉语由中古向近代转变的重要时期，在汉语史上发挥着承前启后的重要作用。王力先生将北宋、南宋划分到汉语发展的两个不同时期，很重要的因素就是缘于语言在这个时期出现了与以往不同的新特点，因而不能简单笼统地划分为一个阶段，而是需要对这一时期的语言作进一步的细致划分。因此对这一时期的语言进行系统性研究，具有重要的汉语史价值。（2）宋代语言研究还不充分。汉语史分期的重要前提，就是要对汉语发展中每一阶段的语言特点有较为全面清晰的认识，为语言的发展变化提供准确、翔实的依据，而这在很大程度上取决于充分、扎实的断代语言研究。宋代语言在汉语史分期上的争议，也说明了宋代语言研究的不充分，还有进一步深入研究的必要。

将近代汉语的开端确定为晚唐五代的划分方法，也只是将近代汉语的开始时段作了初步界定，近代汉语内部各个历史时期语言的再划分问题，具体到宋代语言在近代汉语中处于什么样的位置，从北宋到南宋，汉语语言内部发生了哪些新的变化，也均是在解决宋代汉语史分期问题时，需要进一步论证和解决的重要问题。

目前对宋代语言进行系统论述的著作仅有李文泽的《宋代语言研究》，词典有《宋语言词典》和《宋元语言词典》等。有关宋代语言的研究，也多侧重于语法、语音，词汇方面的研究明显不足。具体到汉语词汇研究本身，一直以来也多侧重于雅言通语的研究，对方俗语词的关注和研究用力不够。如果能够借助宋代笔记这一重要语料，对其中保留的俗语词进行系统整理、研究，不仅有助于认识宋代汉语词汇的一般特点，而且对于认识宋代语言发展的特点，以及客观评定宋代语言的汉语史分期等问题，都有重要

---

① 王力：《汉语史稿》，中华书局1980年版，第35页。
② 吕叔湘：《近代汉语指代词》，学林出版社1985年版，第1页。

的参考价值。

二、宋代笔记的语料价值

笔记小说内容庞杂，其中不乏"谑浪之语，细琐之汇"，保存了大量有关当时方言、俗语的记录。王锳先生将笔记语料的特点总结为三点："一、大都出自当时的文人学士之手，用的基本上是文言。不过由于这种体裁形式活泼，可以不拘一格，信笔所之，娓娓而谈，所以比起正宗的八家派古文来，口语色彩要强。二、涉及的范围和生活面广，举凡诸子百家、文学艺术、历史地理、天文历算、博物技艺、医药卫生、典章制度、金石考据、民情风俗、人物传记、宫廷琐闻、神话传说、现实政治等等，几乎无所不谈，无所不包，因而词汇的容量相应较大。三、其中往往有成段的白话语料，如供词、诉状、外交谈判记录之类。此外，故事传说中的人物对话部分，口语的程度也往往较高。"他认为笔记语料"口语色彩强，词汇容量大，口语程度较高"，"在唐代和宋初白话文献较为缺乏的情况下，它是有资格作为白话词汇研究取材的重点之一的"。①

但在宋代语言研究的语料选择上，历来研究者往往更多地关注宋话本、宋词、宋代禅宗语录等，对笔记语料的重视程度则相对不足。

宋代话本被认为是宋代口语化程度最高的语料，如果能以此研究宋代俗语词，无疑是最为理想的。但是现存的许多话本，至今依然存在写作时间不详、作者不明、版本不清等问题。如《五代史平话》的出现时间，就存在相当多的争议。鲁迅认为全书在叙述风格上存在明显差异，"大抵史上大事，即无发挥，一涉细故，便多增饰"②。因此将它视为宋代的作品，是缺少说服力的。章培恒也指出："尽管宋代已有专门说《五代史平话》的说话艺人，但现在所见的《五代史平话》不但已是元刊本，且已经过元代说话人的增润，而非宋代说话的原貌。"③再如《大唐三藏取经诗话》，一般认为属于宋

---

① 王锳：《唐宋笔记语辞汇释·前言》，中华书局2001年版，第5页。
② 鲁迅：《中国小说史略》，人民文学出版社2007年版，第117页。
③ 章培恒：《关于现存的所谓"宋话本"》，载《上海大学学报（社会科学版）》1996年第1期。

刊本，鲁迅则认为，"此书或为元人撰，未可知矣"①。章培恒的《中国文学史》也因宋代小说资料的缺乏以及产生时代分辨上的困难，将宋代小说与戏剧的内容归并在元代文学的章节中。目前对部分宋话本年代判定问题的研究尚难形成定说，而且许多以前认为是宋代话本的，如今又有了新的争议和不能确定的因素。语料年代的难以判定，这对于断代语言研究是不可取的。

围绕禅宗语录、宋代诗词、《朱子语类》等宋代其他语料进行的研究，近年来较为活跃。其中禅宗语言的研究较为集中深入，系统论述的专著有张美兰《禅宗语言概论》、袁宾《禅宗著作词语汇释》等。宋代诗词的语言研究有张相《诗词曲语辞汇释》、王锳《诗词曲语辞例释》以及廖珣英编《〈全宋词〉语言词典》等。《朱子语类》以及朱熹的其他口语文献作为研究宋代语言的重要语料，研究成果颇多。陈明娥《朱熹口语文献词汇研究》对朱熹口语文献语言研究的现状有详尽叙述。厦门大学组织编写出版的朱熹口语文献语言通考丛书，分别对朱熹口语文献的语音、词汇、语法、修辞等进行了系统深入的研究，也是近年来研究朱熹口语文献的重要成果。

比较而言，宋代笔记的语言研究特别是词汇研究就薄弱得多。语言研究，语料的选择是核心问题。朱庆之在对汉译佛经词汇进行研究时，提出理想的语料应具备三个基本条件：一是年代大致可考，而且数量充足；二是语料的用语含有较多的口语成分；三是语料的内容应具有广阔的社会生活覆盖面。② 对照这三条标准，宋代笔记时代大多可考，其中包含有较多的口语成分，而且数量可观、词汇覆盖面广，将其作为宋代俗语词研究的基础语料，应该是更为恰当的。但至今对宋代笔记语料进行研究的专著仅有王锳《唐宋笔记语辞汇释》，书中主要选取了唐宋时期产生的新词新义，虽然也涉及一部分俗语词的内容，但是在研究范围和研究深度上与笔记俗语词的专项研究，并不完全一致。所以，针对宋代笔记俗语词还有进一步开展专题研究的必要。

---

① 鲁迅：《中国小说史略》，人民文学出版社2007年版，第124页。
② 朱庆之：《佛典与中古汉语词汇研究》，文津出版社1992年版，第1页。

三、俗语词研究的语言学价值

传统汉语词汇学研究在很长一段时间，将研究重点集中在对疑难词语的考释方面，而忽略了对当时的方俗口语的记录和研究。其中一个重要原因就是这部分方俗语词在形成之初，流传度广，词义明白显豁，无须解释。随着语言的发展变化，由于当时记录解释资料的缺失，后人在阅读用当时口语写成的作品时，就会感觉费解，难以理会。朱熹在讲读《尚书》时，就谈到了这一问题。《朱子语类》卷七十八："书有易晓者，恐是当时做底文字，或是曾经修饰润色来。其难晓者，恐只是当时说话。盖当时人说话自是如此，当时人自晓得，后人乃以为难晓尔。若使古人见今之俗语，却理会不得也。"这段文字如实地反映了汉语词汇发展的真实面貌，即汉语发展过程中由于长期忽略了对方俗口语的记录与研究，所以即便是之前无需加注、明白易晓的词，在后人读来也往往"难晓""理会不得"。这也从一个方面强调了汉语俗语词研究的重要性。

笔记内容驳杂，在其中保存了许多重要的语言研究资料，具体表现在记录方音、考证经文、考释俗语、辨析词语、探求词源等方面。对这些散落其中宝贵的研究资料，蒋绍愚先生十分重视，他认为古代笔记、杂著的内容很庞杂，其间有不少对口语词的诠释或溯源。特别提到宋吴曾《能改斋漫录》和孟元老《东京梦华录》等笔记资料对口语词的诠释，已被后代俗语词研究专著引用。[1] 其他如洪迈《容斋随笔》、沈括《梦溪笔谈》等，均设有专章、专节或专条记录、考证宋代的俗语词。周密《武林旧事》、吴自牧《梦粱录》等，也或多或少地记载了宋代常见词汇。另外，宋代还出现了一些专门收集和解释俗语词的著作，如佚名《释常谈》、龚熙正《续释常谈》、赵叔向《肯綮录》等。宋时著名的韵书，如《广韵》《集韵》等，也收录了不少宋代口语新词。[2] 对笔记中这部分零散的俗语词资料进行汇总、整理和分析，不仅可以为俗语词的研究提供方法上的重要参考，而且有助于汉语词汇在构造方

---

[1] 蒋绍愚：《近代汉语研究概要》，北京大学出版社2005年版，第275页。
[2] 蒋绍愚：《古汉语词汇纲要》，北京大学出版社1989年版，第243页。

式、生成机制、语义形成与发展演变等方面的研究。

四、俗语词研究的民俗学价值

语言是文化的重要组成部分，蕴含着丰富的文化内涵，反映了不同民族特定的文化内容。口头语言是"文化的载体，是一种特殊的民俗符号传承"①。社会传统风尚、礼节习俗等都会通过语言表现出来，许多俗语词的产生与其产生时期的社会习俗、历史文化等密切相关。宋代笔记中的部分俗语词也集中反映了两宋社会的风俗习惯和民俗观念，彰显了宋代社会丰富多彩的民俗文化。其中宗教习俗、婚育习俗以及节日习俗是比较突出的几个领域。

（一）宗教习俗

北宋至真宗时，既提倡儒术，又倡导佛教、信奉道教，建立了儒、释、道兼蓄并存的思想体系。纵观两宋时期，宗教在发生深刻变革的同时，都不同程度地出现了世俗化、平民化的发展趋势，对世俗社会有着较强的渗透力，产生着深刻的影响。这些影响具体到俗语词方面，表现为一些原本在宗教领域使用的术语，经由词义泛化，发展成为俗语词。

如"开荤"，本为佛教用语，指佛门弟子因生病等特殊情况破除斋戒，开始吃荤。《说文》："荤，臭菜也。""荤"的本义是指具有刺激性气味的菜，如韭、蒜、葱等。佛教信徒忌荤也忌酒肉，因此，后来"荤"的词义中也将酒肉包括在内。丁福保《佛学大词典》"开荤"条："又曰开素，许食荤肉也。佛虽制酒肉五辛，而有病患或利益事时，则许饮食之。"后泛指许久吃素的人偶尔吃荤。《野客丛书》卷二十二："今人久茹素，而其亲若邻，设酒肴之具，以相暖热，名曰'开荤'。""开荤"的说法最早见于宋代，唐代称作"开素"。清郭麐《灵芬馆诗话》卷三："近人以开斋日为开荤，唐人谓之开素。"②

"荤""素"词义相对，而"开荤"和"开素"语义相同，其中原因，

---

① 钟敬文：《民俗文化学》，中华书局1996年版，第5页。
② （清）郭麐：《灵芬馆诗话》，上海古籍出版社2002年版，第357页。

可能与"开"的多义性有关。"开荤"一词中"开"表示"开始","开荤"即斋戒结束,开始食用酒肉。"开素""开斋"中的"开"则表示"解除""破除",因此也可以表示斋戒结束。一个事件的开始,同时也是前一个事件的结束,因此,"开"与一对反义词搭配时,因语义选择不同而可以表达相同的意思。现代汉语中,仅保留"开荤"一种说法,大概因为对"开"来说,最常用的意义是"开始",因此"开荤"这样的组合形式在表义上更为直接。现在指第一次做某事也可以叫"开荤",则是词义进一步引申的结果。

再如"葛藤",指葛的藤蔓,后被用作禅宗用语,比喻文字、语言一如葛藤之交错缠绕,本用来解释说明事相,反遭其缠绕束缚,更加混乱。《丛林盛事》:"禅家者流,凡见说事枝蔓不径捷者,谓之葛藤。"语言繁复啰唆,语义不清,因此禅宗中也指难以理解的语句。《清波杂志》卷七:"一日,见语:'人生腊月三十夜,要当了了,方见平生着力处。'始意如平时举葛藤尔。"后泛化为一般用语,指说话绕来绕去、啰里啰唆。《杂纂续》"不识迟疾"条:"急如厕说葛藤话。"将急着上厕所却啰里啰唆说个没完视为不知轻重、不知缓急的例子。后代如《歧路灯》第七十二回:"一径进了店里,谢豹指着上房道:'这是相公的,一切房火店钱,草料麸水,俱已言明。'德喜甚喜,为自己面软口羞,省却无数葛藤。""省却无数葛藤",即指省去诸多的麻烦、啰唆。宋代还有"打葛藤",民间将扫除纠缠烦琐的陈词滥调,俗谓之"打葛藤"。《五灯会元》卷十八:"山僧无怎么闲唇吻与汝打葛藤,何不休歇去!"

(二) 婚育习俗

婚育不仅是社会生活的重要内容,也反映和体现了特定的民俗文化和社会心理。宋代笔记中许多俗语词和婚育习俗密切相关,经过对这些俗语词的整理和分析,有助于了解当时人们的生活方式、行为规范和社会风俗礼仪的一般状况。

宋代商品经济比较发达,在议婚时,首先由男女双方约定一个日期,双方见面,男方如果相中女方,就在女方的发髻上插上金钗,称为"插钗";否则要送上酒食、彩缎等财物,称为"压惊"。《梦粱录》卷二十:"如新人中意，即以金钗插于冠髻中，名曰插钗。"《东京梦华录》卷五："或不入意，即留一两端彩段，与之压惊，则此亲不谐矣。"

"草帖、定帖"也是旧时婚俗，即婚娶之前先将女方的生辰八字写在红纸上，称作"草帖"，交由男方。男方占卜之后，无不合之处，就可以准备用来确定婚事细节的帖子，称作"细帖"或"定帖"。《梦粱录》卷二十："婚娶之礼，先凭媒氏，以草帖子通于男家。男家以草帖问卜，或祷签，得吉无克，方回草帖。亦卜吉媒氏通音，然后过细帖，又谓'定帖'。"

"兜裹"是指家境贫寒的女子，拿不出陪嫁之物，男方将首饰衣服以及钱财等包好，送到女方家作为资助，所以称"兜裹"。《梦粱录》卷二十："又有一等贫穷父母兄嫂所倚者，惟色可取，而奁具茫然，在议亲者以首饰衣帛，加以楮物送往，谓之'兜裹'。"

宋代笔记中有的俗语词也表现了少数民族的独特婚俗，如在某些少数民族婚俗中，"吃茶"意味着许婚。《老学庵笔记》卷四："其歌有曰：'小娘子，叶底花，无事出来吃盏茶。'"大概是男女明确婚姻关系时，男方的聘礼中多有"茶"。茶树一旦种下，就不可移植。将许婚称为"吃茶"，取的就是茶树从一地而终的品质。《七修类稿》卷四十六："种茶下籽不可移植，移植则不复生也，故女子受聘谓之吃茶，又聘以茶为礼者，见其从一之义。"[1] 后世沿用，如《醒世恒言》卷五："母亲差矣！爹把孩儿从小许配勤家，一女不吃两家茶。勤郎在，奴是他家妻；勤郎死，奴也是他家妇。"也称"下茶"。吴振臣《宁古塔记略》："行聘曰下茶。"[2] 现民间还有"三茶六礼"的婚俗。

(三) 节日习俗

还有一些俗语词反映的是某个固定时节的社会习俗，例如"打春"，即"立春"，又称"鞭春"，就源于旧时立春时鞭打春牛的习俗。《东京梦华录》卷六："立春前一日，开封府进春牛入禁中鞭春。开封、祥符两县，置春牛于

---

[1] （明）郎瑛：《七修类稿》，上海古籍出版社2002年版，第312页。
[2] （清）吴振臣：《宁古塔记略》，中华书局1985年版，第13页。

府前。至日绝早,府僚打春,如方州仪。府前左右百姓卖小春牛,往往花装栏坐,上列百戏人物,春幡雪柳,各相献遗。"洪适《南歌子》:"闰岁饶光景,中旬始打春。拥炉看雪酒催人。梁上不曾飞落、去年尘。"这一俗称沿用至今。

宋时寒食节前一日,民间用面粉和枣泥做成燕子形状的面点,用柳条吊在门口,俗称"子推燕",以表示对春秋时期晋国大臣介子推的怀念。《东京梦华录》卷七:"寻常京师以冬至后一百五日为大寒食,前一日谓之炊熟,用面造枣𫘦飞燕,柳条串之,插于门楣,谓之子推燕。"

"埋祟"是宋时除夕举行的一种驱鬼活动。祟,害人的鬼怪。《梦粱录》卷六:"以教乐所伶工装将军、符使、判官、钟馗、六丁、六甲、神兵、五方鬼使、灶君、土地、门户、神尉等神,自禁中动鼓吹,驱祟出东华门外,转龙池湾,谓之'埋祟'而散。"

祭祀作为一种礼俗文化,是人们对祖先、神明等进行的祭拜礼仪,也是传统节日的重要环节,宋代笔记中的有些俗语词就反映了当时的祭祀习俗。

如"粘盆"是过年祠祭时在门外燃火盆以祈求来年兴旺的习俗,因燃料多用麻秸,所以称"秸盆"。《东京梦华录》卷六:"秸盆照耀,有同白日。"民间因"秸""生"音近或误写作"生盆"。《芦蒲笔记》卷三:"今人祠祭或燕设,多以高架然薪照庭下,号为生盆,莫晓其义。予因执事合宫,见御路两旁火盆皆叠麻秸,始悟为秸盆,俗呼为生也。"现在一些地方民间还有在新年之际生火盆祈求来年红火的习俗。"醉司命"则是民间年终祭灶神的一种习俗。《东京梦华录》卷十:"二十四日交年,都人至夜请僧道看经,备酒果送神,烧合家替代钱纸,贴灶马于灶上。以酒糟涂抹灶门,谓之'醉司命'。"

还有一些俗语词从其他方面提供了认识宋时社会习俗的视角,如"撒园荽",指文人雅士说的不合礼法的污秽之词。"园荽"即芫荽、香菜。《湘山野录》卷中:"一日,老圃请撒园荽,即《博物志》张骞西域所得胡荽是也。俗传撒此物,须主人口诵猥语播之则茂。……皇祐中,馆阁以为雅戏,凡或谈话清淡,则曰:'宜撒园荽一巡'。"这一俗语的形成,与古时的生殖崇拜有密切的关系。古人认为植物的生长及果实的孕育与人相似,因此在播种芫荽时,要同时说一些与性相关的亵语荤话,认为这样可以刺激芫荽的生长。

五、俗语词研究与辞书编订

一些大型的语文辞书,如《辞源》《辞海》《汉语大字典》《汉语大词典》等,历来因其收词广博、释义精审而颇受欢迎。但大多自问世以来,修订工作也随即展开,有研究者就利用分析研究笔记文献,对辞书修订提出中肯的建议。

有关历代笔记在勘补完善辞书编订方面的贡献,高兴先生《古人笔记与〈汉语大词典〉》(1998)一文中有详细的论述,认为古人笔记中的语言资料对《汉语大词典》的义项设立、释义和例句收录等方面都有重要的作用,同时指出《汉语大词典》在利用古人笔记方面存在明显不足,具体表现为未收词目、漏收义项、书证晚出、释义不确等方面。[①] 再如冯雪冬《略论宋代笔记词汇研究的辞书编纂价值》(2014),比较系统地论述了宋代笔记的词汇研究,其中也特别提及俗语词研究对辞书编纂的重要价值。近年来又出现了大量针对《汉语大词典》的缺失进行订补的论文,如李申、于玉春、刘伟《从笔记词语看〈汉语大词典〉书证的阙失》(2006),相宇剑《〈汉语大词典〉书证溯源补阙》(2008),邹志勇《〈汉语大词典〉释义、书证献疑》(2009),李汉丽《〈汉语大词典〉书证前补》(2010),马固钢《〈汉语大词典〉书证句读商榷》(2010),曹小林、胡伟《从〈涑水记闻〉看〈汉语大词典〉的不足》(2011),王恩建《〈汉语大词典〉释义补正——基于宋元笔记语料之分析》(2013)、《〈汉语大词典〉漏收宋代笔记词目补释》(2014)等,均是借助笔记词汇的考释,为《汉语大词典》收录词条提供较为可靠准确的释义和例证,从而对辞书中的词条进行补充和修订。对宋代笔记中的俗语词进行系统研究,不仅有利于充分挖掘尚未被采用的有价值的资料,而且对辞书的修订补充也会提供有益的参考。

---

① 高兴:《古人笔记与〈汉语大词典〉》,载《安徽师范大学学报(人文社会科学版)》1998年第4期。

第三节　宋代笔记俗语词的研究现状与研究方法

一、研究现状

笔记自其产生后长期被视为浅薄不合义理的"小道",仅作为文人士大夫闲暇时的消遣之作,难登大雅之堂,所以也未能引起足够的重视。长期以来对宋代笔记的研究也多集中在文学、历史学、文献学等方面,语言学方面的研究相对欠缺。

对于宋代笔记语料的关注和利用,较早反映在日本学者的相关论著中,如太田辰夫《中国语历史文法》[①],在对现代汉语语法进行历史考察时,就大量参考了历代笔记小说资料。据蒋绍愚介绍,对宋代词汇进行系统研究的日本学者还有寺春政男《宋元白话语汇汇释》(1980—1986),香坂顺一《白话语汇研究》(1983)以及瑞典学者高歌蒂(Kallgren Getty)《朱子全书中所见的宋代口语》(1958)等。[②]

自20世纪八九十年代以来,国内从语言学角度对宋代笔记进行的研究也逐渐多起来,具有代表性的著作是王锳《唐宋笔记语辞汇释》(1990),全书收集了200多种唐宋笔记中带有口语色彩的新词新义近400条,对其中近300个词语进行了深入诠释和探讨,是第一部对唐宋笔记语言词汇现象进行系统研究的著作,在近代汉语词汇研究中拓展了一个全新领域。此后,宋代笔记的语言学研究受到越来越多的重视,并取得了初步成果,可以简要概括为以下几个方面。

(一)在语言学词典的编写上,宋代笔记语料得到了高度重视和大量征引

多部语言学词典,如龙潜庵《宋元语言词典》、袁宾、段晓华、徐时仪、

[①]　[日]太田辰夫:《中国语历史文法》,蒋绍愚、徐昌华译,北京大学出版社2003年版。
[②]　蒋绍愚:《近代汉语研究概要》,北京大学出版社2005年版,第285页。

曹澂明《宋语言词典》，许少峰《近代汉语词典》等，广泛吸纳了宋代笔记语料，为所收词汇的词义考释、词源考证等提供了大量富有说服力的例证。

（二）出现了以宋代笔记作为选题的语言学学位论文

以宋代笔记为选题的博士学位论文有：陈敏《宋人笔记与汉语词汇学》（浙江大学，2007），整理和总结了宋代笔记中关于词汇研究的理论性内容，挖掘了宋代笔记的词汇学理论价值，其中重点探讨了宋代笔记中的修辞造词法，以及宋代笔记在语义研究和口语研究方面的重要价值。四川大学出现了一批以宋代笔记或古代笔记小说为研究对象的学位论文，如武建宇《〈夷坚志〉复音词研究》（2004）、黄建宁《笔记小说俗谚研究》（2005）等。2005年四川大学与宋代笔记相关的语言学方面的硕士论文有：李娟红《宋代笔记中训诂学问题研究》、李炜《宋代笔记中的俗字研究》、邓红梅《唐宋笔记中的隐语研究》等。这些论文从训诂、文字、词汇等角度对宋代笔记进行了较为系统的语言学研究。

（三）以宋代笔记为研究对象的语言学论文大量出现

以宋代笔记为研究对象的语言学论文的议题主要集中在以下几个方面。

（1）对宋代笔记中训诂学资料价值的发掘。例如，王劼、曾昭聪《宋代笔记〈云麓漫钞〉中的语言研究》（2006），刘建明《〈靖康缃素杂记〉训诂研究》（2006），胡绍文《〈夷坚志〉在近代汉语词汇研究方面的价值》（2007），范春媛《〈老学庵笔记〉之训诂资料》（2008），王虎、宋冠华《科举笔记〈唐摭言〉的词汇特点和研究价值》（2014）等。

（2）对宋代笔记语言学理论价值的挖掘和阐述。例如，许明《〈容斋随笔〉中的单音节反义词及其使用原因》（2006），李娟红《论笔记小说中所记录的词义演变现象》（2008），曹文亮《从笔记看古人对例外音变的探索》（2011）等。

（3）对宋代笔记中疑难词语的考释。例如，王丽萍《〈参天台五台山记〉语词初探》（2006），王恩建《〈老学庵笔记〉词语补释三则》（2008），曹文亮《唐宋笔记词语札记》（2009）等。

（4）对宋代笔记俗语词的初步研究。例如，刘蓉《宋代笔记和方俗词语研究》（1995），武建宇《宋代笔记俗语词斠补》（2003），杨观《周密笔记民俗词语考源五例》（2010），王虎、樊亚楠《〈梦粱录〉俗语词研究》（2014）等。

综合分析宋代笔记语言研究，可以看出，从语言学角度对宋代笔记展开研究虽起步较晚，但正日益受到学术界的关注和重视，而且取得了初步的研究成果，这为以后的宋代笔记语言研究奠定了良好基础。同时，以往的宋代笔记语言研究也存在一定的局限：一是多集中于对具体一部或几部笔记进行个体研究，把宋代笔记作为整体研究对象开展的全面系统的研究较少；二是对宋代笔记的词汇研究，大都偏重于新词新义和疑难词语的考释，缺乏整体性理论化的总结和叙述；三是俗语词的研究多为零星或个别笔记中词汇现象的个体考察，缺乏系统性的阐释和规律性的总结；四是对于俗语词的静态描写多，动态分析相对不足，对俗语词的成词理据、构造方式、词义的发展演变研究等还很不充分。

二、研究方法

作为语言研究的重要组成部分，词汇研究在长期研究实践中积累了丰富的研究理论和研究方法，这些理论和方法在不同程度上促进了词汇学的发展。在对宋代笔记俗语词进行系统研究时，也应根据研究对象选取恰当的研究方法来完成有效的专题研究。本书采用的研究方法可简单概括为"三个结合"。

（一）静态描写与动态分析相结合

作为个体的词，既是共时平面的客观存在，同时也是语言历时发展过程中的现象。因此对于一个词的研究和观察，应该从动态和静态两个方面来进行。具体到俗语词的研究，也必须处理好静、动两个方面的问题。在静态描写方面，表现为对宋代笔记中的俗语词进行收集、整理，对俗语词使用情况进行细致的分类描写，呈现宋代笔记俗语词出现和使用的大致情况。在动态研究方面，则是在此基础上侧重对具体俗语词形成和演变的考察和分析，把宋代笔记中的俗语词放在整个汉语词汇发展史的研究视野中，借助语言学的相关理论，结合前人研究的成果，对俗语词产生的时间、产生的原因、内部结构，以及在宋以后直至现代汉语中的演变过程，进行系统的分析和描述，形成对某个或某类俗语词较为全面的认识。

俗语词本身并非一经形成就固定不变，而是发展变化的。因此，对俗语词的研究界定，也应该持有发展变化的观点。如像"个""喫"这样的词，在现代汉语中属于十分常见的词，但在宋代却被视作鄙陋之"俗语"。宋范晞文《对床夜语》卷一："数物以'个'，俗语也。老杜有'峡口惊猿闻一个''两个黄鹂鸣翠柳'。双字有'樵声个个同''个个五花文''渔舟个个轻''却绕井栏添个个'。司空图：'鹤群长绕三株树，不借闲人一只骑。''只'亦'个'字之类。"宋黄彻《䂬溪诗话》："数物以'个'，谓食为'喫'，甚近鄙俗。"① 黄征认为俗语词转为书面词汇是汉语发展史上很普遍的语言现象，如汉服虔《通俗文》中"钱戏曰赌"的"赌"，在汉代是一个新产生的俗语词，但是到了隋唐时期，已经成为一般性的常用词，不再是一个俗语词了。② 基于此，对于一些俗语词的认定，要避免用今天的划分标准去框定，应更加借鉴和尊重当时文献的记录与判断。

宋代笔记中的例子如"赐无畏"，是唐五代时期在宫廷官场兴起的俗语词，指皇帝赏赐给大臣的一种特权，允许大臣仗义执言、无所畏惮的意思。《老学庵笔记》卷六："俗说唐、五代间事，每及功臣，多云'赐无畏'，其言甚鄙浅。予儿时闻之，每以为笑。及观韩偓《金銮密记》云：'面处分，自此赐无畏，兼赐金三十两。'又云：'已曾赐无畏，卿宜凡事皆尽言。'直是鄙俚之言亦无畏。以此观之，无畏者，许之无所畏惮也。然君臣之间，乃许之无所畏惮，是何义理？必起于唐末耳。"据考这一词源自印度古代社会中尊卑之间的一种礼节仪式，经过佛教传入中国。③ 随着词义的泛化，词语适用范围不断扩大。至唐宋时期，由宗教领域词语成为反映社会习俗的词。

---

① 蒋绍愚：《近代汉语研究概要》，北京大学出版社2005年版，第273—274页。
② 黄征：《汉语俗语词研究的几个理论问题》，载《杭州大学学报（哲学社会科学版）》1992年第2期。
③ 周一良：《唐代密宗》，钱文忠译，上海远东出版社2012年版，第312页。

"赐无畏"在宋代就不仅仅在官场使用,后逐渐成为一个广泛使用的俗语词。

(二) 同期语料与历时语料相结合

对宋代笔记俗语词的研究,在语料选择上固然是以宋代笔记为主,主要考察宋代笔记中出现的俗语词的使用情况。但作为口语化程度较高的俗语词,它的适用范围又不仅仅局限在笔记,还可能出现在同时期的其他文献中,所以对这部分俗语词的考察,除了重点选取笔记中的用例外,也要对宋代其他的同期文献,如宋代诗词文、语录以及话本等的用例加以重视和利用。

另外,语言的发展是渐变的,笔记对俗语词的记录与俗语词产生的时间有时是同时的,有时却又是滞后的。宋代笔记中记录的俗语词可能是宋代新产生的,也可能是产生于唐五代,甚至更为久远。随着语言的发展,当时无需加注释义的俗语词,在之后会产生理解上的困难,后世的学者会在文献中对此进行专门的讨论,这在俗语词发展中是普遍的现象。如宋代笔记关于"宁馨""阿堵"的讨论即是如此。

这种滞后性提示,在对宋代笔记俗语词进行研究的时候,也应该关注宋代以后特别是明清时期一些重要的笔记,尤其是涉及俗语词训释考据的笔记,如明代杨慎《俗言》、陈士元《俚言解》、谢肇淛《五杂俎》、陶宗仪《南村辍耕录》等,清代翟灏《通俗编》、梁章钜《称谓录》、钱大昕《恒言录》、赵翼《陔余丛考》等,也必须纳入研究范围。

所以要对宋代笔记中的俗语词作历时的分析研究,在语料选用上应"环顾左右""瞻前顾后",既要注重宋代笔记中俗语词的分析,也要参考宋代除笔记之外的其他同期文献,还要关注与俗语词发展演变相关的后期文献,特别是宋以后一些重要笔记或典籍对宋代俗语词作出的相关分析,这样才能对宋代笔记俗语词有一个全面系统的认识。

(三) 内部因素与外部因素相结合

俗语词的生成与演变会涉及语音、语法、语义、语用等各个方面的因素,其中有的是语言的内部因素,如语音、语法、语义等;有的则是语言之外的其他因素,如社会习俗、制度文化等。

如"蜂蜜"被称为"蜂糖","蒸饼"改称"炊饼",就是缘于避讳这一独特的社会文化现象。避讳常用的方法之一就是同义替换,"蜜"对"糖"、"蒸"对"炊",就是为避讳而进行的替换,而同义替换本身则又涉及汉语词义的相关问题。再如,"布袋"是民间对入赘的女婿的俗称,据考应为"补代"的讹写,即在祖孙之间补足中间一代。这种由于不明语源、语音相近而发生的讹变现象,在俗语词流传过程中十分普遍,因此在对俗语词进行研究时,对这部分俗语词的形成、流变研究也是重要的研究内容,需要正确探究出这部分词的正确书写形式,才能对其形义之间的联系有一个合理的认识。

另外,有的俗语词只在民间使用流传,所以常常遗存在各地的方言中。例如,闽人用"郎罢"来称呼父亲,就是受到方言影响的结果。因此,进行中古、近代汉语词汇研究,也常常要与方言词汇研究紧密结合起来。所以对某个词语的分析,往往要系统考察词语形成的各个方面。借助这种多角度研究,才能更好地对宋代笔记中俗语词形成和演变发生的具体原因,作出更为清晰、准确的解释和说明,进而对俗语词在宋代的发展情况有更好的认识。

综上所述,针对研究对象,以及在写作中的行文规范,需作以下几点说明。

一是研究的俗语词主要集中于宋代新产生的俗语词,重点包括三类:(1)宋代之前没有出现过,至宋才开始出现的俗语词;(2)在宋代之前已经产生,但是到了宋代,语义、用法、色彩等又发展出新的变化;(3)在宋代之前产生,但是在构词、释义等方面具有代表性的俗语词。这些俗语词对认识和研究宋代俗语词的概况和发展演变都有重要的作用,因此是研究分析的重点。

二是整理研究中按照俗语词的语义内容和词性,把收集的俗语词分为称谓类、名物类、动作类、性状类四个大类。在每一大类里,又分别列举几个小类。另外,在对宋代笔记俗语词进行具体分析的过程中,把部分词条作为例证,一并在构词法、成词理据及生成演变等章节中出现。为避免重复,后面列举的用例不在词条分类的具体章节中出现。

三是研究重点是对收集整理的俗语词按照意义类别进行逐一描写,俗语词发展过程中产生的异体词,一般用"又写作""也作"等形式列出。

四是在词条归类上，为避免内容上的重复，对语义上、构词上联系密切的词条一般归为一组加以解释，不再分别或单独设立词条。

五是在释义时，主要以宋代笔记所提供的书证材料为依据，对那些笔记中用例较少的词语，还调查了宋代的其他文献材料，如宋代诗词、《朱子语类》、禅宗语录、时代确凿的宋代话本、宋代史书以及宋人文集等。如果是带有明显方言特点的俗语词，又借助《汉语方言大词典》等方言材料加以印证。

六是书证材料的列举，主要以收集的第一手资料为主，尽量选取典型用例。有些俗语词，在笔记中的用例较少，一般全部列出；有些使用频率较高的俗语词，限于篇幅，只取几条有代表性的例证。书证材料为宋代著作的，或宋前后普及性较高的著作文献，不再标注年代和作者，在后附引用文献中统一列出；涉及词语考辨的重要著作文献，则详细加以标注。《汉语大词典》中的例证，除有释义不确、例证晚出等特殊情况需加以注明外，其他皆不作注引。

第二章　宋代笔记俗语词分类例说

在中国历代笔记中，宋代笔记有其自身的特点：一是两宋时期以文治国，士林队伍迅速壮大，文学大家层出不穷，或闲暇之余，或有意为之，笔记小说创作不仅数量多，而且质量高，在记述的内容、涉及的范围、写作的技巧以及取得的成就等方面都远超前代。二是宋代笔记的写实性得到凸显，大多写作者把写作对象集中在日常生活领域，真实描述生活琐事、逸闻逸事、历史掌故，不仅可以补缺史实，而且保留了大量对社会风俗、社会礼制等的记录。三是宋代的学术思想更加开放，考据之风盛行，无论是文字考辨，还是经学阐述，大多不再墨守成规，而是倾向于另立新说，如王圣美的"右文说"等，都在语源学研究上作出了积极的贡献。四是宋代社会对闲适优雅生活的向往成为一种风尚，世俗化追求成为士大夫的普遍嗜好。笔记小说作为一种富有特色的创作文体，自然成为这种社会风尚的集中承载体，因此其中也保留了大量的方俗词语，而且宋代笔记中的语言学研究资料也相对丰富得多，既有考辨词语、方音描述，又有语源探究、匡补讹漏，也有对语言现象的集中研究和分析。

所以，宋代笔记在语言研究方面具有较高的语料价值，通过对宋代笔记俗语词进行分类整理和深入研究，可以发现宋代语言学发展的一般面貌，为宋代语言学研究提供有益补充。

宋代笔记中的俗语词丰富庞杂，在内容上可以从称谓类、名物类、动作类、性状类等进行分类描述。

第一节　宋代笔记称谓类俗语词

称谓词是指语言中用来标明人的血缘或者身份、职业等社会关系的名词。每种语言的词汇系统中都会有其自身的称谓系统，用于人际交往、身份认定等，不同的语言在确立称谓系统时所依据的现实亲属关系、社会关系的标准不同，称谓系统常常也会呈现出不同的特点。

称谓系统的形成是一个历史过程，一个称谓对象常常会存在多个不同的称谓形式，这既是语言自身发展在不同历史时期的累积，同时也是受到不同地域方言称谓系统影响的结果。在诸多的称谓形式中，有的是一般性称谓词，有的则带有明显的口语化特征，如"父亲"在口语中就有"爹""老子""大"等多种称谓形式。

对宋代笔记中出现的大量口语化较强的称谓类俗语词，根据称谓词的定义，结合宋代笔记称谓词的使用情况，可将这部分称谓词划分为亲属称谓、社会称谓和詈辞三类。

一、亲属称谓类俗语词

亲属称谓词是基于血亲、姻亲形成的亲属之间的相互称呼或叫法，是人类血缘关系、婚姻关系等在语言中的反映。宋代笔记中保留了大量宋代常用的亲属称谓词，其中包括口语化较强的亲属称谓类俗语词。

（一）血亲称谓

1. 爹、妈

"爹"，宋代口语中对"父亲"的普遍称呼。《鸡肋编》卷上："呼父为爹，谓母为妈，以兄为哥，举世皆然。"也称为"爹爹""老爹"。《避暑漫钞》："太后回銮，上设龙涎沉脑屑烛。后曰：'尔爹爹每夜常设数百枝。'上微谓宪圣曰：'如何比得爹爹富贵。'"《武林旧事》卷七："太上以白玉桃杯赐上御酒云：'学取老爹年纪早早还京。'上饮酒，再拜谢恩。"

"爹"在《广韵》中有两种读音：一是上声哿韵，徒可切，"北方人呼父也"，源自北方方言；二是平声麻韵，陟邪切，"羌人呼父也"。《梁书·太祖五王传》："是冬，诏征以本号还朝。民为之歌曰：'始兴王，民之爹。赴人急，如水火。何时复来哺乳我？'"在民谣中"爹"与"火""多"押韵，可知"爹"在南北朝时的读音为"徒可切"。现在北方方言区，有些地方"父亲"也称作［ta］，可以写作"大、答、达"等，应可作为这一读音在现代延续的明证。

《云麓漫钞》卷三："羌人呼父为爹，渐及中国。"《演繁露》卷四："汉魏以前，凡人子称父则直曰父，若为文言，则曰大人。后世呼父不为父，而转其音曰爷，又曰爹（低邪反），虽宫禁称呼，亦同其音。"可知宋时作为口语词的"爹"应读作［tie］，反切由"陟邪切"转变为"低邪反"，反映了宋代语音系统中端母与知母的分化。据《广韵》以及宋人笔记的记录推断，这一读音可能来自羌语，是语言接触相互影响的结果，而非汉语本身所有。

"爹"作为一种称谓形式出现较早，在宋代语音开始发生变化，最终形成与现代汉语音义完全一致的称谓形式。"爹"的两种读音应该是产生于不同的时间和区域。宋代笔记中"爹"的发音［tie］已与现代发音完全相同，而这一读音极有可能来自羌语，通过语言接触进入汉语，通行范围以及影响日益扩大，最终被作为一种规范的读音固定下来。随着［tie］这一读音的通行，"爹"的另一读音"徒可切"则被保留在北方方言中，现代方言中依然存在与"徒可切"发音大致相同的"大""达"等记录形式。宋以后，"爹"主要是作为口语中父亲的称谓固定下来，在元明清话本、杂剧、小说等口语性较强的文献中广泛使用。

与"爹"的形成方式相似的称谓词还有"妈"。"妈"作为"母亲"的口语称谓形式，最早见于三国时期。如《广雅·释亲》："妈，母也。"《玉篇》："妈，莫补切，母也。"依据反切，这一时期"妈"的读音与今天"妈"的读音明显不同。直至唐宋时期，"妈"的读音才与今天相同。《云麓漫钞》卷三："韩退之《祭女挐文》自称曰阿爹、阿八，岂唐人又称母为阿八？今人则曰妈。按《诗》：'来朝走马，率西水浒。'马，音姆，岂中国之人，因西音而小转耶?"

"来朝走马,率西水浒。"出自《诗经·绵》,由"马""浒"押韵,可知"马"在上古时期的读音应与"姆"音同。"妈"作为形声字,"马"为声符,"妈"在中古时期的"莫补切",仍是上古时期读音的延续。唐人称母亲为"阿八","八"与"妈"韵母相同,均为平声字,与今天的读音相同。因此"妈"在唐宋时期,韵母和声调开始发生变化,至宋代,"妈"在音义上已与现在完全相同。《鸡肋编》卷上:"至呼父为爹,谓母为妈,以兄为哥,举世皆然。""妈"也可使用重叠形式称作"妈妈"。《夷坚乙志》卷七:"大姐乃前来妈妈所生,二姐则今妈妈所生也。恃母钟爱,每事相陵侮。"《夷坚丙志》卷十:"已而迎魂至东偏灵位,黄师见夫人在坐。叔介至前即仆地,曰:'妈妈在此。'"

2. 老子

"老子",一般用作老年人的自称或他称。这一用法最早见于宋代。《老学庵笔记》卷一:"予在南郑,见西邮俚俗谓父曰老子,虽年十七八,有子亦称老子。乃悟西人所谓大范老子、小范老子,盖尊之以为父也。"据笔记内容推断,在当时的一些方言里,"父亲"均称为"老子",无关年龄大小,由此可知"老子"的"老"可以看作前缀。

"老子"用作父亲的俗称,在宋代只是在部分方言区使用。它的广泛使用是在元明时期。如关汉卿《感天动地窦娥冤》第二折:"(张驴儿云)我家的老子,倒说是我做儿子的药死了,人也不信。(做叫科,云)四邻八舍听着:窦娥药杀我家老子哩!"又:"窦娥,你药杀了俺老子,你要官休?"《醒世姻缘传》中还有"娘老子""老子娘"等称谓形式,如第三回:"如今番过天来,倒象似那不由娘老子的大儿一般,不惟没一些惧怕,反倒千势百样,倒把个活菩萨作贱起来。"又第四回:"所以晚生就如想老子娘的一般,恨不得一时间就在大爷膝下。"

"老子",从字面看应是指"老头子",一般用作老年人的自称或他称。自称的例子,《汉语大词典》首引《后汉书·逸民传·韩康》:"康曰:'此自老子与之,亭长何罪!'""老子"就是韩康的自称,老年人自称"老子",多带有自谦的意味。《三国志·魏书·曹真传》注引《魏略》:"范乃曰:'老子今兹坐卿兄弟族矣!'"这种用法在宋代笔记中也有,如《老学庵笔记》

卷二:"鲁直在戎州,作乐府曰:'老子平生,江南江北,爱听临风笛。孙郎微笑,坐来声喷霜竹。'""老子"如用作他称,则多表示蔑称,有轻视、瞧不起的意思,可以理解为"老家伙"。《三国志·吴书·甘宁传》裴注引晋虞溥《江表传》:"北军惊骇鼓噪,举火如星,宁已还入营,作鼓吹,称万岁。因夜见权,权喜曰:'足以惊骇老子否?聊以观卿胆耳。'"这里的"老子"指的是"曹操",依据语境明显带有了贬义的色彩。

"老子"从老年人的自称或他称转变为对父亲的俗称,"老子"虽与年龄大小无必然的联系,但是父亲在父子关系中的尊贵意味,依然可以从"老"的这些语义残留上得到体现。

3. 过房、过房子、螟蛉

"过房"在宋代笔记中义同"过继""过嗣",指因本人没有子嗣而将同族兄弟之子或他人之子过继给自己。《龙川别志》卷上:"沂公具得其事,以为擅易陵地,意有不善,欲奏之而不得间,谓同列曰:'曾无子,欲令弟子过房,来日奏事毕,略留奏之。'谓不以为疑。"《夷坚丁志》卷十九:"更有一说,江君生乙巳,带格角杀,必过房义养者。""过房"而来的儿子,常称作"过房子"。《齐东野语》卷二十:"接果云:'斫头便斫头,却不教汝死。抛却亲生男,却爱过房子。'"

宋代民间"过房"已成习俗,但对"过房子"的身份却有避讳。欧阳修《濮议》卷一:"凡无子者,明许立后,是大公之道。但习见闾阎俚俗养过房子,及异姓乞养义男之类,畏人知者,皆讳其所生父母,以为当然。"

宋以后"过房"习俗沿袭,但过房之人范围有所扩大,既有同族兄弟之子,又有他人之子;既有男子,又有女子。如《初刻拍案惊奇》卷三十三:"便央人与天瑞和张氏说道:'张员外看见你家小官人,十二分得意,有心要把他做个过房儿子,通家往来。'"《老残游记》第十八回:"答称:'本是嫡堂的侄儿,过房承继的。'"过房习俗,至今依然存在。宁波还有一种特殊的"过房亲",即民间交情亲密的两家,分别将子女寄名于对方,过房的儿子或女儿称过房爹、娘为"寄爹""寄妈"。

宋代笔记中与"过房子"意义相似的还有"螟蛉"一词。"螟蛉"本为虫名,蜾蠃常捕捉螟蛉存放在窝里,在其体内产卵,卵孵化后以螟蛉为食物。古人误认为蜾蠃不产子,喂养螟蛉为子,所以用"螟蛉"来指称养子或过继的儿子。《猗觉寮杂记》卷上:"螟蛉有子,蜾蠃负之。细腰物无雌者,接取青虫教祝之,变成己子。古今以况乞子为螟蛉。"《癸辛杂识》别集上:"尹梅津焕无子,螟蛉罗、石二姓名一,越人为之语曰:'梅津一生辛勤,只办得食笋一担。'"

"螟蛉"的这种用法,大约始于南北朝。《野客丛书》卷十五:"今呼非所生之子为螟蛉。观《南史》宋明帝'负螟之庆',言废帝非所生也。《北史》胡叟养子字螟蛉。又观董仲舒断甲无子养非所生,引《诗》'螟蛉有子,蜾蠃负之'之义,知此说尚矣。"明清仍沿用。明谢肇淛《五杂俎》卷九:"谓负它子作己子也,故人以过房子为螟蛉。此语相沿至今。"[①]

"过房子"和"螟蛉"义同但成词理据有异,"过房子"用来指称"继子",主要是凸显过继的孩子在血缘关系上的特征,"螟蛉"采用的则是它的比喻义。

(二) 姻亲称谓

1. 丈、丈人、丈母

"丈"在宋代笔记中多用以指晚辈对长辈的敬称。《邵氏闻见录》卷十二:"熙宁八年,与王十三丈诏景猷同从瀛帅张谏议八丈景宪定国辟为属官,因康节寄钱丈、王丈诗,张丈见之,寄康节诗曰:'桥边处士文如锦,塞上将军发似霜。'""丈"作为一种敬称,由来已久。《大戴礼记》:"丈者,长也。"至南宋被滥用,并不仅限于对老年男子的敬称。《容斋四笔》卷二:"今世俗浮薄少年,或身为卑官而与尊者言话,称其侪流,必曰'某丈',谈其所事牧伯、监司亦然。至于当他人父兄尊长之前,语及其子孙甥婿,亦云'某丈'。或妄称宰相执政贵人之字。皆大不识事分者,习惯以然,元非简傲也。"笔记中洪迈对不顾尊卑、不分贵贱,滥用"丈"的现象提出了批评,并以此告诫儿孙辈不可行此轻浮陋俗。

"丈人"作为对老人的敬称,上古就已出现并被广泛应用,如《论语》:"子路从而后,遇丈人,以杖荷蓧。"至汉末魏晋时期适用范围缩小,用以称

---

① (明)谢肇淛:《五杂俎》,上海古籍出版社2002年版,第530页。

呼亲属中的长者。《颜氏家训·书证》："丈人亦长老之目，今世俗犹呼其祖考为先亡丈人。"王利器《颜氏家训集解》："其辈行尊于我者，则通谓之丈人。盖晋宋以来之通语矣。"后又成为专用亲属称谓词，表示妻子的父亲，即今之"岳丈""岳父"等。《三国志·蜀书·先主传》："献帝舅车骑将军董承辞受帝衣带中密诏，当诛曹公。"裴松之注："董承，汉灵帝母董太后之侄，于献帝为丈人。盖古无丈人之名，故谓之舅也。"

进一步考察"丈人"的这种用法，事实上在唐代就已出现。《猗觉寮杂记》云："《尔雅》：妻之父为外舅，母为外姑，今无此称，皆曰丈人、丈母。柳子厚有祭杨詹事丈人、独孤氏丈母，可知唐已如此。""丈母"表岳母也应是在唐代出现，依据它的实际使用情况推断，当是在"丈人"发展为对岳父的称谓后，仿"丈人"而造的新词。

2. 布袋、接脚

"布袋"是宋代民间对入赘女婿的俗称。《猗觉寮杂记》卷上："世号赘婿为布袋，多不晓其义。如入布袋，气不得出。顷附舟入浙，有一同舟者号李布袋。篙人问其徒云：'如何入舍婿谓之布袋？'众无语。忽一人曰：'语讹也，谓之补代。人家有女无子，恐世代自此绝，不肯嫁出，招婿以补其世代尔。'此言绝有理。"

对于这一俗语的词源，历来主要有三种解释，《猗觉寮杂记》中指出了两个缘由，其一是认为赘婿入妇门，"如入布袋，气不得出"，言其窘迫的生存状态。其二是认为"布袋"应是"补代"的讹写，取在祖孙之间补足中间一代的意思。还有一种观点认为"布袋"的形成与冯布有关。如王应奎《柳南随笔·续笔》卷一"布袋"条，转录了《猗觉寮杂记》中"布袋"的内容后，又增加了一条，提及"冯布少时，赘于孙氏，其外父有烦琐事，辄曰俾布代之。至今吴中以赘婿为'布袋'"。

分析三种意见，认为赘婿称为"布袋"是因为家中地位低下，境遇凄惨，如人被装入布袋中受气一般。这种解释带有很强的主观臆测性，并没有从词义上解释清楚"布袋"与"赘婿"之间的内在联系。认为与冯布有关的看法，也缺少充分的证据。

结合传统婚姻中的招赘习俗，认为"布袋"为"补代"讹变的看法较为合理。一是招赘习俗的产生,主要是因为家中无男丁的家庭,为解决香火无法延续的问题而招婿入赘。男子入赘女家,在女家居住,最重要的是子嗣要随母姓,这样就可以达到支撑门户传宗接代的目的。二是"补代""布袋"语音相近,极易发生讹变。俗语词在口语传播过程中因语音相近发生讹变是比较普遍的语言现象。三是宋以后的文献中也有"补代"的用例,也可为"布袋"为"补代"讹变的看法提供佐证。如元武汉臣《散家财天赐老生儿》第一折:"我在这城中住六十年,做富汉三十载。无倒断则是营生的计策,今日个眼睁睁都与了补代。那里也是我的运拙时乖。"又第三折:"这招女婿的别无望想,要补后代祭奠灵堂。"

宋代笔记中与"布袋"词义相似的还有"接脚"一词,与"布袋"不同的是,"接脚"特指寡妇招赘。从字面意义看,"接脚"应为"脚步相接"的意思,最早出现在唐代,多指假冒死人之名应选出仕。《唐会要·选部上》:"贞元四年八月吏部奏……因此人多冒罔,吏或诈欺,分见官者谓之'擘名',承已死者谓之'接脚'。"再如《旧唐书·韦陟传》:"后为吏部侍郎,常病选人冒名接脚,阙员既少,取士良难,正调者被挤,伪集者冒进。"可见,唐代官场存在严重的冒名顶替的现象,冒用现任官员的名字称为"擘名",顶替死者为官的则称为"接脚",其中"接"有"承接""接替"的意思。

至宋代,"接脚"多用来指丈夫死后寡妇又招的丈夫。《洛阳缙绅旧闻记》卷五:"姓刘者忽暴亡,有二女一男,长者才十余岁。刘之妻以租税且重,全无所依。夫既葬,村人不知礼教,欲纳一人为夫,俚语谓之'接脚'。"《夷坚志补》:"都昌妇吴氏,为王乙妻,无子寡居,而事姑尽孝。姑老且病目,怜吴孤贫,欲为招婿接脚,因以为义儿。""接脚"相对于已故的丈夫,在次序上明显存在先后相接、新旧相承的意思。也称"接脚婿""接脚夫",词义更为显豁。《癸辛杂识》别集上:"既而元杰家为伐柯一村豪家,为接脚婿。"《世范》卷一:"收养义子当无争端":"娶妻而有前夫之子,接脚夫而有前妻之子,欲抚养不欲抚养,尤不可不早定,以息他日之争。"笔记外用例如《朱子语类》卷一〇六:"昔为浙东仓时,绍兴有继母与夫之表弟通,遂为接脚夫,擅用其家业,恣意破荡。"后世沿用。《感天动地窦娥冤》第二折:"老汉自到蔡婆婆家来,本望做个接脚。"又:"大人详情:他自姓蔡,我自姓张,他婆婆不招俺父亲接脚,他养我父子两个在家做甚的?"元徐元瑞《吏学指南·亲姻》:"接脚夫,谓以异姓继寡妇者。"① 今贵州方言里,"接脚"即指嫁给丧妻的鳏夫。闽方言中称续弦或者招婿为"接枝",用法相通。

与之相对,男子丧偶后再娶的妻子可称作"接脚夫人"。《唐语林》卷七补遗:"白相敏中欲取进士侯温为婿。其妻曰:'公既姓白,又以侯氏子为婿,人必呼为白侯。'敏中遂止。敏中始婚也,已朱衣矣,尝戏其妻为接脚夫人,安用此?"这种用法宋代笔记中仅见此例,应属于临时用法、戏谑之语。

"布袋""接脚"都是民间对赘婿的俗称,从成词理据方面考察,二者又有不同。"补代"在命名上重点突出了赘婿的目的和作用,"接脚"强调的则是新招的丈夫与亡夫在时间次序上的相接相承关系。

二、社会称谓类俗语词

社会称谓词是人们在社会生活中,依据交际对象的社会地位或身份职业等特征所使用的称呼,是人的社会关系在称谓系统中的反映。宋代随着商业经济的蓬勃发展,社会行业分工更加细密,出现了许多新兴行业,也产生了一系列新的行业称谓词。另外,官衔称谓词泛化为一般行业的称谓类俗语词,也是宋代社会称谓词形成和发展的一个重要特点。借助对社会称谓词的分析,也可以从中折射出一定时期的文化心理。

(一) 一般性称谓词

1. 汉

"汉"本用作对男子的称呼,发展到宋代,称"汉"则常带有贬义色彩。《老学庵笔记》卷三:"今人谓贱丈夫曰'汉子',盖始于五胡乱华时。北齐魏恺自散骑常侍迁青州长史,固辞。文宣帝大怒曰:'何物汉子,与官不受!'此其证也。"由此可知,"汉"的贬义色彩与特定的社会文化背景相关,

---

① (元)徐元瑞:《吏学指南》,浙江古籍出版社1988年版,第91页。

与五胡乱华以及汉族势力式微不无关系。

宋代笔记中出现一些以"汉"为构词要素的俗语词，释义较有特色，如"不了事汉""无良汉""闲汉""长脚汉"等。"不了事汉"最早是对施全的戏称。施全刺杀秦桧未能成功，被戏称"不了事汉"。"不了事"即是指本应完成的事没有做成。《老学庵笔记》卷二："其后秦每出，辄以亲兵五十人持挺卫之。初，斩全于市，观者甚众，中有一人朗言曰：'此不了事汉，不斩何为？'闻者皆笑。"对道德恶劣的人称"无良汉"。《洛阳缙绅旧闻记》卷三："重进惭恨嗟叹，但鸣指顾左右曰：'无良汉！无良汉！'自是无复求道术矣。"把无正当职业，以帮闲为生的人称作"闲汉"。《东京梦华录》卷二："见子弟少年辈饮酒，近前小心供过使令，买物命妓，取送钱物之类，谓之闲汉。"一些游手好闲的市井之徒也被称作"闲汉"。《梦粱录》卷十九："又谓之'闲汉'，凡擎鹰、架鹞、调鹁鸽、斗鹌鹑、斗鸡、赌扑落生之类。"秦桧年轻时，因脚大也曾被称作"长脚汉"，是对那些跑腿做杂活儿汉子的蔑称。《夷坚丁志》卷十："有秦秀才者，众目为'秦长脚'。范素薄之，乃指谓曰：'这长脚汉也会做两府？'客曰：'君勿浪言，他时生死都在其手。'"

宋代口语中老年男子自称"老汉"。《洛阳缙绅旧闻记》卷四："中令遽曰：'尔忧主人如此，却出恁言，转教我不安。大都是这老汉死日到，罪过淆乱得你如此，干你甚事？'"《醉翁谈录》卷六："时人欲识旧庞公，便是如今这老汉。"

2. 娘、娘子、小娘子、孃

宋代笔记中，"娘"多用来指称年轻女子。《南部新书》丙集："李六娘者，蒲州人，师事紫微女道士为童子。"女性的名字中也喜用"娘"，如"珠娘""春娘""琼娘""隐娘""蕙娘"等，常带有一种亲昵、怜爱的感情色彩。也多称"娘子""小娘子"。《梦粱录》卷二十："女家回定帖，亦如前开写，及议亲第几位娘子。"《能改斋漫录》卷十一："浓香熏透，为经十指如葱手。盖七娘子也。"《武林旧事》记载的诸色伎艺人中有"张小娘子""宋小娘子""陈小娘子"等。

宋时"娘"也常用来称呼歌妓、舞女和侍妾等。《清异录》："时郡娼满莹娘多姿而富情，真妓女中麟凤。"《蜀梼杌》："三年正月上元，观灯露台，舞倡李艳娘有姿色，召入宫，赐其家钱十万。"

现代汉语中"娘"指"母亲"，与宋时语义差别较大，概因与"娘""孃"二字的混用有关。"娘""孃"在产生之初原本是分工明确的两个词，"娘"专指少女，"孃"则称呼"母亲"。

表示女子意义的"娘"大约产生于魏晋南北朝时期。《玉篇·女部》："娘，女良切，少女之号。"《乐府诗集·清商曲辞四·黄竹子歌》："江边黄竹子，堪作女儿箱。一船使两桨，得娘还故乡。"南朝梁殷芸《殷芸小说》："孔子去卫适陈，途中见儿女采桑。子曰：'南枝窈窕北枝长。'答曰：'夫子游陈必绝粮，九曲明珠穿不得，著来问我采桑娘。'"两例中的"娘"均是称呼少女。章太炎《新方言·释亲属》推测"娘"字来源于"良"或"良人"。俞理明认为是源于"女郎"二字因语速加快切合而成，写作"娘"或"孃"，最初的意义是指称年轻的女子。①

"孃"指"母亲"，最早也是见于南北朝时期，如北朝民歌《木兰诗》："旦辞爷孃去，暮宿黄河边。"宋代笔记中仍有应用，只是较之"娘"，用例较少。如《湘山野录》："并家书付妻、男，将某骨与亡孃之骨买地一处葬之，则闭目受刀无恨矣。"宋以后，"孃"出现频率越发减少，大多数情况下是由"娘"来指称"母亲"义。《说文解字注》："《广韵》：孃，女良切，母称。娘亦女良切，少女之号。唐人此二字分用画然。故耶孃字断无有作娘者。今人乃罕知之矣。""娘""孃"由混用到以"娘"取代"孃"，大概是因为"娘""孃"二字语音相同，但"娘"较于"孃"，笔画简单，书写便捷。汉字简化时选择"娘"作为"孃"的简化字，与此应有很大的关系。

3. 老娘

接生婆，宋代俗称"老娘"。《东轩笔录》卷七："一日，谒晏丞相，晏语之曰：'君久从吏事，必疏笔砚，今将就试，宜稍温习也。'振率然答曰：'岂有三十年为老娘，而倒绷孩儿者乎？'"《武林旧事》卷八："仍令太医局差产科大小方脉医官宿直，供画产图方位，饮食禁忌，合用药材，催生物件，

---

① 俞理明：《"娘"字小考》，载浙江大学汉语史研究中心：《汉语史学报》（第二辑），上海教育出版社2002年版，第211—215页。

合本位踏逐老娘伴人，乳妇抱女，洗泽人等。"宋后沿用。元李行道《包待制智勘灰阑记》第一折："现放着剃胎头收生的老娘，则问他谁是亲娘，谁是继养？"

"老娘"用来称呼外祖母，则是明清及以后的事，且多存于方言中。《红楼梦》第六十三回："这里贾蓉见他老娘醒了，忙去请安问好。"在一些通俗文学中，"老娘"也常用作一些粗俗强势的妇女的自称。《水浒传》第二十四回："你这个腌臜混沌，有甚么言语在外人处说来，欺负老娘！"《西游记》第五十五回："不要走！吃老娘一叉！"

4. 奴、奴奴

"奴"在宋代是对女性的美称，也可作女性的自称。《猗觉寮杂记》卷下："男曰奴，女曰婢，故耕当问奴，织当问婢。今则'奴'为妇人之美称。贵近之家，其女其妇，则又自称曰'奴'。自汉以前，妇人皆称'妾'，如'妾得无以坐奈何？''妾薄命'之类是也。兼臣、妾而言，不知起何代。古者妇人女子亦有名字，如孟光字德曜、曹昭字惠班之类是也。其自称也，亦以名，如曹大家上书曰'妾昭'之类是也。一例称'奴'，起于近代。"清钱大昕《十驾斋养新录》卷十九："妇人自称奴，盖始于宋。"其他文献如《宋史·陆秀夫传》："杨太妃垂帘，与群臣语，犹自称奴。"张先《菩萨蛮》："花若胜如奴，花还解语无？"

由此可知，汉以前妇人多以"妾"自称，以名自称，"奴"作为女性的自称，始于宋代。"奴"的本义是奴隶、罪人，男女可通用。《说文》："奴，奴婢，皆古之罪人也。"《史记·季布栾布列传》："而布为人所略卖，为奴于燕。"魏晋南北朝时期，"奴"词义发生变化，虽然依旧男女皆可称"奴"，但多含有亲昵、怜爱的色彩。如《世说新语·方正篇》："周侯独留，与饮酒言话，临别流涕，抚其背曰：'奴好自爱。'"《南史·齐郁林王何妃传》："帝谓皇后为阿奴，曰：'阿奴暂去。'"唐五代时，"奴"成为自称的谦词。南唐李煜《菩萨蛮》："奴为出来难，教君恣意怜。"宋代成为女性的自称。也称"奴奴"，含有亲昵的意味。《曲洧旧闻》卷一："帝不语久之，又问曰：'所言必行乎？'曰：'台谏之言，岂敢不行。'又曰：'若果行，请以奴奴为首。'盖恃帝宠也。"笔记外，还有"奴家"之称，如南宋戏文《张协状元》

第三出:"若要奴家好,遇得一个意中人,共作结发,夫妻相与谐老。"

"奴"词义和适用范围的改变,与中国社会中长久以来形成的男尊女卑思想有关。同时作为女性的自称,在词义上也含有亲昵、惹人怜爱的情感色彩。

5. 措大

宋时对读书人的戏称。笔记中多有用例,如《东坡志林》卷一:"有二措大相与言志,一云:'我平生不足惟饭与睡耳,他日得志,当饱吃饭,饭了便睡,睡了又吃饭。'一云:'我则异于是,当吃了又吃,何暇复睡耶!'吾来庐山,闻马道士嗜睡,于睡中得妙。然吾观之,终不如彼措大得吃饭三昧也。"《能改斋漫录》卷十:"太祖曰:'苟用其长,亦当护其短。措大眼孔小,赐与十万贯,则塞破屋子矣。'"

"措大"一词,唐代就已出现,或作"醋大"。《汉语大词典》首引李匡义《资暇集》卷下:"代称士流为醋大,言其峭醋而冠四人之首。一说衣冠俨然,黎庶望之,有不可犯之色,犯必有验,比于醋而更验,故谓之焉。或云:往有士人,贫居新郑之郊,以驴负醋,巡邑而卖,复落魄不调,邑人指其醋驮而号之。新郑多衣冠所居,因总被斯号。亦云:郑有醋沟,士流名家多居其州,沟之东尤多甲族。以甲乙叙之,故曰醋大。愚以为四说皆非也。醋宜作措,止言其能举措大事而已。"

《资暇集》对"醋大"的词源进行了讨论,归纳起来,大致有两种看法:一是在"醋"上做文章,如"醋沟""牵驴卖醋";二是认为"醋大"即"措大",取能"举措大事"之义。比较这两种看法,"措大"当作"醋大",取其酸腐之义。江蓝生对"措大"的词源进行了考察,指出在唐宋时期,"措大"既可以指朝廷为官的儒士,也可以泛指一般读书人,元明以后一般指科考不中的贫寒书生。[①]《五杂俎》卷十一:"今人以秀才为措大。措者,醋也,盖取寒酸之味。而妇人妒者,俗亦谓之吃醋。"

6. 小底

"小底"在宋代笔记中有三种用法:一是与"大底"相对,指人或物中之小者。《默记》:"嘉祐中,士大夫之语曰:'王介甫家,小底不如大底;南

---

① 江蓝生:《说"措大"》,载《语言研究》1995年第1期。

阳谢师宰家，大底不如小底。'谓安石、安礼、安国、安上，谢景初、景温、景平、景回也。"二是指内侍，相当于"小厮"。《丁晋公谈录》："皇城使刘承规，在太祖朝为黄门小底时，气性不同，已有心力，宫中呼为刘七。"三是可释为"小的"，是地位、官级等相对较低的人的自称。《寓简》卷六："近岁衔命出疆，三节人从赏给丰腆。贪冒之士，不顾廉耻，至名执旗报信，充厮役下陈，号为小底者，亦欣然愿为之。""小底"即后之"小的"。清钱大昕《恒言录》卷三："今奴婢下人自称小的，即宋时所谓小底也。"[①]

宋代文献中，"底"也用于形容词、代词或词组后，构成"底"字结构，相当于现代汉语的"的"字结构。《齐东野语》卷十三："一日内宴，伶人衣金紫，而幞头忽脱，乃红巾也。或惊问曰：'贼裹红巾，何为官亦如此？'傍一人答云：'如今做官底，都是如此。'"再如《五灯会元》卷十三："因于市肆行，见一客人买猪肉，语屠家曰：'精底割一斤来！'"

（二）由"虫"构成的称谓俗语词

在宋代称谓类俗语词中，产生了一批以"虫"为核心语素的称谓俗语词，如"大虫虫、虫儿、喜虫儿、无过虫"等。

"虫"在古代可泛指一切动物。《大戴礼记·曾子天圆》："毛虫毛而后生，羽虫羽而后生，毛羽之虫，阳气之所生也；介虫介而后生，鳞虫鳞而后生，介鳞之虫，阴气之所生也；唯人为倮匈而后生也，阴阳之精也。毛虫之精者曰麟，羽虫之精者曰凤，介虫之精者曰龟，鳞虫之精者曰龙，倮虫之精者曰圣人。"

宋时民间对于驯兽技艺的俗称为"弄虫蚁"。"虫蚁"中的"虫"也是泛指各类动物。《梦粱录》卷十九："更专以参随服役资生，旧有百业皆通者，如纽元子，学像生叫声，教虫蚁，动音乐，杂手艺，唱词白话，打令商谜，弄水使拳，及善能取覆供过，传言送语。"《东京梦华录》卷五："影戏丁仪，瘦吉等弄乔影戏。刘百禽弄虫蚁。孔三传耍秀才诸宫调。毛详、霍百丑商谜。"

---

① （清）钱大昕：《恒言录》，上海古籍出版社2002年版，第232页。

"虫"既可以指体形较大、攻击性强的动物，如现在一些地方口语方言中仍将老虎称作"大虫"，将蛇称作"长虫"，把麻雀称为"小虫儿"，这些均是"虫"最早词义的沿用。有些动物或凶暴，或唬人，以此喻人，可突出其恶毒心狠的性格特点，所以对性情恶毒的女性也常称作"虫"，如"冠子虫"就是宋时对性情残暴歹毒的女性的俗称。《清异录》卷上："俗骂妇人为'冠子虫'，谓性若虫蛇，有伤无补。"据考，宋代女性常以戴冠为时尚，因此，"冠子"也就成为女性的代称，与"虫"组合，则用以凸显妇人性格暴戾的特点。

"虫"也可用来指虫类中外形可爱、娇小柔弱、反应灵活的一类，对这一类的"虫"，人们往往会萌生喜爱、怜惜之情，这也使一些以"虫"构成的俗语词常常带有宠爱、亲昵的感情色彩。如宋时对所宠爱的妓女会昵称为"虫儿"，主要是取其娇小可爱、惹人怜惜的特征。《读世说》卷十二："永元中，任昉纡意于梅虫儿，东昏中旨，用为中书郎。昉谢尚书令王亮，亮曰：'卿宜谢梅，那忽谢我。'昉惭而退。"宋代行业类称谓词中，用来称呼那些聪明伶俐的衙役或艺人，也是采用加"虫"的方式组配新词，如"喜虫儿"是指报喜信的衙役。《梦粱录》卷二："盖临安辇毂之下，中榜多是府第子弟，报榜之徒，皆是百司衙兵，谓之'喜虫儿'。"

再如"无过虫"，是宋时对杂剧艺人的俗称。《梦粱录》卷三："是时教乐所杂剧色何雁喜、王见喜、金宝、赵道明、王吉等，俱御前人员，谓之'无过虫'。"又卷二十："大抵全以故事，务在滑稽唱念，应对通遍。此本是鉴戒，又隐于谏诤，故从便跣露，谓之'无过虫'耳。"这些杂剧艺人以调笑谐谑为行当，又常通过滑稽的表演表达对时政的批评，亦假亦真，权当戏言，在表演形式上多具有隐蔽性，因此可以巧妙地通过表演让当朝者意识到问题所在，又不至于惹祸上身。

（三）官职称谓词的泛化

官职称谓词的泛化也是宋代社会称谓词形成和发展的一个突出特点，主要表现为原本是官职称谓词，经过词义泛化，成为对某一行业从业者的称谓词，如"待诏""端公"等。

1. 待诏

从字面看,"待诏"是指"等待诏命"的意思,最初应为动词性结构,后用来指称随时等待诏命的人,如"公车待诏""金马门待诏"等。再后来出现凭借某种技艺,如琴棋书画、星相医卜等而成为待诏的,这样担任"待诏"一职的除了饱学之士之外,还可以是具有某项技艺专长的人。《汉书·郊祀志》:"成帝末年颇好鬼神,亦以无继嗣故,多上书言祭祀方术者,皆得待诏,祠祭上林苑中长安城旁,费用甚多,然无大贵盛者。"《后汉书·律历志》:"永平中,诏书令故太史待诏张隆以四分法署弦、望、月食加时。"

唐初待诏之人供职于翰林院,玄宗时"待诏"成为一种官职。《梦溪笔谈》卷一:"唐翰林院在禁中,乃人主燕居之所,玉堂、承明、金銮殿皆在其间。应供奉之人,自学士已下,工伎群官司隶籍其间者,皆称翰林,如今之翰林医官、翰林待诏之类是也。"至唐宋时期,出现了"书待诏""琴待诏""棋待诏"等。《归田录》卷一:"至和中,有书待诏李唐卿撰飞白三百点以进,自谓穷尽物象。"《涑水纪闻》卷三:"太宗好琴棋,琴棋待诏多江南人,泊皆厚抚之。"《湘山野录》卷中:"太宗喜弈棋,谏臣有乞编窜棋待诏贾玄于南州者,且言玄每进新图妙势,悦惑明主,而万机听断,大致壅遏,复恐坐驰睿襟,神气郁滞。"

至宋代,"待诏"又成为对手艺工匠的尊称,这是作为官职称谓的"待诏"一词词义进一步泛化的结果。《靖康纪闻》:"金人索内夫人优倡及童贯、蔡京、梁师成、王用家声乐,虽已出宫,已从良者亦要之。开封府散遣公吏捕捉,巷陌店肆,搜索甚峻,满市号恸,其声不绝。又索教坊伶人、百工伎艺、诸色待诏等,开封府奉命而已。"《陔余丛考》卷三十七:"可见翰林中待诏者,原不皆文学之士,则锓工之称待诏,盖亦实有以此技为待诏者,而人因以称之也。"[1] 称谓对象虽发生变化,"待诏"一词"等待召唤"的核心语义仍然保留,由此可以看出宋代对手工艺者的尊崇。

明清以后,"待诏"又专指剃头匠,有时与"剃头""篦头"等连用。

---

[1] (清)赵翼:《陔余丛考》,中华书局1963年版,第780页。

如《醒世姻缘传》第九十三回："原来这人是剃头的待诏，又兼剪绺为生，专在渡船上乘着人众拥挤之间……""剃头的待诏"中"待诏"还是沿用宋时的用法，"剃头"用来区别和限定"待诏"所从事的具体行业，可能是由于"待诏"在理发业出现频繁，也就逐渐成为一种约定俗成的用词，"待诏"也自然发展为对剃头匠的专称，并被一直沿用。《西游记》第四十六回："纵有待诏跟进去，也只得剃得头便了，如何衣服也能趁体，口里又会念佛。"《清稗类钞·容止类》："九江剃发者素有名，福康安过九江时，偶呼待诏至，其奏刀簌簌如风，令人如不觉。剃毕，命赏五十金去。剃发者出告人曰：'吾生平为人剃发多矣，无如此之难者。'"由上可知"待诏"意义的转化轨迹，即等待诏命→官职称谓→具有某种技艺专长之人→手工艺工匠→剃头匠，词义范围上经历了泛化和专指的转变。

2. 端公

"端公"，本为官职名，始见于唐杜佑《通典》卷二十四："侍御史之职有四……台内之事悉主之，号为'台端'，他人称之曰'端公'。""端公"为侍御史的别称，因为其所属位置为御史台之首，所以称作"端公"。唐李肇《唐国史补》卷下："外郎、御史、遗补相呼为'院长'，上可兼下，下不可兼上，惟侍御史相呼为'端公'。"《唐才子传》卷八："与李郢端公同巷，居止接近，诗筒往反。"宋代笔记中也有记载。如《石林燕语》卷五："侍御史自称'端公'，知杂事则称'杂端'。"

宋代"端公"又衍生出新的用法，民间开始把那些装神弄鬼、骗取钱财的男性巫师称作"端公"，其中缘由可从宋代笔记《云麓漫钞》卷十二的记录窥得端倪："随州大洪山，本名大湖，介于随郢之间。其山高峻，上有三峰，中有积水，实为龙渊，云昔有二龙斗，穿崖而出，水遂涸，落石尚存山下，今曰落湖。唐有僧自五台来，遇异人云：'遇湖即止。'僧至，问地名，遂止。适逢大旱，乡人皆屠牛祈雨，僧为祈禬，成丰岁，遂入山，断足祭龙以谢。乡人张素敬之，父子俱入山，与之俱逝。节帅以闻，僧赐号灵济菩萨，二张封将军。土人相与即水落处建伽蓝，至本朝尤盛。建炎绍兴初，随陷于贼，而山中能自保，有带甲僧千数，事定皆命以官。《汪彦章集》有《补大洪山监寺承信郎告》。自后多说神怪，以桀黠者四出，号端公，诳取施利，每及万缗,死则塑作将军,立于殿寺。""端公"语义之变与此段文献资料有关。唐时僧人,来到随州,帮助百姓逢凶化吉,祝祷求雨,换得丰年,当地人因为感激特建立寺庙,塑像祭拜。后来贼起,寺庙陷落,山上僧人均负甲反抗,态势平定后皆被授职,称作"端公"。后来这一事件被一些狡黠商人利用,借此宣讲神怪之说,诓骗财物。"端公"也由官职称谓转变为对以鬼神之说大肆敛财的男性巫师的称呼。这一语义对后世有较大影响,清代民间仍有"跳端公"习俗。清黄勤业《蜀游日记》:"夜深坐旅舍中,忽闻邻人鼓乐大作,盖俗抱病之家不事医药,请人祈神,祈者衣饰诡异,绝似鲍老登场,名'跳端公'。"现在民间也有"跟着好人学好人,跟着端公学跳神"的说法。作为官职的"端公",成为民间对"巫师"的俗称,大约与民间对巫师的崇拜有关。

官职称谓泛化成一般行业性称谓的,还有如"博士""牙推""官人""相公"等。这种变化与中国历史上传统的官本位思想,以及宋代社会对拥有一定技艺的从业者的观念改变都有着直接的关系。

(四)泛指性称谓类俗语词

宋代笔记中还有一些社会称谓词,通过列举多个单一具体的同类事物组合成词,用来泛指一切同类事物,如"张王李赵"。

张、王、李、赵,原本指四个姓氏。汉应劭《风俗通·佚文·姓氏》:"张、王、李、赵,皆黄帝赐姓也。"古时姓氏一般为贵族所有,张、王、李、赵开始时应是四个较为尊贵的姓氏。后来随着姓氏使用变得普遍,加之这四姓的人数又相对较多,民间就有"张王李赵遍地刘"的说法。因此"张王李赵"也成为一种泛称,由并列式的短语发展为词,泛指一般姓氏、普通人。"张王李赵"连用,最早见于唐《寒山诗》二零五:"张王李赵权时姓,六道三途事似麻。"宋代已成为一个常用俗称,带有"很普通、一般"的意味。如《曲洧旧闻》卷七:"俚语有'张王李赵'之语,犹言是何等人,无足挂齿牙之意也。宣和间,王将明、张子能、王履道、李士美、赵圣从俱在政府,是时'张王李赵'之语喧于朝野,闻者莫不笑之。"数人俱在朝中为官,但均资质平平,属泛泛之辈,因此"张王李赵"之语才会让人发笑。现代汉语中词义进一步引申，用来泛指一般人。李敖《李敖有话说》："凡是有'时代周刊'这个字眼的，就是我们这个杂志，前面那个名字换了，张王李赵都不重要，杂志呢，就是这个杂志。"

所以说，"张王李赵"是由并列层次的词语聚合成词，以原有词义为基础，经进一步词汇化，词义发生泛化，由某个姓（人）泛指一般人、普通人。

再如"三姑六婆"，"三姑""六婆"均有具体所指，"三姑"，指三类出家的女性。"六婆"指由女性从事的六种职业，其中"牙婆"指拐卖妇女儿童的人贩子，"媒婆"是专门为人介绍姻亲的女性，"师婆"是专门画符施咒、请神问命的巫婆，"虔婆"是妓院内的鸨母，"药婆"是专门卖药的女人，"稳婆"则是指接生婆，都是指古代民间女性的具体职业，后成为对这些人的泛称。因为这些职业有的是利用欺诈、引诱等不正当的手段而牟利，所以"三姑""六婆"也就成为大众所回避和厌恶的群体，带有了明显的贬义色彩。元陶宗仪《南村辍耕录》卷十："三姑者，尼姑、道姑、卦姑也。六婆者，牙婆、媒婆、师婆、虔婆、药婆、稳婆也。盖与三刑六害同也。"[①]"三姑六婆"固定成词大概在元代，但是古代女性的社会职业分工在宋代已十分普遍，"三姑""六婆"在宋代笔记中已经出现，贬义色彩也比较明显，为这一俗语词的形成打下基础。《世范》卷三："尼姑、道婆、媒婆、牙婆及妇人以买卖、针灸为名者，皆不可令入人家。凡脱漏妇女财物及引诱妇女为不美之事，皆此曹也。"至明还有"三姑六婆不入门"的俗语。

（五）特殊群体的称谓类俗语词

1. 觅贴儿、白日鬼、旱魃

"觅贴儿"，小偷的俗称，常指借助专业工具，在闹市中剪掉他人身上的衣囊环佩，以窃取财物的小偷。因其往往在拥挤的人群中贴身行窃，所以称为"觅贴儿"。《武林旧事》卷六："若阛阓之地，则有翦脱衣囊环佩者，谓之'觅贴儿'。"明田汝成《西湖游览志余》卷二十五："宋时临安四方辐

[①] （元）陶宗仪：《南村辍耕录》，载《元明史料笔记丛刊》，中华书局1958年版，第126页。

辏，浩攘之区，游手游食，奸黠繁盛……有剪脱衣物、环佩、荷包者，谓之觅贴儿。"①

宋代笔记中类似的俗语词还有"白日鬼"，专指在光天化日之下作案的骗子、扒手、小偷等，除此以外，还用以指称那些无所事事的市井无赖。《暇日记》："浙江贼号曰白日鬼，多在舟舡作祸，彼中人见诞谩者，指为白日鬼。"《七修类稿》卷二十四"俗言讹"："宋时指贼人曰'白日鬼'，见诞谩者亦曰'白日鬼'。"②"诞谩"即欺诈、骗人。

从结构上看，"白日鬼"最初还不是一个词，仅是在线性序列上紧密相连的跨层结构。唐贯休《送友人下第游边》："失意穷边去，孤城值晚春。黑山霞不赤，白日鬼随人。""白日鬼随人"，结构上应是"白日/鬼随人"，言失意独处时的寂寞。后经词汇化，白日鬼成为对小偷的俗称。"鬼"用作对人的蔑称，见于唐代。《汉语大词典》引唐张祜《感归》："乡人笑我穷寒鬼，还似襄阳孟浩然。"现代汉语中也有"赌鬼""酒鬼""烟鬼""吝啬鬼"等词，其中"鬼"就是对有不良嗜好之人的称呼，含有厌恶的意味。"白日鬼"由跨层结构转变为词，也应是受到"×鬼"作为对某类人蔑称用法类化的影响。在这种格式的影响下，"白日鬼"被重新分析，用"白日"来标明小偷行窃的时间多为白天，"鬼"则成为一种蔑称。

"旱魃"，本指古代民间传说中引发旱灾的鬼怪。《说文》："魃，旱鬼也。"始见于《诗经·大雅·云汉》："旱魃为虐，如惔如焚。"《诗经》孔疏引《神异经·南荒经》："南方有人，长二三尺，袒身而目在顶上，走行如风，名曰魃。所见之国大旱，赤地千里。"宋代笔记用例如《翠微先生北征录》卷十一："所谓天眚者，一曰淫雨连作，营垒卑湿，人马泥泞，筋角解脱……十曰旱魃，畏天时亢旱，赤地千里，河枯井竭，人马烦渴。"《癸辛杂识》别集下："金贞祐初，洛阳大旱。登封西吉成村有旱魃为虐，父老云：'旱魃至，必有火光，即魃也。'少年辈入昏凭高望之，果见火光入农家，以大棓击之，火焰散乱，有声如驼。"

---

① （明）田汝成：《西湖游览志余》，东方出版社2012年版，第466页。
② （明）郎瑛：《七修类稿》，上海古籍出版社2002年版，第172页。

需要关注的是,"旱魃"在宋代,词义有了新的变化,用来指产妇所生的畸形儿。《萍洲可谈》卷三:"世传妇人有产鬼形者,不能执而杀之,则飞去,夜复归就乳,多瘁其母,俗呼为'旱魃'。"据考,"旱魃"这一语义的产生,应是将旱魃与另一种传说中的怪物"魃"相混淆造成的。《说文·鬼部》:"魃,鬼服也;一曰小儿鬼。"由于"魃"与"魃"字形相近,均指身形矮小、行走山中的鬼怪,因此在宋代开始混淆,并由此进一步依据性别分为"男旱魃(也称"儿旱魃")和"女旱魃"。后世也有用"旱魃"作为鬼形婴儿的用例,如《元史》卷五十一:"是年四月,黄州黄冈县周氏妇产一男即死,狗头人身,咸以为旱魃云。"

《萍洲可谈》卷三:"女魃窃其家物以出,儿魃窃外物以归。初虞世和甫,名士善医,公卿争邀致,而性不可驯狎,往往尤急于权贵。每贵人求治病,则重诛求之,至于不可堪,所得赂旋以施贫者。最爱山谷黄庭坚,尝言'山谷孝于亲,吾爱重之。'每得佳墨精楮奇玩,必归山谷。山谷尝语朝士:'初和甫于余,正是一儿旱魃。'时坐中有素厌苦和甫者,率尔对曰:'到吾家便是女旱魃。'"而且宋人又延伸出"旱魃"与偷窃之间的关系,因此"女旱魃""儿旱魃"成为对两种不同偷盗形式的称呼,其中"儿旱魃"指经常偷自己家的东西送给别人,"女旱魃"则是偷别人的东西归为己有。又称"儿魃""女魃",其中"儿""女"的性别意味减弱,主要是用以区分偷盗形式的不同。

2. 奴哥、酒纠、录事、生张八、鼓子花

宋代狎妓之风盛行,因此在社会性称谓中,围绕妓女这一社会群体产生了一些不同的称谓类俗语词。

"奴哥",宋代对妓女的称谓。"哥"在宋代已成为对兄长的普遍性称谓,本属亲属称谓词,后经过词义泛化,"哥"已无"兄长""男性"的意义,而仅用来表示亲昵之义,所以,宋代妓女也被称作"哥"。《侯鲭录》卷七:"颍妓曹苏哥,往岁与悦己者密约相从,而其母禁之至苦,不胜郁悒。"也称"奴哥"。《东京梦华录》卷五有"温奴哥",卷九有"陈奴哥"。宋词用例如史浩《浣溪沙》:"一握钩儿能几何。弓弓珠蹙杏红罗。即时分惠谢奴哥。"

"酒纠""录事",也是对妓女的俗称。唐宋时期举行酒会时,指定或推选出的主持酒局之人称为"酒纠"。因酒会中常设有"明府""觥律事""律录事"等职，所以也将在饮宴中监行酒令的人称为"录事"。一些知名的妓女，才艺超人，深谙酒事，擅长交际，常在宴饮时担任"酒纠""录事"等职，所以"酒纠""录事"也就成为妓女的俗称。《老学庵笔记》卷六："苏叔党政和中至东都，见妓称'录事'，太息语廉宣仲曰：'今世一切变古，唐以来旧语尽废，此犹存唐旧，为可喜。'前辈谓妓曰'酒纠'，盖谓录事也。相蓝之东有录事巷，传以为朱梁时名妓崔小红所居。""录事巷"即是宋时相国寺一带有名的妓院聚集地，这也可作为妓女被称作"录事"的明证。

"生张八"，宋时对北都妓女的谑称。因北都妓女虽有美色，却举止生硬乖张而得名。《梦溪笔谈》卷十六："北都有妓女，美色而举止生梗，士人谓之'生张八'。因府会，忠懋令乞诗于野，野赠之诗曰：'君为北道生张八，我是西州熟魏三。莫怪樽前无笑语，半生半熟未相谙。'"现四川方言中仍用"张八"一词来形容语言或行为太夸张、太做作。据考，"张八"或是"张巴"的同音替换形式。"张巴"中的"张"，有"夸张、张扬"之义。"巴"应是词尾，起强调的作用。现代方言中也有如"俊巴""憨巴"等形式，与此相同。

"鼓子花"，本为一种藤蔓植物，因花形如鼓而得名。宋洪适《鼓子》诗："抽蔓类牵牛，含芳伍萱草。上上不知休，高柯厌缠绕。"因为这种花在当时较为普通，因此也就成为对姿色不佳妓女的谑称。《能改斋漫录》卷十一："王元之谪齐安郡，民物荒凉，殊无况。营妓有不佳者，公作诗曰：'忆昔西都看牡丹，稍无颜色便心阑。而今寂寞山城里，鼓子花开也喜欢。'"文中"牡丹""鼓子花"形成鲜明对比，分别用来代指姿色出众和姿色平平的两类妓女。只是在宋时，"鼓子花"应该还是一种临时性用法，之后这种用法才被逐渐固定下来。明俞弁《山樵野语》卷十："诗人以妓女无颜色者谓之鼓子花。"

3. 官家、阿舅

"官家"，对皇帝的一种称呼，《汉语大词典》首引《晋书·载记第六·石季龙上》："官家难称，吾欲行冒顿之事，卿从我乎？"宋元之际著名史学家胡三省注《资治通鉴》时引用这段文字，言之凿凿地说："称天子为官家，始见于此。"但在宋代以前,"官家"指称皇帝相对比较少见,大多还是解释为另外两种意思:一是指官府、公家。如《西汉会要》:"官家之惠优于三代,豪强之暴酷于亡秦。"唐白居易《秋居书怀》:"况无治道术,坐受官家禄。"宋以后依然沿用,如清刘鹗《老残游记》:"那有什么法子呢!民家被官家害了,除却忍受,更有什么法子?"二是尊称官吏,或者一些尊贵以及有权势的人。如《太平御览》中的一个典故:"(桓温)于北方得一巧作老婢,乃刘越石妓女。一见温入,潸然而泣。温问其故,答曰:'官家甚似刘司空。'"上述用例的"官家"皆不是指称皇帝。

宋以前用"官家"称呼皇帝的用例也已出现,如五代花蕊夫人《宫词》之一零七:"明朝腊日官家出,随驾先须点内人。"到了两宋时期,用"官家"称呼皇帝逐渐多起来,宋笔记中常常出现。如《清波杂志》卷一:"元祐大昏,吕正献公当国,执议不用乐。宣仁云:'寻常人家娶个新妇,尚点几个乐人,如何官家却不得用?'"《邵氏闻见录》卷三:"一日,帝衣黄金甲以见光献太后,后曰:'官家着此,天下人如何?脱去,不祥。'"《齐东野语》卷一:"一日,密谕尚食内侍云:'官家食素多时,甚觉清瘦,汝辈可自作商量。'"但在宋代,"官家"还并非皇帝的专属称谓,如苏东坡《初到黄州》:"只惭无补丝毫事,尚费官家压酒囊。"王安石《河北民》:"家家养子学耕织,输与官家事夷狄。"这里的"官家"还是指朝廷、公家。由此可见,"官家"一词在宋代还不是皇帝的专属称谓词,但因为用例增多,已倾向于称呼皇帝,并被广泛接受和应用,也就是说,"官家"正在由泛指向专指过渡。

对"官家"这一称谓的形成和来源,宋代笔记中多有讨论。《铁围山丛谈》卷一:"国朝禁中称乘舆及后妃多因唐人故事,谓至尊为'官家',谓后为'圣人',嫔妃为'娘子',至谓母后亦同臣庶家,曰'娘娘'。"据此可知,用"官家"称"皇帝"始于唐代,但是对唐人因何称呼皇帝为"官家"并未作出说明。《云麓漫钞》卷三:"蔡邕独断:汉百户小吏称天子曰大家,晋曰天,唐人多曰天家,又云官。今人曰官家,禁中又相语曰官里。官家之义,盖取五帝官天下,三王家天下。"《儒林公议》:"太宗尝问杜镐曰:'今人皆呼朕为官家,其义未谕,何谓也?'镐对曰:'臣闻三皇官天下,五帝家天下。考诸古谊，深合于此。'上甚悦其对。"

宋代笔记中认为"官家"一词取"五帝官天下，三王家天下"之义。考察"官"的用法，在宋代之前就已经被用来作为皇帝的称谓。如《南齐书·荀伯玉传》："观者咸疑是太子，内外祗畏，莫敢有言者。荀伯玉叹曰：'太子所为，官终不知，岂得畏死，蔽官耳目！我不启闻，谁当启者！'"其中的"官"即是指齐高帝。因此"官家"中的"官"本身就可以作为皇帝的称谓词，"家"应视作后缀。①

宋代笔记中与"官家"在构词方式上有联系，用以称呼皇帝的词还有"官里""朝家"等。《武林旧事》卷七："至申时御舟捎泊花光亭，至会芳少歇。时太上已醉，官里亲扶上船，并乘轿儿还内。都人倾城，尽出观瞻，赞叹圣孝。"《梦粱录》卷十二："咸淳间，朝家给钱，命守臣增筑堤路，沿堤亭榭再一新，补植花木。"此处的"家""里"不能仅仅作为词缀理解，还应该视为方位词，即是以皇帝所在的官（朝）的"里""家"等方位、处所指称皇帝本人。所以把"官家"的"家"当作词缀的看法还有待商榷。

皇帝自称"官家"还是一种谦称。《闻见近录》："先公三守平凉，召自许州，及对，英宗皇帝曰：'端明旧德，不当更守边，但顾在廷，无如端明者，且为官家行，便当召还。'先公曰：'陛下方即位，边有警，岂臣避难之时。然陛下以官家自名，呼臣等以官，未正名分。'英宗曰：'方此即位，视先朝旧人，岂敢遽以卿礼。官家在至和中，端明时知开封府。至宫中救火，已望见颜色，如端明才望，岂在人后欲召别殿访政，亦未敢耳。'"由此可见，皇帝在与臣下对话中自称"官家"，是对臣下的一种礼遇和对自身的谦辞。

宋代以后，以"官家"称呼皇帝多用于通俗文学作品中，如《水浒传》第七十七回："吴用道：'童贯回去京师，奏了官家，如何不再起兵来。'"

在帝王的称谓中也有少数民族对汉族皇帝的俗称，如"阿舅"就是宋代北方少数民族对宋朝皇帝的称呼。"舅"在古代汉语中本用来指岳父。中国历史上，汉族多与北方少数民族和亲，从姻亲关系上，对汉族皇帝称"舅"，也在情理之中，所以一直沿用。《清波杂志》卷六："番中不识称朝廷，但言

---

① 薛兆瑞：《释"官家"》，载《文史》（第18辑），中华书局1983年版。

'赵家天子'及'东君''赵家阿舅',盖吐蕃与唐通姻,故称'阿舅',至今不改。"《云麓漫钞》卷十五:"日出东方,赫赫火光,照见四天下,四天下条贯主阿舅大官家:你前时要者玉,自家甚是用心,只为难得似你尺寸底,自家已令人两河寻访,才得似你尺寸底,便奉上也。"记录了当时于阗国回复宋朝的文书,其中对宋朝皇帝的称呼为"阿舅大官家"。

三、詈辞

詈辞指诟骂的言辞、脏话。詈辞出现较早,但在传统观念中,这些词一直被视为"难登大雅之堂",而没有引起研究者的重视。世俗文学的蓬勃发展,使詈辞在宋元时期发生了重要的转型,出现了扩散化、低俗化的倾向。考察詈辞使用的对象,多为出身贫寒、地位卑贱、处于社会底层的女性群体(如妓女)以及落魄文人等社会弱势群体。从成词上,俗语词词义多是通过修辞引申实现的,具有活泼生动、表现力强的特点。

1. 瓦剌国、宽定宕

"瓦剌国",指女子品行不正派,后常写作"歪剌骨"。对这一俗语词的词源,存在两种不同的意见:一是认为与瓦剌人有关。如清翟灏《通俗编》引洪迈《俗考》:"瓦剌房人最丑恶,故俗诋妇女之不正者曰瓦剌国。"但是"瓦剌"作为对西北蒙古族的统称,是从明朝开始的,在时间上相去久远,因此这一说法似乎不能成立。二是认为是牛角内的天顶肉,因为浊臭逼人,所以发展为詈辞。如明沈德符《万历野获编》卷二十五:"又北人詈妇之下劣者曰歪剌骨,询其故,则云牛身自毛骨皮肉以至通体无一弃物,惟两角内有天顶肉少许,其秽逼人,最为贱恶,以此比之粗婢。"[1] "牛角的臭肉"与行为的不正派之间的联系有些牵强,也很难令人信服。

因此有学者依据"歪剌骨"一词中"不正"这一核心义素,认为"歪剌骨"最初是指妇女缠足不周正,或是走路的时候脚向外斜,进而引申为品行的不端正。[2] 这种说法较为合理,现代汉语中指人因脚有毛病或极度劳累走

---

[1] (明)沈德符:《万历野获编》,中华书局1959年版,第650页。
[2] 刘敬林:《金瓶梅方俗难词辨释》,线装书局2008年版,第45页。

路不稳,常说"走起路来歪剌歪剌的",应该与"歪剌骨"中的"歪剌"有一定的关系。

"宽定宕",指非处女。《癸辛杂识》前集:"又胡卫道三子,孟曰宽,仲曰定,季曰宕,盖悉从'宀'。其后悼亡妻,俾友人作志,书曰:'夫人生三子:宽定宕。'读者为之掩鼻。盖当时不悟为语病也。""宽""定""宕"本为三个姓名用字,但是连读之后,读者却为之掩鼻,可知这个词语在当时词义已经发生改变,另有所指,且应含有贬义。从词义上考察,"宽定宕"可以用来指人的服饰肥大,不合身,穿在身上松松垮垮、晃晃荡荡。由此引申出人的行为放荡而不知收敛,进而发展为对行为不检点女性的称呼。这种词义和用法在明代沿用,进一步固化。《初刻拍案惊奇》卷十:"粗蠢黑的面孔,还恐怕认做了绝世芳姿;宽定宕的东西,还恐怕认做了含花嫩蕊。"

2. 下辈

"下辈",本是指称地位低下的人,后成为詈辞,骂人"下贱"。《江南野史》卷七:"其佐有萧某者执法不同,捐牍不署,蹈礼不迫。而与令争,令欲驱之,大骂曰:'臭下辈。'"宋田从易《寄荔枝与盛参政》诗:"樱桃真小子,龙眼是凡姿。橄榄为下辈,枇杷客作儿。"《汉语大词典》未收。

3. 客作儿

宋时又把下贱、才能低下的人称作"客作儿"。《能改斋漫录》卷二:"江西俚俗骂人,有曰'客作儿'。按田从易《寄荔枝与盛参政》诗云:'樱桃真小子,龙眼是凡姿。橄榄为下辈,枇杷客作儿。'盛问其说,云樱桃味酸,小子也;龙眼无文采,凡姿也;橄榄初涩后甘,下辈也;枇杷核大肉少,客作儿。凡言客作儿者,佣夫也。"《五灯会元》卷九:"师曰:'客作汉问甚么?'""客作"与"汉"连用,轻蔑之意更明。《醒世恒言》卷三十一:"夏扯驴听得说:'我好没兴,吃这客作欺负!'"

"客作"原指受雇用做工的人,但被视为"下贱"的俗称,这种用法在唐代就有用例。如唐《寒山诗》:"因循过时光,浑是痴肉脔。虽有一灵台,如同客作汉。"《祖堂集》卷十九:"大德欲得见山僧见处,坐断报化佛头,十地满心犹如客作儿。""客作汉""客作儿"已经带有很强的贬损意味。考其原因,"客作"一般是由衣食无着的贫苦人充当的,这些人因为社会地位低下，经常遭人鄙视，因此"客作"也就带有明显的贬义色彩。

4. 九百、伍佰、五百、乾

数字构词也是宋代创造称谓词的常用方法，这类俗语词的形成通常与中国社会长期以来形成的数字文化有着密切的关系。

"九百"，即属数字构词，是宋代新产生的俗语词，指人神气不足、傻气。《后山诗话》："世以痴为九百，谓其精神不足也。"也称"九百汉"。《夷坚丙志》卷十一："明年，一客白袍皂绦，甚古。入曹之室，视壁间字，问谁所书，永真言李陶真先生也，客笑曰：'九百汉。'亦索笔书对壁。"九百也写作"九佰"。《西厢记诸宫调》卷五："镜儿里不住照，把须鬓掠了重掠，口儿里不住，只管吃地忽哨，九佰了多时。""九佰"也是"精神不及、老糊涂"的意思。

在"九百"词源的判定上存在两种意见：一种认为一千为足数，故以九百为神气不足。如《萍洲可谈》卷三："青州王大夫为词鄙俚，每投献当路以为笑具，季父为青录，王亦与诗，它日李父见其子谢之，其子曰：'大人九百乱道，玷渎高明。'盖俗谓神气不足者九百，岂以一千即足数邪？"二是认为"九百"实为"五百"，因为"九""五"的草书写法相近所误。

宋代笔记中，与"九百"意思相同的还有"伍伯"（亦作"伍佰"）。《鸡肋编》卷上："常州讳'打爷贼'。云有子为伍伯，而父犯刑，恐他人挞之楚而自施杖焉。虽有爱心，于礼教则疏矣。"又作"五百"。《宾退录》卷六录萧东夫《吴五百》一文："吴名蹇，南兰陵，为寓言靳之。曰：'淮右浮屠客吴，日饮于市，醉而狂，攘臂突市人，行者皆避。市卒以闻吴牧，牧录而械之，为符移授五百，使护而返之淮右。五百诟浮屠曰：'狂髡！坐尔乃有千里役，吾且尔苦也。'每未晨，蹴之即道，执扑驱其后，不得休。夜则縶其足。至奔牛埭，浮屠出腰间金，市斗酒，夜醉五百而髡其首，解墨衣衣之，且加之械而縶焉。颓壁而逃。明日，日既昳，五百乃醒，寂不见浮屠，顾壁已颓。曰：'嘻！其遁矣。'既而视其身之衣则墨，惊循其首则不发，又械且縶，不能出户。大呼逆旅中曰：'狂髡故在此，独失我耳。'"由此可知，"五百"也是宋代指称痴呆之人的俗语词，且"五百"本为一千的一半，以此来表示人的神气不足，似乎更加合理。

在宋代笔记中，表示人才智低下、不精明还可以用"乾"。如《麈史》卷中："京师谓人神识不颖者呼曰乾。予因询一书生厥义云何，曰：'乾，阳数九。九者，不满足耳。'""乾"，代表数字九，其成词理据与俗语词"九百"相同，"五百""九百"都可以表示神气不足，只是在具体的数量含义上稍有不同，因此"九百"不必看作"五百"的讹写。

5. 赤老

"赤老"，宋时对军人的蔑称。《江邻幾杂志》："都下鄙俗，目军人为赤老，莫原其意，缘尺籍得此名耶？狄青自延安入枢府西府，迓者累日不至，问一路人，不知乃狄子也，既云未至，因谩骂曰：'迎一赤老，累日不来。'"

按《江邻幾杂志》，"赤老"一词源于"尺籍"，即军中花名册，意思是军人皆入尺籍，而"尺"与"赤"音近，所以军人被鄙称为"赤老"。但《宋史·兵志七》载："召募之制，起于府卫之废。唐末士卒疲于征役，多亡命者，梁祖令诸军悉黥面为字，以识军号，是为长征之兵。方其募时，先度人材，次阅走跃，试瞻视，然后黥面，赐以缗钱、衣履而隶诸籍。国初因之，或募土人就所在团立，或取营伍子弟听从本军，或募饥民以补本城，或以有罪配隶给役。""黥面"即"黥面"，就是在面额上刺字涂墨，源于古代少数民族的一种风俗。《汉书·匈奴传上》："匈奴法，汉使不去节，不以墨黥其面，不得入穹庐。王乌，北地人，习胡俗，去其节，黥面入庐。"《后汉书·东夷传》："男子皆黥面文身。"又是一种肉刑。《周礼·秋官·司刑》郑玄注曰："墨，黥也。先刻其面，以墨窒之。"《三国志·魏书·毛玠传》："汉律，罪人妻子没为奴婢，黥面。"宋代笔记《容斋四笔》卷十三也有记载："建州民二人，本田家客户，尝于主家塘内，以锥刺得鱼一斤半，并杖脊，黥面，送阙下。"后成为兵制之一，也就是在士兵脸上刺字，防止其逃跑。高承《事物纪原》卷十："兵之涅面，虽自周上皇始，亦原于刘仁恭'定霸'之事也。"宋沿袭。苏洵《兵制》："陵夷及于五代，燕帅刘守光，又从而为之黥面涅手之制。"《宋史·刑法志三》云："凡应配役者傅军籍，用重典者黥其面。"北宋的狄青就是曾受过黥刑的名将，所以称之为"赤老"。

把用于囚犯的一种肉刑，用在新招募的士兵身上，实际上也是对士兵的一种不尊重和蔑视。而且宋朝重文轻武，入伍为兵的人大多社会地位不高，因此"赤老"本身就是一个含有不恭敬义的蔑称詈辞。

6. 方头

"方头"，用来称呼性情耿直、不通世务或不圆滑的人。"方"本为方形，棱角分明，以此代指一个人性格分明，棱角太多。《侯鲭录》卷八："今人谓拙直者名'方头'。陆鲁望作《有怀》诗云：'头方不会王门事，尘土空缁白苎衣。'亦有此出处矣。"《证俗文》："不通时事宜者曰'方头'。"这一用法五代就已出现。《祖堂集》卷九："又承和尚有言：'文殊是方头。'师云：'去是从今日去，不是方头是什摩？'"① 明朗瑛《七修类稿》卷二十七："今人言不通时宜而无顾忌者曰'方头'，旧见《辍耕录》引陆鲁望诗曰：'头方不会王门事，尘土空缁白苎衣。'今读陆鲁望《苦雨》之诗，又曰：'有头强方心强直，撑住颓风不量力。'观二诗之意，方头亦为好称，若以为恶语，是末世之论也。"②

"耿直，不圆滑"作为一种性格特点，本可以作美、恶两种解读，既可指人性情耿直，也可指人执拗、不懂变通。因此陆鲁望两首诗中的"方头"（或"头方"），一为美誉，一为恶语，后世偏指恶语。元代也称"方头不律""方头不劣""不劣方头""不律头"等。

7. 鸭儿

"鸭儿"，对懦弱无能之人的蔑称。《鸡肋编》卷中："浙人以鸭儿为大讳，北人但知鸭羹虽甚热，亦无气。后至南方，乃知鸭若只一雄，则虽合而无卵，须二三始有子。其以为讳者，盖为是耳，不在于无气也。"

据考，"鸭儿"成为蔑称，与卑贱之人佩戴"青巾"的习俗有关。从汉代起，头裹绿巾成为卑贱者的装扮。《汉书·东方朔传》："董君绿帻傅韝随主前，伏殿下。"颜师古注："绿帻，贱人之服。"唐宋时沿用。唐封演《封氏闻见记》卷九："李封为延陵令，吏人有罪不加杖罚，但令裹碧头巾以辱

---

① （五代）（释）静（释）筠：《祖堂集》，载《续修四库全书》编委会编：《续修四库全书》第1285册，上海古籍出版社2002年版，第446页。
② （明）郎瑛：《七修类稿》，载《续修四库全书》编委会编：《续修四库全书》第1123册，上海古籍出版社2002年版，第192页。

之。随所犯轻重，以日数为等级，日满乃释。吴人著此服出入州乡，以为大耻。""碧头巾"即绿头巾，有罪者裹碧巾，被视为一种极具侮辱性的惩罚。《梦溪笔谈·补笔谈》卷下："孙伯纯史馆知苏州，有不逞子弟与人争"状"字当从犬当从大，因而构讼。孙令褫去巾带，纱帽下乃是青巾。孙判其牒曰：'偏旁从大，书传无闻。巾帽用青，屠沽何异！量决小杖八下。'苏民传之以为口实。"青巾，被视为如屠夫、小贩之类卑下之人的标志。这些人因地位低下而被人看不起，却又无力反抗，因此被视为胆小懦弱、软弱无能之人。

又因雄性野鸭头上的毛是绿色的，如人头裹绿头巾，"鸭"也就用来指称卑贱之人，并由此进一步发展为对懦弱无能之人的蔑称。《隋书·元善传》："杨素粗疏，苏威怯耎，元胄、元旻正似鸭耳，可以付社稷者，唯独高颎。""似鸭"，正是指元胄、元旻二人软弱无能，难堪重用。《鸡肋编》中解释浙人讳鸭的原因时，提到"鸭羹虽甚热，亦无气"，正与人的懦弱、气格不足、忍气吞声等性格有相似之处。

元代以后，"鸭"成为对那些妻子不贞之男子的蔑称。元政府规定，凡娼妓家男子必须佩戴青头巾作为标记。《元典章》卷二十九："至元五年十月，该准中书省札付娼妓之家，多与官员士庶同着衣服，不分贵贱。今拟娼妓各分等第着紫皂衫子，戴着冠儿。娼妓之家家长并亲属男子裹青巾。"妻子不贞的男子，与娼妓家的男子多有相似之处，因此又用"鸭"来称呼妻子不贞的男子。《水浒传》第二十五回："武大道：'含鸟猢狲，倒骂得我好！我的老婆又不偷汉子，我如何是鸭？'"现在的"绿帽子"一词在语源上与此密切相关。①

第二节　宋代笔记名物类俗语词

名物类俗语词在宋代笔记俗语词中所占比重最大，依据其所属的名物类别，可再细分为衣食住行类、商业娱乐类、日常杂用类、社会习俗类，并将

---

① 杨琳：《龟、鸭、王八语源考》，载《中国文化研究》2006年第2期，第75—87页。

一些不易划分部类的列入其他类，进行分别描写和分析。

一、衣食住行类俗语词

宋代社会经济快速发展，新生事物日益增多，与百姓生产生活息息相关的衣食住行等领域也出现了较大的变化，就拿妇女装束来说，《清波杂志》卷八"数岁即一变，况乎数十百年前"，可见迭替变化之频繁。因此，在宋代语言系统中也产生了许多与衣食住行相关的俗语词。

（一）服饰类俗语词

宋代服饰在形制、颜色上多承袭前代，并已形成自身的特点。整体上看，与唐代服饰的宽大华丽相比，宋代服饰在风格上更趋向于严谨和简朴，男子喜裹巾着衫，女子佩饰繁复，具有鲜明的时代特点，这些都在宋代笔记俗语词中得到体现。

1. 大梳裹、闹蛾、一年景

冠上插梳，并且高冠长梳，是宋代女性群体中的流行发式，因其形制一般较为高大，所以俗称"大梳裹"。[①]《清波杂志》卷八："烨自孩提，见妇女装束数岁即一变，况乎数十百年前，样制自应不同。如高冠长梳，犹及见之。当时名'大梳裹'，非盛礼不用。"《燕翼诒谋录》卷四："旧制，妇人冠以漆纱为之，而加以饰，金银珠翠，采色装花，初无定制。仁宗时，宫中以白角改造冠并梳，冠之长至三尺，有等肩者，梳至一尺。"

宋人对头部佩饰也比较讲究，多为应景之物。"闹蛾"，即正月十五妇女佩戴的一种头饰，多用丝绸或乌金纸制作成花或草虫之形，用色彩画上须子、翅纹而成，上元节有赏灯习俗，此种佩饰取蛾儿戏火之意。《武林旧事》卷二："元夕节物，妇人皆戴珠翠、闹蛾、玉梅、雪柳、菩提叶、灯球、销金合、蝉貂袖、项帕，而衣多尚白，盖月下所宜也。"又称"闹蛾儿"。宋洪瑹《阮郎归·壬辰邵武试灯夕》："花艳艳，玉英英。罗衣金缕明。闹蛾儿簇小蜻蜓。相呼看试灯。"这种佩饰习惯至清代依然流行。清陈维崧《望江南·

[①] 谢穑：《宋代女性词人群体研究》，湖南人民出版社2010年版，第170页。

岁暮杂忆》:"人斗南唐金叶子,街飞北宋闹蛾儿。"

"一年景",则是宋时京城贵妇在衣服或佩戴的首饰上选用的装饰纹样,因多为四时应景之物,俗称"一年景"。《老学庵笔记》卷二:"靖康初,京师织帛及妇人首饰衣服,皆备四时。如节物则春幡、灯球、竞渡、艾虎、云月之类,花则桃、杏、荷花、菊花、梅花皆并为一景,谓之一年景。"

2. 搭罗儿

民间对小孩戴的一种帽子俗称"搭罗""搭罗儿"。《武林旧事》卷六:"风袋、烟帚、糊刷、鞋楦、桶钵、搭罗儿。"《通俗编》卷二十五:"搭罗,乃新凉时孩子所戴小帽,以帛维缕,如发圈然。"① 可知应是形似发圈,一种露顶的凉帽。

3. 不制衿

宋时流行的上衣样式,不缀扣子,不系带子,衣襟自然下垂。《桯史》卷五:"宣和之季,京师士庶竞以鹅黄为腹围,谓之腰上黄;妇人便服不施衿纽,束身短制,谓之不制衿。"又"妇人便服不施衿纽,束身短制,谓之不制衿。始自宫掖,未几而通国皆服之"。这种"束身短制"的"不制衿"从后宫蔓延开来,进而成为宋代社会一种流行的女性上衣款式。

4. 错到底

"错到底",宋时妇女穿的一种鞋,因鞋底以不同颜色合成、色彩交错而得名。《老学庵笔记》卷三:"宣和末,妇人鞋底尖以二色合成,名'错到底'。"

(二) 饮食类俗语词

宋代饮食名目繁多,以"吃食"俗称食物。《东京梦华录》卷四:"凡民间吉凶筵会,椅卓陈设,器皿合盘,酒担动使之类,自有茶酒司管赁。吃食下酒,自有厨司。"《武林旧事》卷八:"于内藏库取赐银绢等物如后:罗二百匹,绢四千六百七十四匹……梁子十合,吃食十合。"

宋代的烹饪手段也蔚为壮观。据考,宋朝美食做法有煎、炒、烹、炸、烧、烤、炖、熘、爆、煸、蒸、煮、拌、泡、涮等不下几十种。当时的饮食

---

① (清) 翟灏:《通俗编》,上海古籍出版社2002年版,第529页。

盛况，在宋代笔记中还有较为详细的记录。如《东京梦华录》卷二：

> 所谓茶饭者，乃百味羹、头羹、新法鹌子羹、三脆羹、二色腰子、虾蕈鸡蕈浑砲等羹、旋索粉玉碁子群仙羹、假河鲀、白渫齑、货鳅鱼、假元鱼、决明兜子、决明汤虀、肉醋托胎衬肠、沙鱼两熟、紫苏鱼、假蛤蜊、白肉夹面子、茸割肉胡饼、汤骨头乳炊羊、炖羊、闹厅羊、角炙腰子、鹅鸭排蒸、荔枝腰子、还元腰子、烧臆子、入炉细项莲花鸭签、酒炙肚胘、虚汁垂丝羊头、入炉羊、羊头签、鹅鸭签、鸡签、盘兔、炒兔、葱泼兔、假野狐、金丝肚羹、石肚羹、假炙獐、煎鹌子、生炒肺、炒蛤蜊、炒蟹、煠蟹、洗手蟹之类。遂时旋行索唤，不许一味有缺。或别呼索变造下酒，亦即时供应。又有外来托卖炙鸡、燠鸭、羊脚子、点羊头、脆筋巴子、姜虾、酒蟹、獐巴、鹿脯、从食蒸作、海鲜时果、旋切萵苣生菜、西京笋。又有小儿子着白虔布衫，青花手巾，挟白磁缸子，卖辣菜。又有托小盘卖干果子，乃旋炒银杏、栗子、河北鹅梨、梨条、梨干、梨肉、胶枣、枣圈、梨圈、桃圈、核桃、肉牙枣、海红、嘉庆子、林檎、旋乌李、李子、旋樱桃煎、西京雪梨、夫梨、甘棠梨、凤栖梨、镇府浊梨、河阴石榴、河阳查子、查条、沙苑榅桲、回马宇萄、西川乳糖、狮子糖、霜蜂儿、橄榄、温柑、绵枨金橘、龙眼、荔枝、召白藕、甘蔗、漉梨、林檎干、枝头干、芭蕉干、人面子、巴览子、榛子、榧子、虾具之类。诸般蜜煎香药、果子罐子、党梅、柿膏儿、香药、小元儿、小腊茶、鹏沙元之类。更外卖软羊诸色包子、猪羊荷包、烧肉干脯、玉板鲊柸、鲊片酱之类。其余小酒店，亦卖下酒如煎鱼、鸭子、炒鸡兔、煎燠肉、梅汁、血羹、粉羹之类。

这样的繁盛景象也反映在大量的与饮食相关的俗语词中。

1. 汤饼、蒸饼、笼饼、炊饼、环饼、凉饼

宋代凡是面食皆可称"饼"，与今天"饼"的词义有很大差别。依据其制作方法的不同而有不同的称呼。《靖康缃素杂记》卷二："余谓凡以面为食具者，皆为之饼，故火烧而食者，呼为烧饼；水瀹而食者，呼为汤饼；蒸笼而食者，呼为蒸饼；而馒头谓之笼饼，宜矣。"笔记中"饼"的名目繁多，如肉饼、

油饼、胡饼、和菜饼、髓饼、油蜜蒸饼、羊脂韭饼、环饼、辣菜饼、春饼、荷叶饼、芙蓉饼、菊花饼、月饼、梅花饼、开炉饼等,因此出现了各式做饼的店铺。《东京梦华录》卷四:"凡饼店有油饼店,有胡饼店。若油饼店,即卖蒸饼、糖饼、装合、引盘之类。"

"汤饼"即热汤面。《闽杂记》:"汤饼即今之面,古人面作之物皆曰饼,此以汤煮,故谓之汤饼,然今人皆但称为面,惟龙州面店招牌犹写汤饼,仍古称也。"朱敦儒《朝中措》:"先生馋病老难医。赤米餍晨炊。自种畦中白菜,腌成罋里黄菹。肥葱细点,香油慢焰,汤饼如丝。早晚一杯无害,神仙九转休痴。""汤饼如丝",可知汤饼应是状如细丝,似今之龙须面。《儿女英雄传》第二十八回:"古无面字,凡是面食一概都叫作饼,今之热汤儿面,即古之汤饼也。"[①]

"蒸饼、笼饼、炊饼"则是馒头的别名,因多上笼蒸制而成,所以称作"蒸饼""笼饼"。《挥麈后录》卷六:"赵正夫丞相元祐中与黄太史鲁直俱在馆阁,鲁直以其鲁人,意常轻之。每庖吏来问食次,正夫必曰:'来日吃蒸饼。'"《睽车志》卷一:"孙机仲郎中绍远父元善价居平江,尝有干过市,见鬻笼饼者,乃其亡仆。"

"蒸饼"因避宋仁宗赵祯的名讳而改称"炊饼"。《齐东野语》卷四:"伊川讲南容三复白圭,内侍告曰:'容字,上旧名也。'不听。讲毕曰:'昔仁宗时,宫嫔谓正月为初月,饼之蒸者为炊,天下以为非。嫌名、旧名,请勿讳。'"杨万里《食蒸饼作》诗:"何家笼饼须十字,萧家炊饼须四破。"

回族一种常见的油炸面食以"环饼"命名,也称"馓子"或"寒具",用糯米粉或面粉搓成细绳,入油锅炸,因形如环,于是称"环饼"。古时寒食节禁火,多以馓子作为食物,所以又称"寒具"。《鸡肋编》卷上:"食物中有'馓子',又名'环饼',或曰即古之'寒具'也。"《五杂俎》卷十一:"刘禹锡《寒具》诗云:'纤手搓来玉数寻,碧油搓出嫩黄深。夜来春睡无轻重,压匾佳人缠臂金。'则为今之馓子明矣。"[②]

[①] (清)文康:《儿女英雄传》,中华书局2013年版,第340页。
[②] (明)谢肇淛:《五杂俎》,载《续修四库全书》编委会编:《续修四库全书》第1130册,上海古籍出版社2002年版,第558页。

"凉饼",过水凉面,将煮熟的面条捞入冷水里或放置冰块,变凉后再食用,因此得名。唐时为宫廷食品,宋代已成为普通人家夏季消暑的家常便饭。《铁围山丛谈》卷六:"坐间私语:'蔡四素号有手段,今卒迫留客,且若是他食,辄咄嗟为尚可;如凉饼者,奈何便办耶!请共尝之。'及食时,计留客则已四十人,而冷淘皆至,仍精腆。"可知"凉饼"又称"冷淘"。《默记》卷下:"欧阳公为西京留守推官,富郑公犹为举子,每与公往来。是时,胥夫人乳媪年老不睡,善为冷淘,郑公喜嗜之。每晨起,戒中厨具冷淘,则郑公必来。"清时又称"过水面"。清潘荣陛《帝京岁时纪胜》"夏至":"京师于是日,家家俱食冷淘面,即俗说过水面是也。"①

2. 胡皴

"胡皴"是干胡饼的戏称。"胡"是"胡饼"的简称,"皴"本指皮肤因干燥或冻伤形成的裂口。胡饼烤制得比较干,表面会有很多的裂纹,所以称作"胡皴"。《老学庵笔记》卷十:"杨朴处士诗云:'数个胡皴彻骨干,一壶村酒胶牙酸。'《南楚新闻》亦云:'一楪毡根数十皴,盘中犹自有红鳞。'不知皴何物,疑是饼饵之属。"此处"皴"当为"胡皴"的简称。

3. 盘游饭、团油饭

"盘游饭"又称"团油饭",即是把各种菜肴埋到米饭中混着吃,是唐宋时期流行于广东、海南一带的一种饭食,当地俗称"撅得窖子"。《仇池笔记》卷下:"江南人好作盘游饭,鲊、脯、鲙、炙无不有,埋在饭中。里谚曰'撅得窖子'。""窖子"一般是指储存粮食或物品的深坑或地洞,以此推断吃"盘游饭"的时候,需要首先将盖在上面的米饭挖开,才可以吃到菜。笔记中又记作"团油饭"。《老学庵笔记》卷二:"《北户录》云:'岭南俗家富者,妇产三日或足月,洗儿,作团油饭,以煎鱼虾、鸡鹅、猪羊灌肠、蕉子、姜、桂、盐豉为之。'据此,即东坡先生所记盘游饭也。二字语相近,必传者之误。""盘游饭""团油饭"二者应为同一种饭食名称,根据具体的做法,以及外形特点,作"团油饭"更为合理。之后在口语中流传时,因

---

① (清)潘荣陛:《帝京岁时纪胜》,载《续修四库全书》编委会编:《续修四库全书》第885册,上海古籍出版社2002年版,第636页。

"盘游"与"团油"语音相近而发生讹误，又因受到苏轼个人文化力量的影响，反而使得"盘游饭"这一形式广为流传。

4. 谷董羹

宋时将各种食物放到一起煮成的羹称作"谷董羹"。《高斋漫录》："僧寺有食不尽物，皆投大釜中煮之，名之谷董羹。"《仇池笔记》卷下："罗浮颖老取饮食杂烹之，名'谷董羹'。诗人陆道士出一联云：'投醪谷董羹锅内，掘窖盘游饭碗中。'"又作"骨董羹"。宋范成大《石湖集》中有《素羹》诗："毡芋凝酥敌少城，土薯割玉胜南京。合和二物归藜糁，新法依家骨董羹。"素羹效法骨董羹而做，用芋头、土薯、藜糁同煮而成。通过笔记中的记录，可知这种食物的特点就是食材杂而多。"骨董"在宋代还写作"汩董"，如《朱子语录》卷一百八："如公所说，只是要去理会许多汩董了，方牵入这心来，却不曾有从这里流出在事物上底意思。""汩董""骨董""谷董"应是同一个词的不同记音形式。

南宋时还出现了买卖古器的"骨董行"。《梦粱录》卷十三："又有异名'行'者，如买卖七宝者谓之骨董行。""七宝"，为佛家用语，指七件珍宝，具体所指有所不同，一说为水晶、玛瑙、珍珠、珊瑚、砗磲、琥珀、麝香。这里的"骨董"，指一些古器珍宝，与现今的"古董"意义相同。

对于"骨董"一词的得名，历来有多种不同的解释，代表性的观点有三种：一是认为"骨董"源于方言，初无定字，因此产生了诸多的记录形式。但是对于源于何种方言、理据如何，没有解释。如明无名氏《目前集》卷二："骨董乃方言，初无定字……晦庵先生《语类》只作'汩董'，或作'骨董'。"二是认为"骨董"应为"匫董"的讹写。明方以智《通雅》卷三十三："古器谓之匫，辨之者固有其道也。《说文》：'匫，古器也。呼骨切。'笺曰：今谓骨董即匫董之讹。"①章炳麟对"骨董"形成的原因作了进一步分析，认为"骨董"是"匫"的分音。"董"仅起标音作用，与意义无关。"骨""匫"，为同音之误。《新方言·释器》："《说文》：'匫，古器也，呼骨切。'今人谓古器为骨董，相承已久。其实骨即匫字，董乃余音。凡术物等

---

① （明）方以智：《通雅》，中国书店1990年版，第396页。

部字今多以东部字为余音。如窟言窟笼,其例也。"① 以上观点均源自《说文》对"匫"的解释。"匫"本身是古时一种盛放东西的器具,《说文》释为"古器也"。后人对这一注释产生误解,认为"古器"是指"古代的器物",这与"骨董"的意思暗合,而且"骨""匫"音同,因此,认为"匫"为"骨董"的词源。这种推理的前提本身就存在错误,因此得出的结论也就不值得信服。三是认为"骨董"为象声词,是食物在锅中熬煮时发出的声音,"骨董羹"因此得名。② "骨董""谷董"均为汉字的记音形式,而且"骨董"作为象声词,在唐代就有用例。唐孙棨《北里志》:"终不舍佛奴,指阶井曰:'若逼我不已,骨董一声即了矣。'"

从"骨董"出现的时代来看,作为象声词的"骨董"出现最早,之后是北宋时期的"骨董羹""谷董羹",到南宋才出现表示古玩义的"骨董""骨董行"。因此释为象声词,与"骨董"语义出现的最早文献事实相一致。另外,从词义引申发展的角度来看,"骨董羹"本身制作材料多且杂乱,而通常进行买卖的古器物也是五花八门、品种繁多,因此这些器物也可以被称作"骨董",将售卖的行铺称作"骨董行"。因此,象声词的解释较为可信。

5. 浑羊没忽

"浑羊没忽",是将整鹅、羊、牛、大野彘等掏空腑脏,在里面填充肉、米,缝合后烤炙而成的食物。《南部新书》壬集:"京都人说,两军每行从进食及有宴设,多食鸡鹅,每只价值二三千。每有设,据人数取鹅,燖去毛及五脏,饷以肉及粳米饭,五味调和。先取羊一口,亦燖剥去肠胃,置鹅于其中,缝合炙之,肉熟便堪,去却羊,取鹅浑食之,谓之'浑羊没忽'。"这一食物制作颇为繁杂,将塞了肉、米的鹅再塞进整羊肚中,再行烤炙,"浑羊"即为全羊、整羊,但"没忽"为何义,存在许多争议。

"没忽"一词在唐王梵志诗中多次用到,如"生平未必识,独养肥没忽""闻道贼出来,母愁空有骨。儿回见母面,颜色肥没忽""倒头肥没忽,直似饱糠肫"。"没忽"都是与"肥"连用,有人认为"没忽"本指身体健壮,

---

① 章炳麟:《新方言》,上海古籍出版社2002年版,第104页。
② 周士琦:《漫话古董》,载《收藏家》1995年第1期。

"肥没忽"则形容身体肥胖或行动迟缓的样子。①也有借助敦煌文献及王梵志诗残卷的分析，判定上述三例中，"肥"是"耶"的误写，即"肥没忽"当为"耶没忽"。"耶"是"耶"字在唐代寺庙使用的俗写体，因为"肥"字在敦煌遗书中常写作"耶"，同"耶"字形相近而发生混淆。"耶没忽"是由"耶没"和"忽"组合成的口语词，"忽"表示语气词，"耶没"为代词，与变文中出现的"阿没""阿莽""阿奔""邪摩""夜莽""异没""一物""熠没"等，都属于同一个词的不同书写形式。"耶没忽"即指"怎么样""如何"。"没忽"是"耶没忽"省略"耶"之后的形式。② 这种对"没忽"的形成以及词义的分析，相较之下令人信服。

只是上述对"没忽"的分析，与宋代流行食物"浑羊没忽"中的"没忽"之间的联系，还需进一步阐释。对"浑羊没忽"的"没忽"作出的解释有两种：一是钱锺书《管锥编》九九卷二三四："'浑羊'为全羊、整羊。'没忽'似为饱满之意。"③ 二是项楚据《太平广记》卷二百三十四引《卢氏杂说》："每有设，据人数取鹅，燖去毛，及去五脏，饷以肉及粳米饭，五味调和。先取羊一口，亦燖剥，去肠胃，置鹅于羊中，缝合炙之，熟便去却羊，取鹅浑食之，谓之'浑羊殁忽'。"认为"'殁忽'即'没忽'，形容肚腹膨胀貌"④。

二人都认为"没忽"应该是表状态的形容词，指"饱胀、饱满"的样子。对于这种看法，其中"饱胀、饱满"应该更多的是由"浑"的"完整、完全"的意思体现出来的。"浑羊没忽"，依据其制作方法分析，是选取一只去除五脏的整鹅，在鹅体内填充肉和米，或直接用火烤，或选取一只整羊清除内脏，再将鹅放入其中，烤炙而成。羊体内虽除却五脏，但是里面填充了鹅，因此从外部看，依然十分完整。

所以，"没忽"仍然应可看作"耶没忽"的一种省略形式，只是又进而

---

① 朱凤玉：《敦煌写本〈碎金〉研究》，文津出版社1997年版，第301页。
② 李正宇：《释"耶没忽"——敦煌遗书王梵志诗俗语词研究之一》，载《敦煌研究》1983年创刊号。
③ 钱锺书：《管锥编》（第五册），中华书局1979年版，第731页。
④ 项楚：《王梵志诗校注》，上海古籍出版社1991年版，第108—109页。

由表示"怎么样"的代词义经过引申，发展出"如……样（般）"义，用来表示一种状态。"浑羊没忽"意思应该是"如整羊一般"。

（三）房屋居住及室内陈设类俗语词

宋代基本沿用了前朝的居住习惯和室内陈设格局，一些关于宋代居住及室内陈设的俗语词，反映了宋代社会的生活起居状况。

1. 仰尘

"仰尘"是张设在床铺、座位上或者房、厅顶端以承接尘土的幕帐。《闻见近录》："丁晋公尝忌杨文公。文公一日诣晋公，既拜而髯拂地。晋公曰：'内翰拜时须撇地。'文公起，视其仰尘，曰：'相公坐处幕漫天。'时人称其敏而有理。"也用来指顶棚。《挥麈后录》卷九："步军太尉吴湛寻捕，得于小亭仰尘上，擒以付苗、刘。"

"仰尘"古已有之，称谓有所不同，如"承尘""搪席"。东汉刘熙《释名·释床帐》："承尘，施于床上以承尘土也。"唐颜师古《急就篇注》曰："承尘，施于床上，以承尘土，因为名也。"由此可知，"承尘"是设置在床上方用来遮挡尘土的，使用材料可以是幕帐，也可以是席子。所以，四川方言称"承尘"为"搪席"。明末清初李实《蜀语》："承尘曰搪席。搪音唐。""搪"又有"抵挡"义，可知遮挡灰尘的不只是幕帐，有的还用席子。"仰尘"得名，一是由于仰尘、顶棚都位于房屋的上方，"仰"有向上的意思；二是它的作用主要是用来承接和遮挡尘土的。如《醒世姻缘传》第四十九回："他催着晁夫人把那里间重糊了仰尘，糊了墙，绿纱糊了窗户，支了万字藤簟凉床、天蓝冰纱帐子，单等过了对月就要来住。"

据考，"仰尘"之称源于方言。清毕沅注《释名》"承尘"，言"今江淮谓之仰尘"。除江淮外，许多地方方言中也称"仰尘"，在今山西、陕西、内蒙古等地方言中，仰尘指的是顶棚。如内蒙古西部民歌《爬山歌》："盖起房房打仰尘，共产党闹革命为人民。"

2. 杌子、兀子

"杌子"，又作"兀子"，即没有扶手和靠背的凳子。《道山清话》："公所著衣服，每易以瀚濯，并无垢腻。履袜虽敝，亦皆洁白。子弟书室中，皆坐草缚墩子或杌子，初无有靠背之物。"《老学庵笔记》卷四："徐敦立言：往时士大夫家，妇女坐椅子、兀子，则人皆讥笑其无法度。"《夷坚甲志》卷十六："见王氏入其室，自取兀子坐床畔，以手挂帐。"

对于"杌子"的解释，《辞源》《辞海》《汉语大字典》《现代汉语词典》等辞书一概解释为"小"或"矮"的凳子，其实并不然。《宋史·丁谓传》："（帝）遂赐坐，左右欲设墩，谓顾曰：'有旨复平章事，乃更以杌进。'"可见，与同为坐具的"墩"相比，"杌"是一种规格更高的坐具。如需特别强调形制"矮小"时，常常会加上"小"或"矮"等修饰语。如宋代曾慥《类说》引《摭遗》："唐明皇召安禄山，用矮金裹脚杌子赐坐。"《二刻拍案惊奇》卷七："东老正要问他来历，恰中下怀，命取一个小杌子，赐他坐了，低问他道：'我看你定然不是风尘中人，为何在此？'"因在"杌子"前加上"小"或"矮"，可见"杌子"并非仅指矮小的坐具。

"杌""兀"同义。"兀"本义"高而上平"，所以"杌子"当是一种形制较高，且无扶手和靠背的平面凳。之所以诸多辞书解为矮小凳子，大概是受到许多方言用语的影响。现山东章丘等地方言中，马扎、小椅、小凳子之类的坐具，都可以称为"兀子"，或者是"兀撑子"。

（四）出行交通类俗语词

宋代交通进入新的时期，无论是陆路还是水路，交通设施、交通工具都有了快速的发展。宋代交通工具多样，常用的如轿、车、舟船等。宋代笔记中涉及出行交通的俗语词也多与此相关。

从陆路方面看，宋代出现了多种样式、适合不同运载对象的"车"。对此，宋代笔记中有详细记录。如《东京梦华录》卷三：

> 东京般载车，大者曰太平，上有箱无盖，箱如构栏而平，板壁前出两木，长二三尺许，驾车人在中间，两手扶捉鞭绥，驾之，前列骡或驴二十余，前后作两行，或牛五七头拽之。车两轮与箱齐，后有两斜木脚拖。夜中间悬一铁铃，行即有声，使远来者车相避。仍于车后系驴骡二头，遇下峻险桥路，以鞭唬之，使倒坐缍车，令缓行也。可载数十石，

官中车惟用驴差小耳。其次有平头车，亦如太平车而小，两轮前出长木作辕，木梢横一木，以独牛在辕内项负横木，人在一边，以手牵牛鼻绳驾之。酒正店多以此载酒梢桶矣。梢桶如长水桶，面安靥口，每梢三斗许，一贯五百文。又有宅眷坐车子，与平头车大抵相似，但棕作盖，及前后有构栏门，垂帘。又有独轮车，前后两人把驾，两旁两人扶拐，前有驴拽，谓之串车，以不用耳子转轮也。般载竹木瓦石，但无前辕，止一人或两人推之。此车往往卖糕及糕糜之类，人用。不中载物也。平盘两轮，谓之浪子车，唯用人拽。又有载巨石大木，只有短梯盘而无轮，谓之痴车，皆省人力也。又有驼骡驴驮子，或皮或竹为之。

"太平车、平头车、串车、浪子车、痴车"是当时对不同形制车的俗称。具体而言，装载货物的车，形制较大的称作"太平车"，形制稍小的称作"平头车"。不承载重物，多用以走街串巷、售卖食品的独轮车称作"串车"。"浪子车"则是指一种平盘两轮的人力运输车。靠人力拉的无轮车称作"痴车"。

"檐子"，是一种肩舆之类的代步工具，用竿抬，无屏障。唐时已出现。《大唐新语》卷十："只坐檐子，过于轻率，深失礼容。"[①] 宋代民间结婚迎娶或官员出行也常用檐子。《东京梦华录》卷四："士庶家与贵家婚嫁，亦乘檐子。"《宋史·舆服志二》："龙肩舆，一名棕檐子，一曰龙檐子，舁以二竿，故名檐子，南渡后所制也。"

水路方面固然是依靠各种舟船，宋代笔记中出现的关于"船"以及涉及水路交通的俗语词，如"木脚道"，是宋代对跳板的俗称，即搭在船与岸或船与船之间供人行走的长木板。《养疴漫笔》："二公先登舟，召煜饮茶，船前独设一木脚道。煜向之国主，仪卫其盛。一旦独登舟，徘徊不能进。曹命左右掖而登焉。"

宋时对旅资路费也有不同的俗称，如"裹足"一词就是常见的对于路费的俗称。《夷坚甲志》卷十："有白衣老媪在岸，呼之令上。指示其路曰：'遇僧即止。'又云：'恐汝无裹足，赠汝金钗。'"笔记外也多用。《张协状

---

① （唐）刘肃：《大唐新语》，中华书局1984年版，第151页。

元》第三十七出："因往皇都，特特来寻亲故。争奈相辜负，裹足全无，怎生底回归乡里。"《朱子语录》卷一百三十："垧初欲言时，就曾鲁公借钱三百千，以言荆公了，必见逐。贫，用以作裹足。曾以其作言事官，借与之。"

古时钱币多为带孔金属硬币，为携带方便，常用绳子穿起，外出时缠绕在身上携带，所以路费俗称"盘缠"。宋代虽有纸币出现，远行时依旧惯于将财物用布帛裹缠好后系在身上。《洛阳缙绅旧闻记》卷四："某从职军将，失主无托，今往河东，欲投事。一僮两驴、随身衣装、一两贯盘缠外，更无财物。"《闻见前录》卷六："近知内有人户，衷私却到乡村，皆云装运军粮，未有送纳去处，缘无口食，再取盘缠。虽不辨其真虚，又难行于审覆。"

二、商业娱乐类俗语词

宋代对商业的社会功能和地位有了重新的审视和评价，实行了鼓励商业发展的系列措施。宋太祖建隆元年（960），诏令各地不得苛留搜索商贩的行李货物，各地税务部门对税收事宜需张榜于本税务门首，如擅自创立名目收税，则奏禀三司。[①] 宋朝重商与经商的风气日渐盛行，不仅一些官僚士大夫打破"工商不得与于士"的禁锢，积极参与工商活动，而且更多的贫困农民也摆脱了土地的束缚，往来于市镇之间贩卖经商。

市场的繁荣与宋代城市格局的变化、城市经济的崛起有着直接的联系。宋代以前的城市一般采取坊与市分离的管理制度，即在时间和空间上对城市生活加以限制的相对封闭的管理体制。但随着商品经济和城市自身的发展，坊市制度逐渐成为城市发展的阻碍，并在宋代发生了历史性的巨变，分割坊和市的坊墙和市墙被推倒，坊与市合为一体，商店与作坊临街而立，坊市合一的格局逐渐形成。北宋时还解除了宵禁，夜市通宵达旦。例如东京，"夜市直至三更尽，才五更又复开张。如要闹去处，通宵不绝"[②]。

宋代是中国古代社会商业经济空前发展的重要时期。商业活动的活跃、城市的繁荣、娱乐产业的兴盛，都促使宋代商业文化空前繁盛。人口的流动、

[①] （清）徐松：《宋会要辑稿》食货一七之一，中华书局1997年版，第1页。
[②] 葛金芳：《经济变革与宋代工商业文明的加速成长》，载《河北学刊》2008年第5期。

社会分工的细化也都极大地改变了城市风貌和市民的生活方式,更多的人转向追求精神娱乐和情感的满足,文化娱乐业渐成气候。《东京梦华录》《都城纪胜》《武林旧事》《梦粱录》等宋代笔记,对宋代的开封、杭州等城市生活进行了多角度的描述,从中也可以更直观地感受到当时商业经济和城市娱乐消费的发达。如宋人就把富裕繁华的杭州俗称作"销金锅儿"。《武林旧事》卷三:"西湖天下景,朝昏晴雨,四序总宜。杭人亦无时而不游……日糜金钱,靡有纪极。故杭谚有'销金锅儿'之号,此语不为过也。"

城市经济的发展,也可以从宋代相关的俗语词,如"五行八作""四司六局"中表现出来。为了对商家、店铺便于征税和管理,宋代将出售同类商品的店家会集一处,形成较为统一的市场,并多以"团""行""市""作"等命名。如《梦粱录》卷十三:

> 有名为"团"者,如城西花团、泥路青果团、后市街柑子团、浑水闸鲞团。又有名为"行"者,如官巷方梳行、销金行、冠子行、城北鱼行、城东蟹行、姜行、菱行、北猪行、候潮门外南猪行、南土北土门菜行、坝子桥鲜鱼行、横河头布行、鸡鹅行。更有名为"市"者,如炭桥药市、官巷花市、融和市、南坊珠子市、修义坊肉市、城北米市。且如橘园亭书房、盐桥生帛、五间楼泉福糖蜜,及荔枝圆眼汤等物。其他工役之人,或名为"作分"者,如碾玉作、钻卷作、篦刀作、腰带作、金银打钑作、裹贴作、铺翠作、裱褙作、装銮作、油作、木作、砖瓦作、泥水作、石作、竹作、漆作、钉铰作、箍桶作、裁缝作、修香浇烛作、打纸作、冥器等作分。

笔记中详细记述了临安城中各种"商业""手工业"的行会,大体上,商业多称"行""团""市",手工业惯用"作"。"五行八作"一词的形成就与宋代的行业分工密切相关。宋代的社会分工日益细化,以置办筵席一项为例,筵席的一切事宜均由专门的人员打理,分工十分细密,被称作"四司六局","四司"即帐设司、茶酒司、厨司、台盘司,"六局"即果子局、蜜煎局、油烛局、菜蔬局、香药局、排办局。

行会的兴起和分工的细密,直接促进了宋代的商业繁荣,也有效加强了对宋代商业的管理，推动了城市经济的发展。随着市民阶层的兴起，一些为了迎合市民需求的市井娱乐活动也日益丰富，宋代笔记中就出现了许多有关商业行会和娱乐活动的俗语词。

(一) 商业场所类俗语词

随着宋代商品经济的发展，各种类型的集市也应运而生，除了一般的"集市"之外，还有诸如早市、夜市、定期组织的市场等。

1. 鬼市子

"鬼市子"是宋人对早市的俗称。以此命名，主要是缘于这种市场营业时间多在清晨，开市之时，天色尚黑，有些"鬼气"，天亮则人货两散。《东京梦华录》卷二："又东十字大街，曰从行裹角茶坊，每五更点灯博易，买卖衣物、图画、花环、领抹之类，至晓即散，谓之'鬼市子'。"有的宋代笔记中虽没有出现"鬼市"名称，但对这种市场有记载，如《丁晋公谈录》言徐铉于寒冬中上早朝，见"待漏院前灯火人物，卖肝夹、粉粥，来往喧杂"。

据考，"鬼市"由来已久。唐郑熊《番禺杂记》："海边时有鬼市。半夜而合，鸡鸣而散，人从之多得异物。"《新唐书·西域传下》："西海有市，贸易不相见，置直物旁，名鬼市。"南宋赵汝适《诸蕃志》对"鬼市"也有记载："西海中有市，客主同和。我往则彼去，彼来则我归。卖者陈之于前，买者酬之于后。皆以其直置诸物旁，待领直，然后收物，名曰鬼市。"

由于是清晨营业，光线比较暗，所以货品也会鱼龙混杂，真假难辨，因此"鬼市子"中的"鬼"在清代就有了鬼鬼祟祟、以次充好进行欺骗的意思。如清佚名《燕台口号一百首》："乍听鸡鸣小市齐，暗中交易眼昏迷。插标人去贪廉贱，一笑归看假货低。""小市"即"鬼市"。诗句中谈到的就是鬼市中假货较多的现象。清代也将这种市集称作"黑市"。清俞樾《茶香室三钞·鬼市子》："按今京师有所谓黑市者，殆即宋时鬼市子乎！"

2. 浮铺

宋时对流动性的商业摊点俗称为"浮铺"。"浮"，即"不固定"。《梦粱录》卷十三："又有浴堂门卖面汤者，有浮铺早卖汤药二陈汤，及调气降气并丸剂安养元气者。"又卷十六："夜市于大街有车担设浮铺，点茶汤以便游观之人。"

3. 歇眼

"歇眼"则是指中秋时的通宵夜市。《武林旧事》卷三:"御街如绒线、蜜煎、香铺,皆铺设货物,夸多竞好,谓之'歇眼'。灯烛华灿,竟夕乃止。""歇"有"停留"的意思。"歇眼"就是吸引眼球、让眼光停留的意思。

4. 痎市

"痎市"是对宋代一种乡村集市的比喻称呼。痎疟发病时,或其间隔一两日,或一天之内间隔几个小时。所以,"痎市"一般是指隔日一次的集市。《青箱杂记》卷三:"又蜀有痎市,而间日一集,如痎疟之一发,则其俗又以冷热发歇为市喻。""痎市"又言"亥市"。据《康熙字典》:"亥音皆,言如痎疾,间日一发也,讳痎,故云亥市。"宋之前就有"亥市"。唐白居易《江州赴忠州,至江陵已来,舟中示舍弟五十韵》:"亥市鱼盐聚,神林鼓笛鸣。"唐张祜《途中逢李道实游蔡州》:"野桥经亥市,山路过申州。"

但是宋时对"亥市"的来源又有不同的说法。宋谢维新《古今合璧事类备要·市井门·市井》卷一:"荆吴俗,有取寅、申、巳、亥日集于市,故谓亥市。"这样可以理解为"亥市"是因干支纪法而得名。后来也有人持这种观点,如《中国史稿》认为,亥市是"以开市日期为名""逢亥日开市"。[①]《辞海》对上述说法都采用,作为"亥市"多种义项的其中两个。但综合来看,《青箱杂记》记载比较明确,而且后来明清学者大多沿用。如《五杂俎》卷三:"岭南之市谓之虚,言满时少、虚时多也。西蜀谓之亥。亥者,痎也。痎者,疟也,言间日一作也,山东人谓之集。"所以应将"痎市"解释为对乡间集市形象化的称呼。

(二)商业活动类俗语词

除了上述有固定场所的市场之外,也有一些没有固定场所、以游走形式进行商品交易的商业方式。另外,都市经济的繁荣,文化娱乐业也随之兴起,

---

① 郭沫若主编:《中国史稿》(第四册),人民出版社1964年版,第261页。

形成了瓦舍勾栏,成为伎艺人卖艺的固定场所。还有一些不在勾栏内演出,只在街头空地或广场上作场卖艺的。宋代笔记中就有大量的记载,并相应产生了表达这种商业方式的俗语词。

1. 盘术、盘街

宋时将走街串巷、依靠某种方术技艺谋生的形式,俗称为"盘术"。"盘",有"游走"的意思。"术",泛指各种方术技艺。《夷坚丁志》卷八:"李大川,抚州人,以星禽术游江淮。政和间,至和州,值岁暮,不盘术。"原注:"俚语谓坐肆卖术为钩司,游市为盘术。""游"即走街串巷、四方游走。"钩司",依靠某种方术开店谋生的人,指有固定店铺售货,而"盘术"则无固定场所。《夷坚支甲志》卷七:"徐生只一医者,负笈盘术,日得百钱,他无资身之策,如何能贵?"又卷十:"其初来鄱阳以大布三幅书'金陵蒋坚'四字,盘术于街。"

走街串巷售卖商品俗称为"盘街"。《梦粱录》卷十三:"若欲唤锢路钉铰、修补锅铫、箍桶、修鞋、修幞头帽子、补修冠、接梳儿、染红绿牙梳、穿结珠子、修洗鹿胎冠子、修磨刀剪、磨镜,时时有盘街者,便可唤之。"又卷十六:"又有盘街叫卖,以便小街狭巷主顾,尤为快便耳。"

"盘术",游走卖艺,属偏正结构。"盘街",在街上来回游走,是用行为方式来指代目的,属于借代造词。

2. 把街、卖梅子

走街串巷兜售商品,宋时又称"把街""卖梅子"。"把","守"义。为了吸引人,往往会敲锣打鼓。《东京梦华录》卷三:"或军营放停,乐人动鼓乐于空闲,就坊巷引小儿妇女观看,散糖果子之类,谓之卖梅子,又谓之把街。"

3. 撒暂

"撒暂",先暂时将售卖的零食撒给客人,然后再收钱的一种兜售方式。《东京梦华录》卷二:"又有卖药或果实罗卜之类,不问酒客买与不买,散与坐客,然后得钱,谓之'撒暂'。"

4. 打野呵、打野河

"打野呵",宋代对露天演出的俗称。这些表演多没有固定的场所,只能临时寻找一些开阔之处进行演出，所以称"打野呵"。《武林旧事》卷六："或有路歧，不入勾栏，只在耍闹宽阔之处做场者，谓之打野呵。"《稿简赘笔》："如今之艺人，于市肆作场谓之打野，皆谓不着所。今人谓之打野呵。"宋元时期，许多与表演相关的词，是由"打"参与构成的，如"打杂剧""打令""打诨""打调"等。"打"作为动词，词义灵活。作为一种表演形式，"打野呵"中，"打"也应看作动词。称"野"，是因无固定表演场地，以与正规勾栏中的表演相区别。"呵"为"开呵"之"呵"。所谓"开呵"，即指戏曲演出开场之义。明徐渭《南词叙录》："宋人凡勾栏未出，一老者先出，夸说大意，以求赏，谓之'开呵'。"① 即在表演之前，一人概述表演节目大意，通常为吸引观众，表述的语言多含夸张成分。现内蒙古西部方言还将"吹牛、说大话"称作"呵"。笔记也写作"打野河"，应是"河""呵"音同所致。

由于商品经济的发展和城市消费的拉动，新兴的市民阶层对休闲娱乐活动产生了前所未有的兴趣和热情，一方面推动了各种文娱场所的兴起和文娱活动的兴盛；另一方面直接促使文化娱乐活动的逐渐商业化、平民化，勾栏瓦子、酒楼茶肆等成为休闲娱乐的好去处。文娱活动的世俗化产生了大量与之相应的俗语词，从中可窥见当时文娱活动之繁盛。例如，宋代笔记中对饭店茶馆的名目类别就有不同的记载。

5. 分茶、拍户、打碗头

"分茶"，宋代综合性的食店，经营各式面食和菜品，规模较大。《东京梦华录》卷四："大凡食店，大者谓之'分茶'。"又："及有素分茶，如寺院斋食也。""素分茶"应是当时专门提供素食的食店。

"拍户"，宋代指从官办酒店采买酒水的私人饭馆，必须完成每年的采购销售任务，否则会被取消资格。《都城纪胜》："除官库、子库、脚店之外，其余皆谓之'拍户'。"《贵耳集》卷下："袁彦纯尹京师，专留意酒政，煮酒卖尽，取常州宜兴县酒，衢州龙游县酒，在都下卖。御前杂剧，三个官人，一曰京尹，二曰常州太守，三曰衢州太守。三人争座位，常守让京尹曰：

---

① （明）徐渭：《南词叙录》，中国戏剧出版社1959年版，第246页。

'岂宜在我二州之下。'衢守争曰:'京尹合在我二州之下。'常守问云:'如何有此说?'衢守云:'他是我两州拍户。'宁庙亦大笑。"

宋代的酒楼茶馆不仅仅是提供餐饮服务的地方,还是重要的文化娱乐场所,所以往往装修豪华,不但内部装饰雍容华贵,而且逐渐园林化、庭院化,环境优美,使人赏心悦目。酒楼通常分为正店和脚店,前者一般位于热闹的坊市或重要街巷、门关;后者则分布于一般街市和住宅区。据统计,北宋仅东京就有正店 72 户,脚店不能便数。① 酒楼不仅分布合理,而且装修讲究,俗语词"山"就是对酒楼楼上部分的称呼。《都城纪胜》:"酒阁名为厅院,若楼上则又或名为山,一山、二山、三山之类。牌额写过山,非特有山,谓酒力高远也。大凡入店,不可轻易登楼上阁,恐饮燕浅短。"

宋代酒楼茶馆大多不仅提供菜点美酒,还有歌舞杂耍表演和娼妓服务等,通过提供娱乐服务广揽顾客、扩大生意。在两宋时期商业和文化娱乐场所,如京师的酒店茶楼,都有"浓妆妓女数百,聚于主廊檐面上,以待酒客呼唤,望之宛若神仙"。② 宋代笔记中有俗语词就反映了这种情况。

6. 点花牌、花茶坊

"点花牌",妓院中按照名牌点名招妓。《武林旧事》卷六:"饮客登楼,则以名牌点唤侑樽,谓之'点花牌'。"《梦粱录》卷十:"其诸库皆有官名角妓,就库设法卖酒,此郡风流才子,欲买一笑,则径往库内点花牌,惟意所择。""花"暗指妓女。

宋时有妓女提供色情服务的茶馆称作"花茶坊"。《梦粱录》卷十六:"大凡茶楼多有富室子弟、诸司下直等人会聚,习学乐器、上教曲赚之类,谓之'挂牌儿'。人情茶肆,本非以点茶汤为业,但将此为由,多觅茶金耳。……大街有三五家开茶肆,楼上专安着妓女,名曰'花茶坊'。"

宋代商品经济的发展、城市规模的扩大、城市人口的增加、市民阶层的崛起等,使得商业经营的方式、文化娱乐的商业化不断推陈出新、发展繁盛。人们的商业经营意识、消费观念、文化需求等也有了很大程度的改变。这可

---

① 陈凌:《论宋代城市文娱场所兴盛的原因及影响》,载《内蒙古农业大学学报(社会科学版)》2008 年第 4 期。

② (宋)孟元老:《东京梦华录》,中华书局 1982 年版,第 176 页。

以从一些俗语词中窥见端倪。

7. 门床马道

"门床马道",宋时酒楼为不胜酒力或消费不多的客人提供的零散座席。《都城纪胜》:"大凡入店,不可轻易登楼上阁,恐饮燕浅短。如买酒不多,则只就楼下散坐,谓之门床马道。"

8. 长生库

"长生库",宋时由寺院开的典当铺,因当铺能源源不断地生利而得名。《老学庵笔记》卷六:"今僧寺辄作库质钱取利,谓之长生库,至为鄙恶。予按:梁甄彬尝以束苎就长沙寺库质钱,后赎苎还,于苎束中得金五两,送还之,则此事亦已久矣。庸僧所为,古今一揆,可设法严绝之也。"

9. 混堂

"混堂",澡堂、浴池。《癸辛杂识》续集下:"焦达卿云:'鞑靼地面极寒,并无花木,草长不过尺,至四月方青,至八月为雪虐矣。仅有一处开混堂,得四时阳气,和暖能种柳一株,土人以为异卉,春时竞至观之。'"《七修类稿》卷十六:"吴俗,甃大石为池,穿幕以砖,后为巨釜,令与池通,辘轳引水,穴壁而贮焉。一人专执爨,池水相吞,遂成沸汤,名曰混堂。"①现上海等地依旧叫澡堂为"混堂"。

(三)赌博娱乐类俗语词

宋代的商品经济和文化娱乐活动,无一例外都受到享乐风气和世俗倾向的影响,所以商品经济的发展也刺激了赌博业的兴盛,遍布城乡各地的茶肆酒楼也常常设有赌局,促进了许多与赌博相关的俗语词的产生。

1. 扑、卖扑、扑卖

"扑",作为动词在宋代有"买"或"卖"的意思。《夷坚志三志》:"遇市人扑蛤蜊者,都城所鲜见。"《鸡肋编》卷下:"二浙造酒,非用灰则不澄而易败。故买灰官自破钱,如衢州岁用数千缗。凡僧寺灶灰,民皆断扑。"

---

① (明)郎瑛:《七修类稿》,载《续修四库全书》编委会编:《续修四库全书》第1123册,上海古籍出版社2002年版,第117页。

"扑"即为"买""卖"。后成为博戏名称,即是一种以钱币作为赌具的游戏,在宋代市井社会中流行。据《中华大词典》:"古代博戏名,盛行于宋元民间。以钱为博具,掷地以字幕决胜败。"具体操作时,买者将几枚钱向瓦盆内或地下扔掷,根据钱落下后正背面图案的不同组合来判定输赢。①

"扑"与"卖"组合为"卖扑"或"扑卖",为同义连用,"扑"的买卖义更为明显。《东京梦华录》卷七:"有以一笏扑三十笏者,以至车马、地宅、歌姬、舞女皆约以价而扑之。""扑"就有了"卖"的意思。《东京梦华录》卷十:"御街游人嬉集,观者如织。卖扑土木粉捏小象儿,并纸画看人,携归以为献遗。"《梦粱录》卷十三:"其余桥道坊巷,亦有夜市扑卖果子糖等物,亦有卖卦人盘街叫卖,如顶盘担架卖市食,至三更不绝。"《都城纪胜·市井》:"其夜市除大内前外,诸处亦然,惟中瓦前最胜,扑卖奇巧器皿百色物件,与日间无异。"《闲窗括异志》:"梦人持巨蟹扑卖,湘一扑五钱皆黑,一钱旋转不已,竟作字。"

2. 关扑

"关扑",是一种融赌博、游戏、娱乐和商品营销为一体的博戏活动。两宋时期城市经济的发展和商品交易的繁荣,以及市民对娱乐消遣的追求,使得商业交易与赌博活动交集在一起,形成了一种新兴的赌博、交易和娱乐活动,即"关扑"。有关关扑的记载和描述,包括关扑的形式、赌资范围、参加人员、发展历程等,宋代笔记中均有较为详细的反映。综合来看,"关扑"与一般的赌博不同,它首先是以交易商品为目的,就是买卖双方针对交易的商品不是采取买卖的形式,而是采用关扑的方式,即约定好商品价格和赢取条件,将铜钱掷于瓦罐内或地下,以特定的组合或铜钱字幕的多少决定输赢。赢了就可以低价或免费拿走所扑的商品,输了则要付钱给卖家。作为一种商品交易和游戏娱乐手段,关扑这种博戏活动简便易行,深受各阶层喜欢,所以宋代社会各地,特别是相对发达的城市里,都会有关扑的场所。如:

《东京梦华录》卷七:"桥尽处,五殿正在池之中心,四岸石甃向背,大殿中坐,各设御幄。朱漆明金龙床,河间云水戏龙屏风,不禁游人。殿上下

---

① 张筱梅:《〈燕青博鱼〉与宋元关扑风习》,载《东南大学学报(哲学社会科学版)》2002年第2期。

回廊，皆关扑钱物、饮食、伎艺人作场勾肆，罗列左右。桥上两边，用瓦盆内掷头钱，关扑钱物、衣服、动使。游人还往，荷盖相望。桥之南立棂星门，门里对立彩楼。每争标作乐，列妓女于其上。"在关扑中获胜的买方，自然可以夸张地取回自己扑到的商品。《东京梦华录》卷七："游人往往以竹竿挑挂终日关扑所得之物而归。"《武林旧事》卷三："春时悉以所有书画、玩器、冠花、器弄之物，罗列满前，戏效关扑。"可见，关扑已经不仅仅是一种商品交易的方式，更多的还是一种娱乐活动和有趣的游戏。

据载，关扑起初还是一种节庆习俗，只是在特定时间地点进行，后发展为时间不限，且遍及各个阶层的大众化行为，其经历了一个由政府限制到放开普及的发展过程。具体来看，关扑最初仅仅是在特殊的节日期间才被允许举行的一项活动，例如在春节、清明、寒食、冬至等节日。《东京梦华录》卷十："十一月冬至，京师最重此节。虽至贫者，一年之间，积累假借，至此日更易新衣，备办饮食，享祀先祖。官放关扑，庆贺往来，一如年节。"又卷六："正月一日年节，开封府放关扑三日。士庶自早，互相庆贺。坊巷以食物、动使、果实、柴炭之类，歌叫关扑。如马行潘楼街州东宋门外州西梁门外踢路，州北封丘门外，及州南一带，皆结彩棚，铺陈冠梳、珠翠、头面、衣着、花朵、领抹、靴鞋、玩好之类。间列舞场歌馆，车马交驰。向晚贵家妇女，纵赏关赌，入场观看，入市店饮宴，惯习成风，不相笑讶。至寒食冬至三日亦如此。"《梦粱录》卷一："正月朔日，谓之元旦，俗呼为新年。一岁节序，此为之首。官放公私僦屋钱三日，士夫皆交相贺，细民男女亦皆鲜衣，往来拜节。街坊以食物、动使、冠梳、领抹、缎匹、花朵、玩具等物沿门歌叫关扑。"

除了时间上的限定之外，在举行关扑的地点上也有诸多限制，一般是在坊市中才能进行。《都城纪胜》："其夜市除大内前外，诸处亦然，惟中瓦前最胜，扑卖奇巧器皿百色物件，与日间无异。其余坊巷市井，买卖关扑，酒楼歌馆，直至四鼓后方静；而五鼓朝马将动，其有趁卖早市者，复起开张。无论四时皆然。如遇元宵犹盛，排门和买，民居作观玩，幕次不可胜纪。"《东京梦华录》卷六："宣和年间，自十二月于酸枣门门上，如宣德门，元夜点照。门下亦置露台，南至宝箓宫，两边关扑买卖。晨晖门外设看位一所，前以荆棘围绕，周回约五七十步。"

　　因为关扑具有交易、娱乐等功能，日益受到社会各阶层的喜爱，引发了上至皇家达官贵人、下至平民百姓的参与热情，关扑也就冲破了时间、地点的限制，成为随时随地可见的大众化活动。《云麓漫钞》就对这种冲破限制的关扑有所感慨，如卷五："关扑食物，法有禁。惟元正、冬至、寒食之节，开封府出榜放三日。或以数十筹银，或以乐艺女人为掷，其他百物无不然，非如今常得关扑也。"皇家贵族也竞相参与。《梦粱录》卷十九："内侍蒋苑使住宅侧筑一圃，亭台花木，最为富盛，每岁春月，放人游玩，堂宇内顿放买卖关扑，并体内庭规式，如龙船、闹竿、花篮、花工，用七宝珠翠，奇巧装结，花朵冠梳，并皆时样。官窑碗碟，列古玩具，铺列堂右，仿如关扑，歌叫之声，清婉可听，汤茶巧细，车儿排设进呈之器，桃村杏馆酒肆，装成乡落之景。"《武林旧事》卷七："次日进早膳后，车驾与皇后、太子过宫，起居二殿讫，先至灿锦亭进茶，宣召吴郡王、曾两府以下六员侍宴，同至后苑看花。两廊并是小内侍及幕士。效学西湖，铺放珠翠、花朵、玩具、匹帛，及花篮、闹竿、市食等，许从内人关扑；次至球场，看小内侍抛彩球、蹴秋千。又至射厅看百戏，依例宣赐。"甚至皇帝也参与进来。《癸辛杂识》续集上："闻理宗朝春时，内苑效市井关扑之戏，皆小珰互为之。至御前，则于第二、三扑内供纯馒假钱，以供一笑。"

　　市民阶层更是乐此不疲。《东京梦华录》卷六："向晚贵家妇女，纵赏关赌，入场观看，入市店饮宴，惯习成风，不相笑讶。至寒食冬至三日亦如此。小民虽贫者，亦须新洁衣服，把酒相酬尔。"社会下层，甚至连一向深居简出的大家闺秀，也纷纷走出家门，或亲身参与，或驻足观看。可知关扑在两宋时期的流行盛况。

　　关扑赌资也不仅仅局限于食物、衣物等日常用品，随着关扑活动的流行范围日益广泛，参与阶层越发扩大，所扑之物也花样翻新、愈加丰富，例如土地宅院、奇珍异宝甚至歌姬舞女等，都成为关扑的对象。《东京梦华录》《梦粱录》《武林旧事》等对关扑的商品名目都有详细的罗列。《东京梦华录》卷七："池苑内除酒家艺人占外，多以彩幕结络，铺设珍玉、奇玩、匹帛、动使、茶酒器物关扑。有以一筹扑三十筹者。以至车马、地宅、歌姬、舞女，皆约以价而扑之。出九和合有名者,任大头、快活三之类,余亦不数。"

除宋代笔记,其他文献对关扑也多有记载。苏轼《乞不给散青苗钱斛状》:"又官吏无状,于给散之际,必令酒务设鼓乐倡优,或关扑卖酒牌子,农民至有徒手而归者。""关扑"在宋以后依然盛行。《元典章·刑部十九·禁赌博》:"若有赌博钱物并关扑诸物之人,许诸人捉拿到官,各各决杖七十七下。"《水浒传》第四十四回:"原是襄阳关扑汉,江湖飘荡不思归。"

3. 呼卢

"呼卢",也是一种赌博游戏,一般设有五子,两面分别涂上黑、白两种颜色,五子全黑的称为"卢",即中得头彩。掷子赌博时,多会高声喊叫,希望能够得全黑、中头彩,所以称"呼卢"。"呼卢"也因此成为赌博的代名词。《老学庵笔记》卷五:"唐韩翃诗云:'门外碧潭春洗马,楼前红烛夜迎人。'近世晏叔原乐府词云:'门外绿杨春系马,床前红烛夜呼卢。'气格乃过本句,不谓之剽可也。"《武林旧事》卷三:"大贾豪民,买笑千金,呼卢百万,以至痴儿騃,密约幽期,无不在焉。"《南唐近事》:"严续相公歌姬,唐镐给事通犀带,皆一代之尤物也。唐有慕姬之色,严有欲带之心,因雨夜相第有呼卢之会,唐适预焉。严命出妓解带较胜于一掷,举座屏气观其得失。六骰数巡,唐彩大胜。唐乃酌酒命美人歌一曲以别相君。宴罢拉而偕去,相君怅然遣之。"

"呼卢"作为赌博的俗称,宋之前就已存在。唐李白《少年行》之三:"呼卢百万终不惜,报仇千里如咫尺。"宋时大量出现。陆游《风顺舟行甚疾戏书》:"呼卢喝雉连暮夜,击兔伐狐穷岁年。"宋后依然沿用。元马臻《至节即事》:"绣幕家家浑不卷,呼卢笑语自从容。"明瞿佑《骰子》:"却忆咸阳客舍里,呼卢喝雉烛花底。"清杨掌生《京尘杂录·长安看花记》:"喧阗笑语,呼卢喝雉,众声如殷雷。"

上述关于赌博的俗语词称谓,基本上反映了两宋时期的赌风之盛。宋代笔记中还有不同侧面的记载。《老学庵笔记》卷五:"市人有以博戏取人财者,每博必大胜,号'松子量'。"《东坡志林》卷二:"绍圣二年五月九日,都下有道人坐相国寺卖诸禁方,缄题其一曰:卖'赌钱不输方'。少年有博者,以千金得之。"有的笔记对这种赌博之风进行评论或批评。《燕翼诒谋录》卷二："世有恶少无赖之人，肆凶不逞，小则赌博，大则屠牛马、销铜钱，公行不忌。"

三、日常杂用类俗语词

社会生活物资的丰富，直接反映一个社会经济的发展状况和文明程度。宋代的财富积累达到了史无前例的高度，正如吴箕《常谈》所言："《史记·货殖列传》中，所载富者，固曰甚盛，然求之近代，似不足道。樊嘉以五千万为天下高赀。五千万钱在今日言之，才五万贯尔。中人之家，钱以五万缗计之者多甚，何足传之于史？"从中可以了解，汉代巨富所积聚的财富，在宋代还不如平常中产之家所拥有的财富。而且唐代那些只是在皇室贵族中使用的华丽器物，到了宋代已是百姓寻常之物。《梦溪笔谈》卷十四："唐人作富贵诗，多纪其奉养器服之盛，乃贫眼所惊耳。如贯休《富贵曲》云：'刻成筝柱雁相挨。'此下里鬻弹者皆有之，何足道哉。又韦楚老《蚊》诗云：'十幅红绡围夜玉'，十幅红绡为帐，方不及四五尺，不知如何伸脚？此所谓不曾近富儿家。"

可见，宋代民间财富相比前朝已取得飞跃性进步。难怪明郎瑛感慨："今读《梦华录》《梦粱录》《武林旧事》，则宋之富盛，过今远矣。"[①] 明人史玄也指出："京师筵席以苏州厨人包办者为尚，余皆绍兴厨人，不及格也。然宋世有厨娘作羊羹，费金无比。今京师近朴，所费才厨娘什之一二耳。"[②]

与生活的富裕相对应，宋代的生活器具也相对精巧。明王鏊曾言："宋民间器物传至今者，皆极精巧。今人卤莽特甚，非特古今之性殊也。盖亦坐贫故耳。观宋人《梦华录》《武林旧事》，民间如此之奢，虽南渡犹然。近岁民间无隔宿之储，官府无经年之积，此其何故也？古称天下之财不在官，则在民。今民之膏血已竭，官之府库皆空。岂非皆归此辈乎？为国者曷以是思之。"[③]

---

① （明）郎瑛：《七修类稿》，上海古籍出版社2002年版，第128页。
② （明）史玄：《旧京遗事》，北京古籍出版社1986年版，第26页。
③ （明）王鏊：《震泽长语》，载金沛霖主编：《四库全书子部精要》，天津古籍出版社1998年版，第1159页。

总体上看，宋代市民生活的幸福感在中国古代历史上是少见的。如《梦粱录》中所述："不论贫富，游玩琳宫梵宇，竟日不绝。家家饮宴，笑语喧哗。""至如贫者，亦解质借兑，带妻挟子，竟日嬉游，不醉不归。""不特富家巨室为然，虽贫乏之人，亦且对时行乐也。"

伴随着商品经济的兴盛、市民阶层的兴起，以及手工业的加速发展，这些新的变化也带动和影响着人们的日常生活，出现了许多新的日常用品、器具杂物，由此也产生了大量的俗语词来适应这些新的社会需求，指称日益丰富的新生事物。

1. 物事、家事、动事、动使、家生

宋代笔记中统称日常器物用具的俗语词有不同的表达方式，如"物事""家事""动事""动使""家生"等。

"物事"，常泛指各种具体或抽象的事物，如今之"物品、东西"。《贵耳集》卷上："元祐初，司马公薨，东坡欲主丧，遂为伊川所先，东坡不满意。伊川以古礼敛，用锦囊囊其尸，东坡见而指之曰：'欠一件物事，当写作信物一角，送上阎罗大王。'东坡由是与伊川失欢。"《癸辛杂识》别集上："《轩渠录》载，有人以糟蟹馓子同荐酒者，或笑曰：'则是家中没物事，然此二味作一处怎生吃？'众以为笑。"

"物事"在宋前就已出现。《论衡》卷十八："道家论自然，不知引物事以验其言行，故自然之说未见信也。"《昭明文选》卷二十二："张湛曰：物事皆均，则理无不至。"《朱子语类》卷十二："人心本明，只被物事在上盖蔽了，不曾得露头面，故烛理难。"现吴语等方言中常用，李荣主编《上海方言词典》及《崇明方言词典》《温州方言词典》等都有收录。

"家事"。《容斋续笔》卷一："大海之中，无人拯恤，资储荡尽，家事一空，百口嗷然，往往绝食，块独穷悴，终日苦饥，唯恨垂没之年，须作馁而之鬼。"《东京梦华录》卷三："下有官屋数间，屯驻军兵百余人，及有救火家事，谓如大小桶、洒子、麻搭、斧锯、梯子、火叉、大索、铁猫儿之类。"加词缀"儿"构成"家事儿"。《梦粱录》卷十三："及小儿戏耍家事儿，如戏剧糖果之类：行娇惜、宜娘子、秋千稠糖葫芦、火斋郎果子、吹糖麻婆子孩儿等。"

"家事"本义是指家庭或家族内部的事务,宋代笔记中有用例。《梦溪笔谈》卷二十:"捷与人言多如此,不能悉记,此吾家事耳。"自宋朝开始,有"器具、用具、家什"的义项。除笔记外,其他文献也有用例。《朱子语类》卷七十九:"且如而今人,其父打碎了个人一件家事,其子买来填还,此岂是显父之过?"

"动事"。《梦粱录》卷十八:"或有新搬移来居止之人,则邻人争借动事,遗献汤茶,指引买卖之类,则见睦邻之义,又率钱物,安排酒食,以为之贺,谓之'暖房'。""动事"的本义是指治理国家。《史记·秦始皇本纪》:"应时动事,是维皇帝。"后泛指动静、情况。《南史》卷三十七:"文季曰:'惟桑与梓,必恭敬止。岂如明府亡国失土,不识枌榆。'遂言及魏军动事。"宋代笔记中出现了"日常器具"的用例,后沿用。《水浒传》第四十五回:"又打了一回鼓铍动事,把些茶食果品煎点。"

"动使"。《东京梦华录》卷二:"向晚,卖河娄头面、冠梳、领抹、珍玩、动使之类。"又卷四:"如州东仁和店,新门里会仙楼正店,常有百十分厅馆动使,各各足备,不尚少阙一件。大抵都人风俗奢侈,度量稍宽。"《梦粱录》卷一:"街坊以食物、动使、冠梳、领抹、缎匹、花朵、玩具等物沿门歌叫关扑。"

"动使"代指日常应用的器具,宋代产生,除笔记外,其他文献也多见。苏轼《论纲梢欠折利害状》:"遂致纲梢皆穷困骨立,亦无复富商大贾肯以物货委令搭载,以此专仰攘取官米,无复限量,拆卖船板,动使净尽,事败入狱,以命偿官。"《朱子语类》卷八:"因说索面,曰:'今人于饮食动使之物,日极其精巧。'"宋以后沿用。《喻世明言》卷四十:"话毕,慌忙分付庄客,推个车儿,牵个马儿,带个驴儿,一伙子将细软家私搬去,其余家常动使家火,都留与沈公日用。"

"家生"。《梦粱录》卷十三:"家生动事,如桌、凳、凉床、交椅、兀子……马子、桶架。""家生"最初是"家庭生计"的缩写。《史记·扁鹊仓公列传》:"文王病时,臣意家贫,欲为人治病,诚恐吏以除拘臣意也,故移名数,左右不修家生,出行游国中,问善为方数者事之久矣,见事数师,悉受其要事,尽其方书意,及解论之。"支谦译《佛说八吉祥神咒经》:"其力如金刚，端正相好具，一切莫能当，布施无悭贪，巨亿万家生。"宋时泛化为日常家什、器具。后沿用。《海上花列传》第三十八回："梳头家生搭衣裳，教我故歇就拿得去。"又指武器。《水浒传》第二回："史进又不肯务农，只要寻人使家生，较量枪棒。"第五回："再说这鲁智深就客店住了几日，等得两件家生都已完备，做了刀鞘，把戒刀插放鞘内，禅杖却把漆来裹了。"

2. 引光奴、火寸

"引光奴""火寸"，古时一种染有硫黄的杉木条，可引燃作照明之用。《清异录》卷下："夜中有急，苦于作灯之缓。有智者批杉条染硫黄，置之待用，一与火遇，得焰穗然。既神之，呼'引光奴'，今遂有货者，易名'火寸'。""火寸"中"火"用来标明用途，"寸"是从长度上进行的说明，具体指"一寸长短的引火之物"。

3. 不彻头

"不彻头"，短柄竹骨扇。《老学庵笔记》卷三："竹骨扇以木为柄，旧矣，忽变为短柄，止插至扇半，名'不彻头'。"这种扇子，柄短只能插至扇面的一半而不到头，因此得名。

4. 黄胖、磨喝乐、戏面

"黄胖"，一种儿童玩具，用土捏制的玩偶，类似今之泥娃娃。《四朝闻见录》卷五戊集："韩以春日燕族人于西湖，用土为偶，名曰'黄胖'。以线系其首，累至数十人。游人以为土宜。"《东京梦华录》卷七："都城之歌儿舞女，遍满园亭，抵暮而归，各携枣馉、炊饼、黄胖、掉刀、名花、异果、山亭、戏具、鸭卵、鸡雏，谓之门外土仪。"《谈薮》："韩侂胄暮年，以冬日携家游西湖……席间有献索丝傀儡为土偶负儿者，名为游春黄胖。"也有"黄胖儿"。《梦粱录》卷十三："及小儿戏耍家事儿，如戏剧糖果之类：行娇惜、宜娘子、秋千稠糖葫芦、火斋郎果子、吹糖麻婆子孩儿等、糕粉孩儿鸟兽、像生花朵、风糖饼、十般糖、花花糖、荔枝膏、缩砂糖、五色糖、线天戏耍孩儿、鸡头担儿、罐儿、碟儿、镴小酒器、鼓儿、板儿、锣儿、刀儿、枪儿、旗儿、马儿、闹竿儿、花篮、龙船、黄胖儿、麻婆子、桥儿、棒槌儿，及影戏线索、傀儡儿、狮子、猫儿。"宋代以后也有用例。明李诩《戒庵老人漫笔》："有赋《游春黄胖》诗云：两脚捎空欲弄春，一人头上又安身。不知终入儿童手,筋骨翻为陌上尘。"清赵翼《咏火判官》:"只愁黄胖游春罢,碎作飞尘陌上空。"可知此"黄胖"大抵是一种背负小儿游春的泥塑玩具。

"磨喝乐",泥塑娃娃,基本造型是一个泥塑的小男孩,或裸体,或身着彩衣,或手执荷叶,有的戴顶小帽子,规格不等,大小不一,常在农历七月初七之前上市,是一种节令性的泥塑玩具。考之,当为梵语 mahoraga(佛教摩睺罗伽神)的音译,又写作"磨合罗""磨侯罗""摩睺罗"等。据说初为佛祖释迦牟尼的儿子经过汉化后变为儿童形象。《梦粱录》卷四:"内庭与贵宅皆塑卖'磨喝乐',又名'摩睺罗',孩儿悉以土木雕塑,更以造彩装襕座,用碧纱罩笼之,下以桌面架之,用青绿销金桌衣围护,或以金玉珠翠装饰尤佳。"《东京梦华录》卷八:"又小儿须买新荷叶执之,盖效颦磨喝乐。儿童辈特地新装,竞夸鲜丽。"宋时成为七夕节表达送子祝福的吉祥物。宋以后又写作"魔合罗",如元孟汉卿《张孔目智勘魔合罗》杂剧,就是以魔合罗为线索来反映当时的民俗的。

"戏面",一种面具,常以木刻之。《岭外代答》:"而所在坊巷村落,又自有'百姓傩'。严身之具甚饰,进退言语,咸有可观,视中州装队仗,似优也。推其所以然,盖桂人善制戏面,佳者一直万钱,他州贵之。如此,宜其闻矣。"宋范成大《桂海虞衡志·志器》:"戏面,桂林人以木刻人面,穷极工巧,一枚或值万钱。"戏面之起源,据明陈士元考证:"戏面之具,其来久矣。《汉书》曰象人,韦昭注云假面。"[1]《老学庵笔记》卷一有"面具"的记载:"政和中大傩,下桂府进面具。比进到,称'一副'。初讶其少,乃是以八百枚为一副,老少妍陋无一相似者,乃大惊。"此处之"面具"即《岭外代答》中的"戏面",皆指桂林戏面,即广西傩面具,是跳神面具舞中的必备之物。

5. 骨朵

即使是在军事战争领域,也会产生一些易于流通、口耳相传的俗语词,如"骨朵",一种武器,形制为在一长棒的顶端有一个圆形的头,所以称之为"骨朵"。卫士手执此种武器,称"骨朵子"。《宋景文公笔记》卷上:

---

[1] (明)陈士元:《俚言解》,上海古籍出版社1989年版,第29页。

"国朝有骨朵子,直卫士之亲近者。予尝修日历,曾究其义,关中人谓腹大者为胍肫,上孤下都,俗因谓杖头大者亦为胍肫,后讹为骨朵。"《青箱杂记》卷七:"昔徐温子知训在广陵,作红漆柄骨朵,选牙队百余人,执以前导,谓之朱蒜。""骨朵"又名"朱蒜",可知该兵器外形似蒜,突出其顶端为圆形的特征。

6. 沙锣、厮锣、筛锣

"沙锣、厮锣、筛锣",古代军队里平时用来洗脸、战时用来报警的器具。"沙锣""筛锣""厮锣"系语音变化所致。《云麓漫钞》卷九:"今人呼洗为砂锣,又曰厮锣,国朝赐契丹西夏使人,皆用此语。究其说,行军不暇持洗,以锣代之。又中原人以击锣为筛锣,今南方亦有言之者。筛、沙,音相近,筛之为厮,又小转也。"把铜盆称作"厮锣",或与新罗有关。《演繁露》卷一:"案张僚记新罗国一名斯罗,而其国多铜。则厮者,斯声之讹也,名盆以为厮锣,其必由此也。……酒器之有丰也,乐之有阮咸、稽琴,食品中之有馎饦,鉴虚也,皆本其字而立之名也,则易盆名而为厮罗,自当本之新罗无疑也。"

四、其他名物类俗语词

在对名物类俗语词进行整理的过程中,还有部分俗语词,不便作类别上的划分,又在宋代笔记中常用,特将这部分俗语词列入其他类。

1. 三更、半夜

《玉壶清话》卷五:"是时陈象舆、董俨俱为盐铁副使,胡旦为知制诰,尽同年生,俱少年,为一时名俊。梁颢又尝与公同幕。五人者旦夕会饮于枢第,棋觞弧矢,未尝虚日,每每乘醉夜分方归,金吾吏逐夜候马首声诺。象舆醉,鞭搌其吏曰:'金吾不惜夜,玉漏莫相催。'都人谚曰'陈三更''董半夜'。"

"三更""半夜"是两个表示时间的名词,与古时的纪时制度密切相关。我国古代的纪时制度是时分纪时制,也就是将一个昼夜分为若干时段,每一个时段都被赋予一定的名称。这种纪时制至迟到商代晚期就已经比较成熟了。① 其中十二时制是沿用时间最长的纪时制度。目前最早的有关记录是《左传·昭公五年》："日之数十，故有十时，亦当十位。"晋杜预注："日中当王，食时当公，平旦为卿，鸡鸣为士，夜半为皂，人定为舆，黄昏为隶，日入为僚，晡时为仆，日昳为台。隅中、日出，阙不在第，尊王公，旷其位。"从《左传》的记载和杜预的注释可以看出明显的不同。《左传·昭公五年》："日之数十，故有十时，亦当十位。"意思是说，一天之中有与十天干相配的"十时"，"十时"又与人的"十位"即"王、公、卿、士、皂、舆、隶、僚、仆、台"相配。杜预以十二时来注释，认为还应该包含"隅中""日出"，其中的"夜半"应该就是"半夜"，是指具体的时间名词。

汉代皇宫有值夜制度，派遣专人值夜，每隔一个时辰（两小时）进行更换，所以就形成了两小时就是一更的说法。因此以十二时来计算，三更应是 23：00—1：00 的时间段，正是"夜半""半夜"时分。唐崔颢《七夕词》："班姬此夕愁无限，河汉三更看斗牛。"

因此"三更""半夜"应属于同义词，起初都是表示具体时间的时间名词，由于"三更""半夜"所指的时间一般为一个大的时段，因此词义会发生泛化，泛指深夜。宋代笔记中有"陈三更""董半夜"，这两个诨号中"三更""半夜"的使用，已经可以看出两个时间名词词义开始出现泛化倾向。陈象舆、董俨两人经常在一起饮酒，到深夜才归，并不拘泥于具体的时间，"三更""半夜"为戏谑之称。明代以后，"三更""半夜"合并，"三更半夜""半夜三更"都有使用。《警世通言》卷二十八："只见白娘子叹一口气道：'小乙哥和我许多时夫妻，尚兀自不把我亲热，却信别人言语，半夜三更，烧符来压镇我！'"《水浒传》第三回："史进上梯子问道：'你两个都头，何故半夜三更来劫我庄上？'"《红楼梦》第一百零一回："这会子打他几下子没要紧，明儿叫他们背地里嚼舌根，倒说三更半夜的打人了。""三更半夜"的连用形式，仅表示深夜，词义的泛化已经十分明显，且沿用至今，考其形成，应与宋代笔记中"半夜""三更"的泛化直接相关。

---

① 李天虹：《秦汉时分纪时制综论》，载《考古学报》2012 年第 3 期。

2. 外后日

"外后日"即大后天，紧接着后天之后的那一天。《老学庵笔记》卷十："今人谓后三日为'外后日'，意其俗语耳。偶读《唐逸史·裴老传》乃有此语。裴，大历中人也，则此语亦久矣。"吕叔湘《语文杂记》中以方言证"外后日"："'外后'的说法在宋代似乎还普通，如《法演禅师语录》卷中：'孰云："前年，去年也怎么，明年，后年，更后年，外后年也怎么。"'依语意似为'后四日'与放翁'后三'之说微不合。……惟吾乡丹阳还是说'外后朝''外后年'，意思是'后三'，与放翁之说相合。"① 宋代以后沿用。《金瓶梅词话》第三回："明日是破日，后日也不好，直到外后日，方是裁衣日期。"《儒林外史》第四十七回："外后日是方六房里请我吃中饭，要扰过他，才得下去。"

另据对内蒙古西部，如临河、包头、东胜等地方言的考察，这些地区用于纪日、纪年的词语，对应关系都表现齐整。② 即：

纪日：先前天、前天、夜来（昨天）、真儿（今儿）、明儿、后天、外后天。

纪年：先前年、前年、年时（去年）、真年（今年）、明年、后年、外后年。

"外后日"从唐代开始产生，现在仍广泛应用于方言中。内蒙古西部方言中的"外后日"意思也是"后三"，与《老学庵笔记》中的记录相合。

3. 巴鼻、话霸、话靶

"巴鼻"是宋代常见的俗语词，指"根据、缘由"。《后山诗话》："熙宁初，有人自常调上书，迎合宰相意，遂丞御史。苏长公戏之曰：'有甚意头求富贵，没些巴鼻使奸邪。'有甚意头，没些巴鼻，皆俗语也。"宋代笔记外，《朱子语类》中用例较多，如卷十三："人生都是天理，人欲却是后来没巴鼻生底。"又卷五十三："且如窗也要糊得在那里教好，不成没巴鼻打坏了！"又卷八十："《诗》之'兴'全无巴鼻。"

---

① 吕叔湘：《语文杂记》，生活·读书·新知三联书店1988年版，第18页。
② 马国凡、邢向东：《内蒙古西部方言词语札记》，载《内蒙古师大学报（哲学社会科学版）》1989年第2期。

《佛学大辞典》认为："巴鼻，为禅林用语。"考察"巴鼻"在宋代禅宗文献《五灯会元》中的使用，"巴鼻"有时应释为"鼻子"。如卷十二："闻声悟道，失却观音眼睛；见色明心，昧了文殊巴鼻。"又卷十七："不用祖师巴鼻，不用金刚眼睛，不用师子爪牙……"其中"巴鼻""眼睛""爪牙"并列使用，"巴鼻"即是指"鼻子"。"鼻子"本身就可以作为牵引所在，现仍有"牵着鼻子走"的说法。为了更好地驱使和驾驭牲畜，也常在鼻子上拴上缰绳。《五灯会元》卷十二："僧问首山：'如何是佛？'山曰：'新妇骑驴阿家牵。'师曰：'手提巴鼻脚踏尾，仰面看天听流水。'"这里的"巴鼻"与"提"连用，应该是指骑驴时控制驴的缰绳。因此也可以认为"巴鼻"的"根据"义由"鼻子"的意思发展而来，经由"鼻子→可供牵引→根据、依据、凭借"的词义演变过程。还有学者认为"巴鼻"应为"把鼻"，"巴"为"把"的假借，意为"把柄、根据"。①

由于"巴鼻"在口语中广泛流传，因此在这一过程中产生了许多同音替换形式，如"巴臂""把臂""巴避""巴壁""笆壁"等。如《张协状元》第二十出："没巴臂便来打起，想是，奴家害了你家计。"《荆钗记》第二十八出："儿媳妇，哭啼啼，昨夜三更出绣帷。今朝起来没寻处，使我没把臂。"《西厢记诸宫调》卷四："一刻儿没巴避抵一夏。"元李行道《包待制智勘灰阑记》第四折："早则是公堂上有对头，更夹着这祗候人无巴壁。"元石德玉《秋胡戏妻》第二折："早则俺那婆娘家无依倚，更合着这子母每无笆壁。"

明田汝成《西湖游览志余》卷二十五《委巷丛谈》载："杭人语，言人作事无据者曰没巴鼻。"据此可梳理一下"巴鼻"一词的形成过程，即"巴鼻"本出于禅宗用语，后在宋代口语中广泛应用，之后被保留到方言中，成为方言词汇。宋以后用例不多，大约与此有关。如《水浒传》第四十五回："这厮倒来我面前又说海阔黎许多事，说得个没巴鼻。"

与"巴鼻"相关的还有"话霸""话靶"。《罗湖野录》卷二："翻身逃掷百千般，冷地看佗成话霸。"《鹤林玉露》乙编卷四："今日到湖南，又成

---

① 王学奇：《释"巴"》，载《河北师范大学学报（哲学社会科学版）》2000年第4期。

一话靶。""话霸""话靶"中的"霸""靶"都应是"把"的同音假借字。"把",用作名词,指器物上用来抓握的部位,名词义是从"把"的动词义"把持"引申而来的。《朱子语类》中还有"柄靶"连用的例子,如卷十五:"孟子论四端,便各自有个柄靶,仁义礼智皆有头绪可寻。"现代汉语中有"把柄"一词,"把""柄"连用,"把"的名词用法更为明显。后又有"话欛"一词,也是指话柄。民国李鉴堂《俗语考原》把"话欛"释为:"犹言话柄。谓其人之言行为人所谈论之资料也。"就是说人的言行中存在着被别人抓住不放、谈说议论的地方,就如同器物上把手的功能一样,"把"的词义由具体转为抽象。

第三节 宋代笔记动作类俗语词

一般而言,表达动作类的词汇通常是一个历史时期词汇系统中最具活力的部分。从宋代笔记中收集的动作类俗语词来看,有些是宋代新产生的,有些则是在宋代发展出了新的词义或者用法。通过对这部分俗语词的整理分析,可以更深入、更广泛地了解当时语言发展的一般情况,也可以透过语言现象更全面地了解宋代社会政治、经济、文化发展,以及社会各阶层日常生活的一般面貌。结合调查实际,为便于分析叙述,将宋代笔记中动作类俗语词按音节划分为单音节、双音节和三音节三类。

一、单音节动作类俗语词

整体上看,宋代笔记中的单音节动作类俗语词,多是通过词义引申而产生出新的语义或用法。如"剐",作为动词,指将肉一片片割下来,与旧时的酷刑凌迟相似,所以民间将凌迟之刑俗称为"剐"或"剐人"。《涑水记闻》卷九:"彦博请斩则于北京,夏竦奏言所获贼魁恐非真,遂槛车送京师,剐于马市。"《杨公笔录》:"俗谓凌迟人为剐人。"

1. 脱、赚

"脱"本义为"消瘦"。《说文》:"脱,消肉臞也。"段玉裁注:"消肉之臞，臞之甚也。今俗语谓瘦太甚者曰脱形。"后引申为"失去、脱漏"义。《容斋随笔·书易脱误》："今世所存者，独孔氏古文，故不见二篇脱处。""欺骗"义到了唐代才开始出现。《酉阳杂俎》前集卷十七："江东人或取墨书契，以脱人财物，书迹如淡墨，逾年字消，唯空纸耳。"宋代笔记中较为常见。《四朝闻见录》卷一甲集："司阍老于事王者，持券熟视久之，曰：'尔何人？乃敢作我王赝押，来脱吾钱！吾当执汝诣有司。'""脱吾钱"，即骗我钱。《癸辛杂识》后集："盖奸人乘危，造为此说，骗脱朝廷金帛耳。""骗""脱"连用，"脱"的"欺骗"义更为明显。《武林旧事》卷六："有所谓美人局、柜坊赌局、水功德局，不一而足。"自注："以求官、觅举、恩泽、迁转、讼事、交易等为名，假借声势，脱漏财物。""脱漏"即"骗取"。宋代其他文献中也常见用例。《朱子语类》卷一零一："京曰：'不然，觉得目前尽是面谀脱取官职去底人。'"

"脱"可以单独表示"欺骗"义，也可以与其他语素组合成词，表示"欺骗"义，除上述"骗脱""脱漏"外，其他还有"脱笼""脱空"等。

"脱笼"。《清波杂志》卷六："有一士令人持马衔，每至一门撼数声，而留刺字以表到。有知其诬者，出视之，仆云：'适已脱笼矣。'……'脱笼'亦为京都虚诈闪赚之谚语。""笼"应是"拢"的记音字。在山东方言中，"拢人"即为"骗人"。

"脱空"。《罗湖野录》卷下："语尚未终，而真净忽怒骂曰：'此吐血秃丁，脱空妄语，不用信。'"唐代已有用例。《敦煌变文集·不知名变文》："更有师人谩语一段，脱空下卦烧香呵，来出顷去，逡巡呼乱说词。"[①] "脱空"为何有欺骗义，宋代笔记中也有分析，如《清异录》卷下："长安人物，繁习俗，侈丧葬，陈拽寓象，其表以绫绸金银者曰'大脱空'，楮外而设色者曰'小脱空'。"依据笔记出处和分析推断，"脱空"一词原与宗教相关，指为佛塑像时，塑像内为土质，外设彩色，徒有其表，里外不一，因此"欺骗"也可俗称为"脱空"。

但如前所述，"脱"在唐宋时期就有"欺骗"的意思，"空"本指"没

[①] 王重民、王庆菽、向达：《敦煌变文集》，人民文学出版社1957年版，第816页。

有、不存在"，由此也可引申出"虚假"的意思。因此"脱空"应属于近义连用。宋时也将骗人的话语称作"脱空经"。《齐东野语》卷十一："妓即韵答之云：'说盟说誓，说情说意，动便春愁满纸。多应念得脱空经，是那个先生教底？'"

"赚"，《广雅》释义为"卖"，本义是从买卖中获利，所以有"赢得、获得"义。唐时开始产生"欺骗、哄骗"义。唐无名氏《朝士戏任毂》："从此见山须合眼，被山相赚已多时。"《祖堂集》卷四："院主在外责曰：'和尚适来许某甲为人，如今因什摩却不为人？赚某甲。'"宋代沿用。《世范》卷三："有因仕宦他处，逼勒牙家，诱赚良人之妻，使舍其夫与子而乳我子，因挟以归乡，使其一家离散，生前不复相见者。""诱赚"即"诱骗"。宋佚名《㛃人娇》："宝贵谩人，功名赚我，且舞个《采莲曲破》。红裙腰细，酽醋盏大，须占取名花艳中醉卧。""谩""赚"互文，均为"欺骗"义。其他文献也常见。柳永《锦堂春》："依前过了旧约，甚当初赚我，偷剪云鬟。"

"赚"的哄骗义，当是从它的"获利"义引申而来。在商品买卖中，为了获得更多更大的利益，往往会夸大其词、言过其实，其中就包含了失实的信息，衍生出欺骗的意味。

"赚"还可与其他同义语素组成新词，如"赚诱""赚骗""骗赚""闪赚"等，多有"欺骗、哄骗"义。明清溪道人《禅真逸史》第二十五回："赚诱我家公子饮酒嫖耍，次后引入赌场。"《二刻拍案惊奇》卷二十："贾成之本意怜着妻家，后来略闻得廉访欺心赚骗之事，越加心里不安，见了小舅子十分亲热。"《聊斋志异·乐仲》："诸无行者知其性，咸朝夕骗赚之。"其中，"诱""骗"的欺骗义比较明显。

《清波杂志》卷六："'脱笼'，亦为京都虚诈闪赚之谚语。""闪"，本义指从门内偷看，还可表示"忽隐忽现"。《汉语大词典》引《礼记·礼运》："故龙以为畜，故鱼鲔不淰。"郑玄注："淰之言闪也。"唐孔颖达疏："闪是忽有忽无。"忽有忽无，很容易让人产生不真实、虚幻的感觉，"闪"的"欺骗"义当是从此引申而来的。"闪"表示"欺骗"义应是宋代新产生的，"闪赚"属于同义并列连用形式。

"脱""赚"至唐时均出现"欺骗、骗取"义，同义连用组合而成的合成词"脱赚""赚脱"等，也成为唐宋时期表"欺骗、骗取"义的常用词。"脱赚"，如《挥麈后录》卷三："又况数年间行盐钞法，朝行夕改，昔是今非，以此脱赚客旅财物。道途行旅谓朝廷法令，信如寒暑，未行旬浃，又报盐法变矣。""赚脱"，如《云麓漫钞》卷六："太宗开国之文君，不应赚脱一僧而取玩好，其谬七也。"宋代其他文献中的用例，如《朱子语类》卷一三三："如王公明炎虞斌父之徒，百方劝用兵，孝宗尽被他说动，其实无能，用著辄败，只志在脱赚富贵而已。"宋以后沿用。《警世通言》卷十四："宋金忙起身作礼，口称姓名：'被丈人刘翁脱赚，如今孤苦无归，求老师父提挈，救取微命。'"《聊斋志异》卷六："乃于衣底出黄金二铤置几上，曰：'幸不为小人赚脱，今仍以还母！'"

2. 骗

不用马镫，跃身上马，称作"骗"。"骗"，当写作"䮓"或"骗"。《集韵》："䮓，跃而乘马也。或书作骗。"《杨公笔录》："不蹑蹬上马，谓之骗马，匹扇切。"《东京梦华录》卷七："又有执旗挺立鞍上，谓之'立马'。或以身下马，以手攀鞍而复上，谓之'䮓马'。"又："中贵人许畋押队招呼成列，鼓声，一齐掷身下马，一手执弓箭，揽缰子就地，如男子仪，拜舞山呼讫，复听鼓声，䮓马而上。"

据考，跃身上马称作"䮓"，出自佛典。清乔松年《萝藦亭札记》卷五："今人立马于前一跃而过之，谓之曰骗马，语似俗而出于佛典。《一切经音义》引骗马凡四五见，特作'䮓'耳。"[1] 后来动词"䮓"的适用对象不仅是马，词义发生泛化，指"跨越"。如马致远《任风子》第二折："我䮓土墙腾的跳过来。"现在内蒙古方言中还有这种用法，如"䮓墙头"，"这个河沟很窄，可以从那边䮓过去"。"䮓"都是"跨越"的意思。

"䮓"在宋代开始产生出"哄骗、欺骗"的意思，而且发展为常用义。对于"䮓"为何会产生出"欺骗"的意思，学界有两种看法：一种认为是假借，如《正字通》："今俗借为诓骗字。"认为"骗"的本义应该是"跃而上

---

[1] （清）乔松年：《萝藦亭札记》，上海古籍出版社2002年版，第146页。

马","欺骗"当属假借义。另一种则认为是引申,如顾学颉、王学奇提出:"'骗马'有二义,一谓跃而上马,二谓调哄妇女。骗马的'调哄、勾引妇女'之义,盖引申前义,是当时的俗语。"① 但是就"跃而上马"如何引申出"欺骗"义,由于缺少具体详细的论证,所以词义引申的观点还需进一步商讨。

3. 妨

"妨",迷信所谓的相克。《癸辛杂识》续集下收"不葬父妨子"条:"或谓停父母之丧久而不葬者,则其子孙每岁缩小。近见钱达可、康自修二子之事皆然,此其异也。""妨"的本义是"害"。《说文》:"妨,害也。"《大学章句》:"言有此媢疾之人,妨贤而病国,则仁人必深恶而痛绝之。"《左传·隐公三年》:"且夫贱妨贵,少陵长,远间亲,新间旧,小加大,淫破义,所谓六逆也。""妨"的这一俗语义应是在"妨"本义的基础上,把因命相、时辰、方位等人为造成的灾厄,尤其是对另外某人造成的伤害,也称作"妨",带有迷信色彩。这种用法宋代已见,后世沿用。元马致远《半夜雷轰荐福碑》第一折:"自从你昨日下了书呈,将俺员外急心疼一夜妨杀了。"无名氏《全元曲·货郎旦》第一折:"这也是我脚迹儿好处,一入门先妨杀了他大老婆,何等自在,何等快活。"现在许多方言中也常用。

有些单音节动词性俗语词带有明显的方言特点。如"哈"在方言中有"喝"的意思。《鸡肋编》卷上:"食既,范问游:'味新觉胜乎常否?'答云:'将谓是不饦,已哈了。'盖西人食面几不嚼也。"《云麓漫钞》卷一载许翁翁诗:"世味审知嚼素蜡,人情全似哈清茶。穷通偶耳非干志,进退因而熟处家。"今山东胶东方言中仍有这种用法。

4. 抱

"抱",孵。《仇池笔记》卷上:"水族痴暗,人轻杀之。或云不能偿怨,是乃欺善怕恶。李公择云:'鸡有雌而卵者,抱之,虽能破壳而出,不数日辄死。此卵可食,非杀也。'"宋代禅宗语录中也有用例。《天圣广灯录》卷

---

① 顾学颉、王学奇:《元曲释词(三)》,中国社会科学出版社1983年版,第42—44页。

十八:"诸人长须着些精彩,不可说禅道之时,便有个照带底道理。择菜作务之时,不可便无去也。如鸡抱卵,若是抛离起去,暖气不接,便不成种子。""抱"作"孵"讲,源于方言,且早已产生。汉扬雄《方言》:"北燕、朝鲜、洌水之间谓伏鸡曰抱。"章炳麟《新方言·释动物》:"《说文》:'孚,卵孚也。'亦书作'抱'……今自江而北谓鸡伏卵曰'抱',江南或转如'捕'。"① "孵""孚""伏"与"抱"均为一声之转,与上古时期无轻唇音有关。

5. 栈

《说文》:"栈,棚也。"指饲养牲畜的棚圈。本为名词,后发生转喻。把鸡、鸭、牛、羊、鹿等禽畜关在棚中,限制它们的活动,用饲料精心喂养,特别照料,保证它们在短时间内增肥,进而使其肉质变得肥美。因此,这种短时催肥禽畜的饲养方式也被称作"栈"。《清异录》卷下:"赵宗儒在翰林时,闻中使言:'今日早馔玉尖面,用消熊栈鹿为内馅,上甚嗜之。'问其形制,盖人间出尖馒头也。又问'消熊'之说,曰:'熊之极肥者曰消,鹿以倍料精养者曰栈。'""消"的词义来源尚不明确,但是"栈"的"倍料精养"词义依然在方言中残留,现内蒙古西部方言中仍有这种用法。

6. 擦

"擦",滑;"擦倒",滑倒。《东斋记事》卷一:"其一人忽仆于界石上,众扶掖起之,既起,曰:'数日来作一首赏花钓鱼诗,准备应制,却被这石头擦倒。'左右皆大笑。"宋以后沿用。《西厢记》第二本第二折:"下工夫将额颅十分挣,迟和疾擦倒苍蝇,光油油耀花人眼睛,酸溜溜螫得人牙疼。"今内蒙古西部、山东莒南等地方言仍将"滑倒"称作"擦倒"。

二、双音节动作类俗语词

由两个音节组合而成的动作类俗语词,依据语素之间的构成类型,可以进一步划分为"动词+名词""动词+动词"等形式。

---

① 章炳麟:《新方言》,上海古籍出版社 2002 年版,第 245 页。

(一)"动词+名词"形式

1. 下手、上路

"下手"在宋代笔记中有两种解释：一是动手、着手。《默记》："安石旧有意重修，今老矣，非子瞻，他人下手不得矣。"《墨客挥犀》卷三："鞫真卿守润州，民有斗殴者，本罪之外，别令先殴者出钱，以与后应者。小人靳财，兼不愤输钱于敌人，终日纷争，相视无敢先下手者。"《爱日斋丛抄》卷三："则人辞之曰：'《抱膝吟》，久做不成，盖不合先寄陈、叶二诗来，田地都被占却，教人无下手处也。'"二是把手放下，用例相对较少。《梦溪笔谈》卷三："故举手则影愈下，下手则影愈上，此其可见。"其中"举手"与"下手"相对，词义明显。

"下手"最早见于《汉书·萧望之传》："良与望之言，望之不起，因故下手，而谓御史曰'良礼不备'。"这里的"下手"是"以手至地"的意思，是当时的一种礼节。"下手"作"放下手"讲，一是如《梦溪笔谈》中的用例，"下手"与"举手"相对，词义对仗工整。二是直接用"放下手"的形式来表达。如《警世通言》卷二十四："三官却认得是金哥，无颜见他，双手掩面，坐于门限侧边。金哥磕了头，起来，也来门限上坐下。三官只道金哥出庙去了。放下手来，却被金哥认出，说：'三叔，你怎么在这里？'"

"下手"表"动手、着手"的用例则明显较多。宋时除笔记外，其他还有苏辙《论黄河软堰札子》："窃见三省同奉圣旨：北流软堰依都水监所奏，候下手日，先将检计到功料奏取指挥。"《朱子语类》卷三十四："若不从文字上做工夫，又茫然不知下手处；若是字字而求，句句而论，不于身心上著切体认，则又无所益。"宋以后用例如元关汉卿《感天动地窦娥冤》第一折："来到此处，东也无人，西也无人，这里不下手，等什么？"《警世通言》卷四十："孽龙又聚了八百余蛟党，欲搅翻江西一郡，变作沧海，只待今夜酉牌时分风雨大作之时，就要下手。"现代汉语中也有"无从下手""先下手为强"等说法。

另外，在字面上与"下手"相反的"上手"，也有"动手、着手"义。如《醒世恒言》第二十三卷："所以不遽上手者……恐怕点破其躯，海陵见罪故耳。"《儿女英雄传》第三十一回:"公子才要上手去摸,何小姐忙拦道:'别着手!那箭头儿上有毒!'"至今仍然沿用。

"上路",出发、启程。《老学庵笔记》卷四:"古盖谓适远为陟,《书》曰:'若陟遐必自迩。'犹今人言上路也。岂得云南方地势下耶?"

据考,春秋战国时期就出现"上"与"路"连用的形式。《晏子春秋》:"景公上路寝,闻哭声,曰:'吾若闻哭声,何为者也?'"但还不是"出发、启程"的意思,此义于汉代以后才出现。南朝梁元帝萧绎《金楼子·兴王》:"望星上路,犯风冒浪,兼行不息。"《宋书》卷八十四:"于是狼狈上路,恒虑见追,行至寻阳,喜曰:'今知免矣!'"《旧唐书》卷七十七:"泾师离镇,多携子弟而来,望至京师以获厚赏,及师上路,一无所赐。"宋及以后沿用。《喻世明言》卷一:"兴哥上路,心中只想着浑家,整日的不僦不保。"《儒林外史》第三十四回:"次早天色未明,孙解官便起来催促骡夫、脚子搬运银鞘,打发房钱上路。"

从"手"和"路"来看,前者是人体的重要组成部分,后者则是社会生活中的重要存在,"下手""上路"作为一个新词的产生,既符合词汇构成"近取乎身、远取诸物"的一般原则,也与人们长期以来形成的认知模式密切相关。

"上""下"作为方位词,标明的是具体方位或动作的位移方向,进而可以表示动作或位移,由方位词虚化为动词。因此可以与名词进行组合,如"上手""下手"。其中的方位词仅表示动作,方位的意思已经虚化。"手"作为人体重要的活动器官,活动的范围可上可下,因此"上手""下手",词义相同,均表示"着手、动手"。

2. 放钱、生放

"放钱",放贷。有钱人将余钱借贷给他人以获取利息的做法。《容斋五笔》卷六:"今人出本钱以规利入,俗语谓之放债,又名生放。予考之亦有所来。《汉书》谷永云:'至为人起责,分利受谢。'颜师古注曰:'言富贾有钱,假托其名代之为主,放与他人以取利息而共分之。'此放字所起也。"据此可知,唐时已经将为获利而借钱给他人的行为称为"放"。《汉语大词典》此义首引《红楼梦》,例证过晚。

（二）"动词+动词"形式

1. 走作、作闹

"走作"，生事、闹事。《邵氏闻见后录》卷四："若吾二大邦，通好已七十余年，无故安肯辄欲破坏？又恐是奸人走作，妄兴间谍，因此互相疑贰，养成衅隙，遂有今日争理。"

"作闹"，起哄、惹事。《东轩笔录》卷十一："晏深不平之，尝语人曰：'昔日韩愈亦能作言语，每赴裴度会，但云"园林穷胜事，钟鼓乐清时"，却不曾如此作闹。'"《齐东野语》卷一："上已密知其故，遂批出：'郑丙无罪可待。令临安府将为首作闹人重作行遣。'"《建炎笔录》："初九日，参知至都堂问边报，凌晨闻卫士作闹，中军统制辛永宗以兵入卫，少顷即定。"

"作"是个多音多义词，《汉语大词典》列有义项21个，其中动词义项19个。作为一个活跃的构词语素，它可以和其他语素构成新词，"走作""作闹"就是"作"位于其他动词前或后组成的合成词。

《说文》："作，起也。"本义是"人起身"。《诗经·秦风·无衣》："与子偕作。"《左传·襄公二十三年》："而后作焉。"引申为"产生、兴起"。《易·系辞下》："包牺氏没，神农氏作。"《孟子·公孙丑下》："由汤至于武丁，贤圣之君六七作。""走作"最早见于晋郭象《庄子·马蹄》注："走作，驰步。"意思是"快速奔跑"。"走作"为并列连用。

"走作"在宋时有"奔走、驰求""越规、放逸"义，是其词义进一步引申的结果。前者如钱时《融堂四书管见》："然而日用功夫往往多就交际应酬上走作，故曾子三省以忠信为先。"后者如《朱子语类》卷一二六："言释氏之徒为学精专，曰：'便是某常说，吾儒这边难得如此，看他下工夫，直是自日至夜，无一念走作别处去。'"陈亮《甲辰秋答朱元晦书》："气不足以充其所知，才不足以发其所能，守规矩准绳而不敢有一毫走作。""不敢有一毫走作"即是说不敢有一丝一毫的越规之处。宋代笔记中，"走作"为"生事、惹事"，则是"越规"词义基础上的进一步引申，用例仅见于《邵氏闻见后录》。

对"闹"的最早解释见宋徐铉《说文新附》："闹，不静也。"《集韵》：

"闹，扰也。"所引例证均为唐时用例，如韩愈《潭州泊船呈诸公》："夜寒眠半觉，鼓笛闹嘈嘈。"韦庄《题姑苏凌处士庄》："花深远岸黄莺闹，雨急春塘白鹭闲。"其中的"闹"指"扰乱、搅扰"。"闹"与表示"生事"的"作"连用，形成并列式合成词"作闹"，表示"起哄、闹事"义。除宋代笔记用例外，其他如《祖堂集》卷九："师云：'十人家活，九人作闹，一人不知。'"《朱子语类》卷四十三："后来所教之人归，更不去理会农务生事之属，只管在家作闹，要酒物吃，其害亦不浅。"宋后沿用。《水浒传》第三十八回："戴宗问道：'在楼下作闹的是谁？'"《醒世姻缘传》第四十四回："我寻个人来把丫头赏了他去，省得你这们作闹！"

2. 踏逐

"踏逐"，指介绍、推荐。《梦粱录》卷十九："如府宅官员，豪富人家，欲买宠妾、歌童、舞女、厨娘、针线供过、粗细婢妮，亦有官私牙嫂及引置等人，但指挥，便行踏逐下来。"《武林旧事》卷八："仍令太医局差产科大小方脉医官宿直，供画产图方位、饮食禁忌、合用药材、催生物件；合本位踏逐老娘、伴人、乳妇、抱女、洗泽人等。""踏逐老娘"即指介绍奶娘。《癸辛杂识》前集："又令两司踏逐建造赐第，凡九处。"则是让两司推荐合适的地方建造府第。

"踏逐"一词也用于政治范畴。宋代低级官员在担任一定职务时可由上级官员进行推荐或介绍，这种做法称作"踏逐"。《宋史·选举志六》："且选才荐能而谓之踏逐，非雅名也。况委人以权而不容举其所知，岂为通术？"《汉语大词典》此义项下首引明高明《琵琶记·伯喈思家》：[生]"你与我出街坊上寻个便当人，待我寄一封书家则个。"[末]"男女专当小心踏逐。"例证晚出。

3. 乾没

"乾没"，白吞。蒋礼鸿认为"乾宜读如乾健之乾，没宜读如贪昧之昧"。"乾没"义为"贪冒"，为同义连用，私吞他人财物之义，应是近代新产生，中古之前没有。①《挥麈后录》卷一："钱文僖惟演尝纂书名《逢辰录》，排日尽书其父子承恩荣遇及朝廷盛典，极为详尽。明清家有是书，为钱仲韶竽

---

① 蒋礼鸿：《义府续貂》，中华书局1981年版，第28页。

假去乾没。"《夷坚甲志》卷十九:"其母死,但以见田分为四。于是载钱诣毛氏,赎所质,烈受钱,有乾没心,约以他日取券。"《通俗编》卷二十三:"世俗又以掩人财物为乾没,其言则自唐以后始。"①

(三)"动词+得"形式

动补结构的动词,补语一般由"得"来构成,是结果补语。补语"得"的用法是由"得"的"获得"义虚化而来的。

"会得",懂得、明白。《默记》卷下:"公叹曰:'吾侪要会得,此正唐宰相用李绅、韩愈,令不台参故例耳。吾二人岂可堕其计中耶?'"《青箱杂记》卷十:"抟曰:'余人则不可,先辈则可。'及旦取别,抟以宣毫十枝、白云台墨一剂、蜀笺一角为赠。公谓抟曰:'会得先生意,取某人闹处。'"

"会得"的形成,应该是由"理会得"这一结构通过跨层组合而形成。"理会得"本为"理会+得"的结构,"理会"为动词,"得"是表示结果的补语,作为一种动补结构在宋代文献中长期并列使用,《朱子语类》中就有大量用例。如卷一百四十:"闲时不曾理会得,临时旋理会,则烦。若豫先理会得,则临时事来,便从自家理会得处理会将去。"又如:"自家理会得这道理,使天下之人皆理会得这道理,岂不是乐!"再如卷一百二十:"有时是这处理会得,有时是那处理会得,少间便都理会得。""会"和"得"位置临近,受到双音化的影响,"会得"就凝固成词。

三、三音节动作类俗语词

宋代笔记中的三音节动作类俗语词,多是"动词+名词"形式,名词多为动作施加的对象。

1. 装潢子

"装潢子",罗列展览的物品。《能改斋漫录》卷二:"俗以罗列于前者,谓之'装潢子',自唐已有此语矣。《唐六典》:'崇文馆有装潢匠五人,熟纸

---

① (清)翟灏:《通俗编》,载《续修四库全书》编委会编:《续修四库全书》第194册,上海古籍出版社2002年版,第511页。

匠三人。秘书省有熟纸匠、装潢匠各十人。'"但此中"装潢匠"实则与宋代笔记中的"装潢子"并无关系。《齐东野语》卷六:"按唐《艺文志·序》,载四库装轴之法,极其瑰致。《六典》载崇文馆有装潢匠五人,即今'背匠'也。"所谓"背匠",即从事书画褙褙工作的匠人。宋王炎午《吾汶稿》卷三:"庐陵阛阓间装理书画者,署其门曰:'裱背。'往往裁饰其外之谓裱,辅衬其里之谓背。""背"当作"褙",是指在画作背面上托纸进行加工的一种技艺。"潢"则有两种解释:一是指用黄檗汁染治纸料,再用这种纸料装裱书画;二是根据《说文》"潢,积水池"解释为"水池"。① 无论作何种解释,均与"装潢子"释义联系不大。《能改斋漫录》将二者附会在一起,应该是不正确的。清唐埙《通俗字林辨证》:"古语有'以物罗列于前者,谓之装潢子',即今俗称装幌子也。然《唐六典》'崇文馆有装潢匠五人,熟纸匠三人。秘书省熟纸装潢匠并十人',专指装池言。故凡裱糊书画俱称装潢,潢与池义同。"仍然是沿用了《能改斋漫录》的说法。

　　从"俗以罗列于前者,谓之'装潢子'"来理解,"装潢子"最初意义应是展览物品以供人知晓或选购等,据此应是"装幌子"。"幌子"是旧时商家挂在门前用以招徕顾客的招牌或旗子。"幌""潢"音近,因而误写。《通俗编》卷二十一:"《能改斋漫录》:'俗以罗列于前者,谓之装潢子。'乃云装幌子耳。幌子者,市肆之缥,取喻张扬之意。"② 清李鉴堂《俗语考原·装幌子》:"北人以事物专饰外观谓之装幌子,亦曰装样子。"③ 所以又比喻为行事张扬招摇,出丑。《金瓶梅词话》第九十回:"已是出丑,平白又领了来家做甚么。没的玷辱了家门,与死的装幌子。"《水浒传》第二十四回:"哥哥不要问,说起来,装你的幌子。你只由我自去便了。"又写作"妆幌子""做幌子"等。《醒世恒言》卷三十:"欲待厮闹一场,因怕老婆嘴舌又利,喉咙又响,恐被邻家听见,反妆幌子。"《红楼梦》第三十四回:"分明是为打了宝玉,没的献勤儿,拿我来做幌子。"

---

① 张恨无:《装裱名词考辨》,载《苏州教育学院学报》2008年第4期。
② (清)翟灏:《通俗编》,上海古籍出版社2002年版,第490页。
③ (清)李鉴堂:《俗语考原》,上海古籍出版社1989年版,第1684页。

2. 争闲气

"争闲气"，无谓的争吵、斗气。《东坡志林》卷十二："吾辈不肖，傍人门户，何暇争闲气耶！"宋冯时行《蓦山溪》词："如今晓得，更莫争闲气。高下与人和，且觅个、置锥之地。江村僻处，作个老渔樵，一壶酒，一声歌，一觉醺醺睡。"又《张协状元》第五十二出："天生似玉肌肤腻，天生又得为夫婿。今番且免，争闲气。"

第四节　宋代笔记性状类俗语词

宋代笔记中描摹性质状态类的俗语词表现相对活跃，音节构成和组合类型比较丰富。通过对这部分俗语词的整理分析，不仅可以对性状类俗语词的语言构成有更全面的认识，也可以对当时宋代社会的社会心理、民生喜好等有更清楚的了解。

用以形容一个人外貌、性格、动作举止等的俗语词在宋代笔记中比较常见，这既是汉语词汇发展的必然，更多的情况则是在一定的社会生活环境，人们对语言生动性、形象化的认同和追求。如用"唧溜"或"鲫溜"形容一个人的机灵聪慧。《夷坚志》卷十："斋中钱、范二秀才，诘之曰：'道人何为者？'对曰：'异事异事。八坐贵人，都著一屋关了。两府直如许多，便没兴不唧溜底也是从官。'"《宋景文公笔记》卷上："谓'精'为'鲫溜'，凡人不慧者即曰'不鲫溜'。"可见"唧溜""鲫溜"从构词上都属于"精"的分音词。

"厥拨"形容人的性情憨直乖忤。《容斋四笔》卷一："举措脱落，触事乖忤者，谓之'厥拨'。"洪迈认为，"厥拨"的成词源于《曲礼》："衣毋拨，足毋蹶。"郑氏注云："拨，发扬貌。蹶，行遽貌。"这都表示行为举止的仓促草率，由此引申为对人物性格特点的描写。

"冬烘"，指糊涂、浅陋。语出《唐摭言》卷十三："'主司头脑太冬烘，错认颜标作鲁公。'"《避暑录话》卷二："崇宁末，安国同为郎，成都人詹某为谏官，以安国尝建言移寺省，上章击之。略云：'谨按某官人材阘冗，临事冬烘。'盖以某蜀人。安国性隐而口吃,每戟手跃于众曰:'吾不辞谴逐,但冬烘为何等语。'于是传之益广,遂目为'冬烘公'。"

"冬烘"的成词,有一种看法是认为与"冬""烘"二字的发音相近有关。据《广韵》,"冬",平声,冬韵。"烘",平声,东韵。"冬""烘"二字声调相同,韵部相近,极易混淆,但由于二者声母一为"端母",一为"匣母",差异明显。因此"冬烘"应该是将虽相近但却不同的事物弄混,于是不加分辨地将两者混为一谈,进而引申为"糊涂、浅陋、迂腐"的意思。《通俗编》卷三"冬烘"条下黄侃评曰:"'冬烘'非'冬日'之'冬',乃龙钟臃肿之意。"①

宋代笔记中许多表示性状类的俗语词,在原有的词义基础上,为了突出其生动性和形象化,往往采用比喻、拟人等修辞手法引申出新的词义。

1. 泼、村、沙

"泼",低贱、贫穷。《梦粱录》卷一:"虽贫贱泼妓,亦须借备衣装首饰,或托人雇赁,以供一时之用,否则责罚而再办。"《癸辛杂识》别集下:"假饶四海九州岛都是你底,逐日不过吃得升半米。日夜官宦女子守定,终久断送你这泼命。"据宋代笔记中的用例,"泼"更多是指"低贱、贫穷"。"贫贱泼妓"中"贫贱"与"泼"并列连用,用意加深,意思更加明确。《汉语大字典》:"泼,谦词,贬词,犹'贱''贫穷'。"引元杨景贤《马丹阳度脱刘行首》第一折:"我这般穷身泼命谁瞅问,蓬头垢面妆痴钝。"

"泼",本为动词,意为将液体向外倾洒,使散开。最早见于《齐民要术》卷七:"汲水二十斛,勿令人泼水。"这一用法沿用至今。"泼"在元明时期发展为詈辞,产生了多种复合结构,如"泼皮"(无赖)、"泼毛团"(畜生)、"泼烟花"(妓女)等,现代汉语中也有如"泼皮""泼妇"等。对"泼"发展为詈辞,一种解释认为是词义逐步引申的结果,词义演变轨迹为:弃水→流动、泻出→漫、满→泼辣、无所顾忌→凶悍、蛮横→卑劣、可恶。②

观察这种词义引申序列,其中没有"泼"的"贫贱"义,与"泼"在

---

① (清)翟灏:《通俗编》,上海古籍出版社2002年版,第298页。
② 陈明富:《"泼"作詈词演变轨迹考察》,载《天中学刊》2013年第5期。

宋代笔记中实际使用情况不符。结合"泼"在笔记中的用法,"泼"发展为詈辞应该是从"泼"的"贫贱"义引申而来的。因为地位低下、贫贱,就会受到歧视,这也是詈辞形成过程中较为普遍的现象。

"泼"为何会有"贫贱"义,可以作这样一种推测:"泼"作为动词,指用力将液体倾洒,在倾洒的过程中,会有水花溅起,而"贱"与"溅"音同,因此属谐音现象。而"贱"由"价格低"通过词义引申指人的地位低下,受到"贱"的词义影响,"泼"也就有了"贫贱"的意思,再由此引申发展为詈辞。宋代笔记的用例表明,"泼"在宋代应该仅表示"贫贱、低下"等义,还没有真正发展成詈辞。

与"泼"词义相关的还有"村"和"沙",都是对地位低下、乡村野俗之人的称呼,多含有轻蔑或嘲讽的意味。

"村",本为名词,指村子、村庄,至唐宋时发展出形容词的用法。由于村庄一般较为偏远,因此村人也被认为是见识浅陋的群体,引申出"粗俗、不良"的意思。如用来指物多含"粗劣"的意味,用以指人则多表示"见识浅薄"。《演繁露续集》卷四:"世之鄙陋者,人因以村名之。"《鹤林玉露》甲编卷二:"秦桧之夫人,常入禁中。显仁太后言:'近日子鱼大者绝少。'夫人对曰:'妾家有之,当以百尾进。'归告桧,桧咎其失言,与其馆客谋,进青鱼百尾。显仁拊掌笑曰:'我道这婆子村,果然!'盖青鱼似子鱼而非,特差大耳。""村"经过词义引申,带有明显的贬义色彩,因此在语言使用中,也会对"村"加以避讳。《四朝闻见录》卷五戊集:"避村名犹甚于避庙讳,菁村至改曰菁山,谢村至改曰谢溪。盖中都人以外人为村,故讳之。"

"沙"的用例见《江邻几杂志》:"廛俗呼野人为沙块,未详其义,士大夫亦颇道之。永叔戏长文:'贤良之选,既披沙而拣金。'吴颇憾之,迁怒于原父云:'某沙于心,不沙于面。君侯沙于面而不沙于心。'愈怒焉。""沙"作为俗语词,应是吴地方言。吴地水乡多沙,沙是极为普通的东西,其民司空见惯,所以用"沙"来喻指普通而无可称道之人。其他类似现象,如巴蜀盛产红苕,蜀语的"苕"则多含贬义;晋北多以灰烬为肥料,灰较为常见,所以有"灰猴""灰圪蛋"等带有贬义的词语。①

2. 絮

"絮",说话烦琐、啰唆。《涑水记闻辑佚二》:"俗谓语多者为'絮'。尝议政事,弼疑难者数四,琦意不快,曰:'又絮邪!'弼变色曰:'絮是何言与!'"《朱子语类》卷六十九:"此爻何曾有这义,都是硬入这意,所以说得絮了。"又卷九十七:"伊川语,各随学者意所录。不应一人之说其不同如此:游录语慢,上蔡语险,刘质夫语简,永嘉诸公语絮。"

"絮",本指粗丝绵,棉絮的特点是洁白、轻薄,因此又用来指洁白、轻柔似絮的东西,常见的如柳絮、杨絮等。又因棉絮轻薄的特点,所以极易飘浮,形成一种弥漫、缭绕的状态,惹人厌烦。这与语言的啰唆、重复有很大的相似性,因此说话啰唆也被称作"絮"。宋史浩《两钞摘腴》:"方言以濡滞不决绝为絮,犹絮之柔韧牵连无边幅也。""柔韧牵连无边幅"就是指絮飘浮弥漫、牵连的特点。现代汉语中仍有"絮叨""絮聒""絮说""絮烦""絮絮叨叨"等说法。

3. 滚

"滚",水烧开或者沸腾。《青箱杂记》卷一:"龙图刘烨亦滑稽辩捷,尝与内相刘筠聚会饮茗,问左右曰:'汤滚也未?'左右皆应曰:'已滚。'筠曰:'金曰鯀哉。'烨应声曰:'吾与点也。'"《谈薮》:"俗以汤之未滚者为盲眼,初滚曰蟹眼,渐大曰鱼眼。"开水或沸水都会产生水花翻滚的现象,因此"滚"可以指水开。山西、内蒙古西部方言中仍旧将开水称作"滚水",将凉白开称作"冷滚水"。如《爬山歌》:揽长工挣下个半山坡睡,冷滚水就把个受苦人褪。②

4. 臜、馊

"臜、馊",动物油脂变质称作"臜",食物腐败变质称为"馊"。《杨公笔录》:"膏败曰臜,之力反,食败曰馊,音搜。"现湖北武汉,以及赣语方

---

① 蒋宗许、刘云生:《〈唐宋笔记语辞汇释·备考录〉杂考》,载《绵阳师专学报(哲学社会科学版)》1995 年第 3 期。
② 马国凡、邢向东:《内蒙古西部方言词语札记》,载《内蒙古师范大学学报(哲学社会科学版)》1989 年第 2 期。

言中仍将油脂变味称作"臘",如"肉臘了""猪油放臘了"。《汉语大词典》仅收"臘脂"一词,指油肉腐败,而没有对"臘"的这种用法进行单独解释。

食物腐坏变质称"餿",现代汉语许多方言中仍常用。而且"餿"的用法在现代还有了新的发展,又指"坏的、无用的",如"餿点子""餿花样"。这种用法与"餿"的本义"食物变质"有直接的联系,变质的食物就意味着腐坏、无法食用,词义由具体而发展为抽象,由具体食物的变质腐坏,发展为思想、念头的坏而无用。

5. 热熟

"热熟",虚假、伪装、不真实。《东轩笔录》卷六:"陈绎晚为敦朴之状,时谓之'热熟颜回'。熙宁中,台州推官孔文仲举制科,庭试对策,言时事有可痛哭太息者,执政恶而黜之。绎时为翰林学士,语于众曰:'文仲狂躁,乃杜园贾谊也。'王平甫笑曰:'杜园贾谊可对热熟颜回。'合座大噱,绎有惭色。杜园热熟,皆当时鄙语。"

由上可知,宋时"热熟"与"杜园"均为当时粗鄙用语,"热熟颜回"即指伪装得和颜回一样。《宋史·陈绎传》载:"绎为政务摧豪党,而行与貌违,暮年缪为敦朴之状,好事者目为'热熟颜回'。""行与貌违",即指"热熟颜回"就是假颜回,徒有颜回之态,而无颜回之质。

"热熟"本指熟识、熟悉,如苏轼《次韵子由浴罢》诗云:"稍能梦中觉,渐使生处熟。"王十朋注云:"《传灯录》老宿有语:生疏处常令热熟,热熟处放令生疏。"① 句中"热熟"与"生疏"相对,指熟悉,是当时禅门流行的话语。宋以后依然沿用。如清查慎行《喜晴次匠门韵》之二:"勿论热熟与生疏,闭户多时出少车。"吴组缃《山洪》二五:"戚先生这些人显得这样热熟,而且可亲可信。但仔细一想,他们又实在很生疏,带着危险性。"

但至少在唐时,"热熟"已具有嘲讽意味,表示假装的熟识,故而有"虚假、伪装"义。如唐赵元一《奉天录》:"段公被害,泚一手承血,一手

---

① 王十朋注:《集注分类东坡先生诗》卷二十五,上海商务印书馆影印"四部丛刊"本,第476页。

指群凶曰：'义士，勿杀之。'声手相及，段公已害，泚哭之甚哀……故京师号朱泚为'热熟尧舜'。"①据此，"热熟颜回"当源于唐叛臣朱泚绰号"热熟尧舜"一词。

"熟识、熟悉"义的"热熟"缘何引申出"虚假、伪装"义？或与"熟"的"经过加工或处理过的"词义相关，如"熟麻"，即指煮熟的芝麻。唐秦系《题僧明惠房》："檐前朝暮雨添花，八十真僧饭熟麻。"《水浒传》第六十一回："我那车子上叉袋里，已准备下一袋熟麻索。""熟麻索"则是将黄麻皮经过浸渍晒干后用以编织的绳索。上述二例虽是指称不同事物，但"熟"都是指"经过加工或处理"。再如"熟衣"，即指用煮炼过的丝织品制成的衣服。唐白居易《感秋咏意》："炎凉迁次速如飞，又脱生衣着熟衣。"宋陆游《秋日遣怀》："晨起换熟衣，残暑已退听。"清查慎行《雨中过董静思山居》："十里沿洄暮霭昏，熟衣天气半清温。"再如"熟货"，是指用原料加工制成的物品。梁启超《新民说》十四："第四，用于熟货之劳力。如制谷麦为面包，制木材为家具……皆属此类也。""加工或处理"都是指经过修饰甚至伪装以达到利用的目的，进而可引申为虚假的伪装，从而出现"热熟尧舜""热熟颜回"，即粉饰自己以达到像尧舜、颜回这样的圣人形象。"热熟"中的"热"修饰"熟"，强调伪装的程度。

6. 定叠

"定叠"，安定、安宁、妥当。《春渚纪闻》卷二："蒋颖叔为发运使，至泰州谒徐神公，坐定，了无言说。将起，忽自言曰：'天上也不静，人世更不定叠。'蒋因扣之，曰：'天上已遣五百魔王来世间作官，不定叠，不定叠。'"《东轩笔录》卷一："拚惊喜大笑，人问其故，又笑曰：'天下这回定叠也。'"《容斋五笔》卷八："守僧居之，频年三易。有道人指曰：'静字左傍乃争字，以故不定叠。'于是撤去元扁，而改为'靓'云。""不定叠"，即不安定、不安宁。

"定叠"一词在宋代其他文献中也比较多见。《朱子语类》卷十四："安然后能虑，今人心中摇漾不定叠，还能处得事否？"欧阳修《与焦殿丞书》：

---

① （唐）赵元一：《奉天录》，中华书局2014年版，第30页。

"某来日遂移过高桥宅中,俟稍定叠,便去般出学。"

考"定叠"一词,应为"定帖"(或"定贴")的音转形式,"帖""贴"通用。从语义上考察,"帖"有"平定、安定"的意思。《公羊传》:"桓公救中国而攘夷狄,卒帖荆。"宋代笔记中有"妥帖""宁帖""安帖""稳帖""帖伏"等同义连用的形式。如:

《容斋五笔》卷十:"永嘉士人薛韶喜论诗,尝立一说云:老杜近体律诗,精深妥帖,虽多至百韵,亦首尾相应。"也作"帖妥"。《鹤林玉露》乙编卷二:"诗用助语,字贵妥帖。如杜少陵云:'古人称逝矣,吾道卜终焉。'又云:'去矣英雄事,荒哉割据心。'山谷云:'且然聊尔耳,得也自知之。'韩子苍云:'曲槛以南青嶂合,高堂其上白云深。'皆浑然帖妥。"《铁围山丛谈》卷四:"新龙毁一目,旧龙所伤尤甚。后得上达,哲庙怒,降敕悉杖之,始得宁帖。"《大金吊伐录》卷三:"若自元帅府特赐选立赵氏一人,不惟恩德有归,城中以及方外即便安帖。"《容斋四笔》卷十四:"夔当淳熙中虽为侍郎,然一朝名臣尚多,又距今才十余岁,似为未稳帖也。"《寓简》卷一:"静听而不争,至于无所受过患之地,自然帖伏。"

王锳先生认为"定叠"实为"宁贴"的转语,"定""宁""叠""贴"均为叠韵,后二字且同为入声。[①] 结合对宋代笔记用例的考察,从语音角度来看,"帖""叠"二字均为入声,且为叠韵,语音相近,因此可以认为"叠"是"帖"的转写。但是考察"帖"的同义连用形式,其中的"妥""宁""安""稳""伏"等与"定帖"中的"定"语义相近,可以表示"稳妥""安宁"或"平息"等意思。因此"定""宁"应属于同义替换,不属于音转关系。现内蒙古方言中也有这种用法,如"这几年总是搬来搬去,现在总算是定帖下来了!"

7. 察只

"察只",单个的、没有与其相匹配的。《墨庄漫录》卷三:"班行李质,人材魁岸磊落甚伟,徽庙朝欲求一人相称者为对,竟无可俪。当时同列目为察只子。京师俚语谓无对者为察只。"

---

① 王锳:《新版〈词源〉近代语词若干条目解说商兑(上)》,载《语文建设》1986年第5期。

有学者结合方言对"察只"的语源进行了分析，认为"察只"的"察"为记音字。今青海省乐都方言中把任意成对的东西丢失了其中一个不能配对，称作"[tʃˈa⁴⁴]只子"。在乐都方言中，"[tʃˈa⁴⁴]"多有"分开"的意思。如羊群中有一部分和整体分离开来单独行动，就说"那一帮羊[tʃˈa⁴⁴]掉了"；一条河中途分汊了，分开的水流叫"[tʃˈa⁴⁴]河子"。因此从词义、语音方面考虑，与"察只"的"察"相同，"察只子"，应该是从主体当中脱离出来、落单的那一个。《墨庄漫录》中，李质条件优异，无法寻找到与之相衬的人，所以人称"察只子"。①

8. 色叫、色缴

将名实不符、不合常理的情况称作"色叫"。《麈史》卷中："枢相王公德用自莆田复召入长宥密，有干荐馆职者，王曰：'以君进士登科，所荐应合格矣；然某武人素不阅书，若奉荐则色叫矣。'世以为知言。盖今人以事理不相当为'色叫'。"

笔记中还有"色缴"一词，用来指货物的规格名目混乱、名实不副的情况。"色"，指种类。"缴"，有"缠绕"义。《梦溪笔谈》卷二十三："库藏中物，物数足而名差互者，帐籍中谓之'色缴'。尝有一从官，知审官西院，引见一武人，于格合迁官，其人自陈年六十无材力，乞致仕，叙致谦厚，甚有可观，主判攘手曰：'某年七十二，尚能拳殴数人。此辕门也，方六十岁，岂得遽自引退！'京师人谓之'色缴'。"

结合笔记中的实际用例及考证情况，可以推断"色缴""色叫"应为一词，"缴""叫"音近而混，当写作"色缴"。"色缴"由指具体的账目混乱、名目混淆，亦可引申为事情逻辑混乱、不合事理。《汉语大词典》未收"色缴"，仅收"色叫"，且解作"变色惊呼"，释义有误。考虑到"色缴""色叫"在词义上的联系，当收"色缴"一词。

9. 嗑咀、饶舌

"嗑咀"，耍嘴皮子、多话。《北梦琐言》卷十："蜀绵州刺史李，时号嗑

---

① 雷汉卿：《近代俗语词杂考》，载四川大学汉语史研究所：《汉语史研究集刊》（第9辑），巴蜀书社2006年版，第226页。

咀,以军功致郡符,好宾客。有酒徒李坚白者,粗有文笔。李侯谓曰:'足下何以名为坚白?'对曰:'莫要改为士元,亮君雄是权耶'。"

"饶舌",多嘴。《南部新书》庚集:"镇州普化和尚,咸通初,将示灭。乃入市,谓人曰:'乞一人直掇。'人或与披袄,或与布裘,皆不受,振铎而去。时临济令送与一棺,师笑曰:'临济厮儿饶舌。'便受之。"《夷坚乙志》卷八:"食顷复言曰:'已如所戒,白之土地,怒我饶舌,以杖驱我出。'"《泊宅编》卷七:"一日,复遇僧哥于京之城西,责饶舌,且戒自此勿受教授拜,它日当死于水。"

"嘴""舌"都是人体重要的发音器官,因此也可用来代指说话。"嘴尖""嗑嘴""饶舌","嘴""舌"适用的都是指代义。

10. 摸棱、二形、两来

"摸棱",指对事情没有明确的态度、不置可否。《铁围山丛谈》卷三:"大观初,有诣都省投牒诉改官者,鲁公召上听事所,曰:'改官匪难,当别有骤进用,径入侍从行缀矣。然反覆不常,惟畏慎作摸棱态过当,卒致身辅相。'"苏味道做宰相时,处事左右徘徊,游移不定,时称"苏摸棱"。《续世说》:"苏味道为宰相,云处事不欲决断明白,若有错误,必贻咎谴。但摸棱持两端可矣。时人号为苏摸棱。"

宋代笔记中用来表示这种左右摇摆、模棱两可状态的,还有"二形""两来"等。如《鸡肋编》卷中:"绍兴中,吕元直为相,骤引席益为参政,故席感恩,悉力为助。已而徐师川在西枢得君,与吕不协,席乃阴与徐结,于时又号为'二形人'。谓阳与吕合而阴与徐交也。""二形人"指阳奉阴违的两面派。《鸡肋编》卷中:"元祐末,已有绍述之论,时来之邵为御史,议事率多首鼠,世目之为'两来子'。""两来子"本指有两个父亲的人,进而用来指称在两种意见中左右摇摆、拿不定主意的人。

第三章　宋代笔记俗语词构词法考察

每个词都是形音义的结合体。对于词的组合形式，一般可以从两个方面进行考察：其一，分析这一形式各构成要素之间在语法、语音、语义层面的关系是怎样的，这是属于对已有词形共时静态的描写，涉及的是构词法的内容。其二，讨论现有的形式是如何产生的，即产生及构造的理据是怎样的，它涉及的是这一形式在产生过程中受到如语言因素、社会因素以及认知心理等诸多方面的影响，属于对已有词形的动态解释，关涉的是造词法的内容。

因此，在对宋代笔记俗语词进行分类描写的基础上，可以从俗语词的内部构造方式和俗语词生成方式两个方面，对收集整理的俗语词作进一步的分析。这样不仅可以对宋代笔记中俗语词的构词问题有进一步的认识，同时对俗语词的生成方式、生成理据等进行系统研究，也有助于对汉语构词法及造词法的研究。

从词的构词法来看，词都是由语素构成的，由此可分为单纯词和合成词。单纯词包括连绵词以及音译外来词，这部分词的读音是了解词义的重要线索，其关注的是词的音义之间的关系。在汉语俗语词形成过程中，许多俗语词的形成与语音的关系十分密切。因此将俗语词中的连绵词、叠音词、音译外来词作为语音造词的一部分进行论述，这将在第四章作集中阐述，本章仅对其中的合成词的构词法作分析和讨论。依据语素之间的组合方式，合成词大致可分为复合、重叠、派生三种。

第一节　复合式俗语词

相对而言，汉语是缺少形态变化的一种语言，伴随汉语双音化的发展趋势，借助词根复合构造新词是最重要的构词方式之一。根据构成语素之间的关系，可将复合词大致分为并列式、动宾式、主谓式、偏正式、补充式等。

一、并列式

所谓并列式，是指构成俗语词的语素是平行的，语义上具有相同、相近或相反的关系。

（一）意义相同

构成并列式合成词的两个语素，在意义上是相同的。需要注意和强调的是，所谓的同义关系，应当视为一个历时概念，也就是有一个历史发展的过程。因为语言现有的形态系统都是历史的产物，是不同历史时期遗留下的形态形式共存的一个状态，因此在对现有的同义关系形成的复合词进行分析时，应对同义关系的形成作更加细致的区分。这种同义关系的形成可能是语言内部词义引申发展的结果，也可能是受语言外部因素的影响，所以具体可划分为两种情况：一是通过构成同义关系的语素意义的同步或不同步引申，而形成的在特定共时平面上的同义关系；二是同义关系的形成是受到方言或其他因素的影响而形成的。

1. 同义连用俗语词中同义关系的形成方式

（1）词义引申产生的同义关系，如"勾当""管勾""管定"等。

现代汉语中，"勾当"仅用作名词，用来指不好的事情时，含有贬义色彩。相较于形成之初，在语义和感情色彩上，都发生了明显的变化。

从结构上分析，"勾当"是由同义词"勾""当"组合而成的并列式动词。"当"在上古就有"执掌"义，《汉语大词典》"当国"条引《左传·襄公二十七年》:"辛巳,崔明来奔。庆封当国。"杜预注云:"当国,秉政。""秉政"即"执掌政事"。"当"的"处理、办理"的动词义,应是由"执掌"发展而来的。"勾"本指钩子,后引申为动词,表示"钩取、捉拿",在六朝时期发展出"处理"义。如唐颜师古《匡谬正俗》卷八:"今之官书文案检覆得失谓之为勾。"《法苑珠林》卷八十九:"主典云:'经忏悔者,此案勾了。至如张目骂父,虽蒙忏悔,事未勾了。'""勾""当"在"处理、办理"这一语义基础上形成并列结构关系的"勾当",在宋代使用较为普遍。《东轩笔录》卷二:"冯拯之父为中令赵普家内知,内知盖勾当本宅事者也。"

宋时有职衔名,称作"勾当公事"。《却扫编》卷下:"旧制:诸路监司属官曰'勾当公事'。""勾当公事"即办理公事。"勾当"的名词义应该是由动词义"处理"发生转喻而产生的,由动作发展为对象,指"事情",为中性词。如《朱子语类》卷一:"天地别无勾当,只是以生物为心。"后词义色彩由中性转为贬义,是由于"勾当"出现的语境,多带有"不义"的色彩,因此受到语境的影响,"勾当"开始指"坏事情"。这样的用法,从元代开始一直沿用至今。元白朴《唐明皇秋夜梧桐雨》第三折:"(夫人云)好女孩儿,做下这等勾当!"元高文秀《双献功》第一折:"(搽旦云)你个乱箭射的,冷枪戳的,碎针儿签的!你若惹下勾当,告到官中,敢把你皮也剥了,脚节骨都折了。"

"管"用作动词,有"处理"义。"勾"因在六朝时期也产生出动词"处理"义,所以宋代笔记中"管勾"一词,应属同义连用,指"管理、处理"。《萍洲可谈》卷二:"广州蕃坊,海外诸国人聚居,置蕃长一人,管勾蕃坊公事。"《涑水记闻》卷十四:"初,王中正在河东,奴视转运使,又奏提举常平仓赵成管勾随军运钱粮草。凡有所需索,不行文书,但遣人口传指挥,转运使杨思不敢违。"

"管定",在宋代笔记中是表示肯定语气的复合副词,指"一定、必定",属同义连用。《墨客挥犀》卷七记录了一僧人作的诗:"身为客兮心为主,主人平和客安堵。若还主客不康宁,精神管定辞君去。"

"管定"一词中,"定"作"一定、必定",汉代就已出现。"管"表示"一定",产生较晚。"管"的这一副词用法,应与"管"的动词义"掌管、

"保管"有关。"管"用作动词的例子，如《东京梦华录》卷五："至迎娶日，儿家以车子或花檐子发迎客，引至女家门。女家管待迎客，与之彩缎，作乐催妆上车。"掌管事情就要保证精准、精确，不能出现遗漏和偏差。所以从"掌管"的动词义通过引申，可以发展出"一定、一准"的意思。"管"的这一副词用法在唐代形成。唐杨发《南野逢田客》："生时自乐死由命，万事在天管不迷。"即生死由命，一切顺应天意，就一定不会迷失。

"管定"用作副词，明清时期依然沿用。《儿女英雄传》第十九回："为老爷子的仇怕走露这个话，你管定连门儿也不准他进，叫他留下弹弓儿找邓九太爷去。"清李海观《歧路灯》第七十五回："我前日原与你商量一宗事，若容我进去，管定我蹬开他，咱倒有宗事可做。"因此，"管"作"一定、必定"，与"定"构成同义连用，最早应该是在唐代产生的。这个并列连用的形式，经历了"管"由动词发展为副词的过程。

（2）受到方言因素影响而形成的同义关系，如"赶趁"。

"趁"在关西方言中表示"追逐"义。唐释玄应《一切经音义》卷十九："关西以逐物为趁也。"唐五代时期诗词中使用较多。唐柳宗元《柳州峒氓》："青箬裹盐归峒客，绿荷包饭趁墟人。""趁墟"即赶集。宋代笔记用例如《杨文公谈苑》："江南将亡数年前，修升元寺殿，掘得石记，视之，诗也。其辞云：'莫问江南事，江南事可凭。抱鸡升宝位，趁犬出金陵。'""赶"，也有"追逐"义。王观《卜算子·送鲍浩然之浙东》："才始送春归，又送君归去。若到江南赶上春，千万和春住。"

"赶趁"属同义连用的复合词，意思是"追赶、赶忙"。宋代笔记中多见，如《梦粱录》卷十三："盖报令诸百官听公上番虞候上名衙兵等人，及诸司卜番人知之，赶趁往诸处服役耳。"后将在街市上追逐人群，为牟利奔走的行为称为"赶趁"，也可将从事这种活动的人称为"赶趁"或"赶趁人"。《武林旧事》卷六："又有吹箫、弹阮、息气、锣板、歌唱、散耍等人，谓之'赶趁'。"又卷三："起轮、走线、流星、水爆、风筝，不可指数，总谓之'赶趁人'，盖耳目不暇给焉。"

2. 同义连用俗语词中的"同素异序"现象

意义相同的两个语素在组合成词的过程中，一般会存在两种排列可能，即 AB 式和 BA 式。汉语词汇研究中将这类 AB 和 BA 共存的现象称为"同素异序"现象，即构成双音节词的两个语素相同，只是在语素的排列顺序上不同。这在汉语双音节词形成过程中较为普遍。宋代笔记中对于这种现象早有关注和记载，称为"颠倒用字"。如《野客丛书》卷三：

  《汉皋诗话》曰：字有颠倒可用者，如"罗绮""绮罗"之类，方可纵横。惟韩愈、孟郊辈才豪，故有"慨慷"之语，后人亦难放效。仆谓"慨慷"二字，退之、东野亦有所祖，非二公自为也。然"慷"字多作平声用。观曹孟德《短歌行》曰："对酒当歌，人生几何！譬如朝露，去日苦多。慨当以慷，忧思难忘。何以解忧？惟有杜康。"第一章协歌、何、多，第二章协慷、忘、康。退之、东野辈盖祖此。非特二公也，前后名人如左太冲、张文昌、王昌龄、岑参等，皆用此语，仆不暇缕举。如岑参诗廿五韵并于平声方字韵押，其一联有曰："苍然西郊道，握手何慨慷。"是皆有"慨慷"之语。古人颠倒用字，又不特"慨慷"二字而已。"凄惨"作"惨凄"，"琴瑟"作"瑟琴"，"参商"作"商参"，皆随韵而协之耳。又如曹子建、袁阳源等，皆以西字与先字协，则汉赵壹盖尝如是。潘安仁等以负荷之"荷"作平声协，则《班超赞》固已然矣，《班超赞》又出于《楚辞》。蔡宽夫《诗话》谓此体至魏晋犹在，仆谓不但魏晋，六朝尚然，如王韶之诗是也。类而推之，何可胜数！又如"绸缪"二字，张敞则曰"内饰则结缪绸"。

在同素异序词中，有许多词是由两个意义相同的语素构成的，在语义上没有差别，《野客丛书》所举"慨慷"与"慷慨"，"凄惨"与"惨凄"，"琴瑟"与"瑟琴"，"参商"与"商参"，"绸缪"与"缪绸"等都属此类现象。

这种现象的产生，与使用者追求语言的新颖和诗文韵脚和谐的要求有密切关系。但是由同义语素构成的同素异序词，仅在词序上存在差别，在语义用法上并没什么区别，就汉语词汇发展而言，应当属于一种冗余现象。从汉语词汇发展的角度，这些词是不可能长期并存的，之后的发展趋势大致如下：一是仅保留一种形式，如"慷慨""凄惨""琴瑟""参商""绸缪"等形式被固定下来，成为一种常用形式，另一种则消失；二是产生分化，具体分为两类,一类是产生词义、功能以及色彩上的分化,另一类是在通行和使用的区域上发生分化,如共同语言与方言的分化。

宋代笔记俗语词在形成过程中的"同素异序"现象,又如:

"扑买、买扑"。"扑买"是宋时的一种承包制度。官府对于酒、茶、池塘等招商承包,承包者缴纳规定数额的税金,剩余部分的利润归为己有。《麈史》卷上:"其茶凡三名:一曰供军税茶,盖江南李氏所取以助军也;二曰酒茶,乃景德以前,因扑买县酒,其课利计茶以纳,后因败欠,遂以其数敷出于民。"《夷坚丙志》卷十九:"番城西南数里一聚落曰元生村。居民百余家,皆以渔钓江湖间自给。有屈师者,扑买他处鱼塘。至冬筑小堰于外,尽放塘水,欲竭泽取鱼。"又作"买扑"。《龙川略志》卷五:"予为户部侍郎,有言买扑场务者,人户自熙宁初至元丰末,多者四界,少者三界。缘有实封投状添价之法,小民争得务胜,不复计较实利,自始至末,添钱多者至十倍,由此破荡家产。"

"匀停、停匀",匀称、均等,属同义连用。《能改斋漫录》卷十四:"仁宗时,太常博士黄公孝先有诗名,尤工字学。常师右军笔法,深得其妙。每曰:学书当先务真楷,端正匀停,而后饶得破体,破体而后饶得颠草。"《容斋三笔》卷十:"宜令诸道州府,来年所纳官绢,每匹须及一十二两,其绝绸只要夹密停匀,不定斤两。"

"停"表示"均等"义,《汉语大词典》首引《敦煌变文集·无常经讲经文》:"才亡三日早安排,送向荒郊看占道。送回来,男女闹,为分财不停怀懊恼。""分财不停"即分财不均。宋代笔记中的用例,如《东京梦华录》卷四:"每碗十文,面与肉相停,谓之'合羹'。""面与肉相停",指面与肉数量均等。《梦溪笔谈》卷七:"凡立冬暑景,与立春之景相若者也。今二景短长不同,则知天正之气偏也。移五十余刻,立冬、立春之景方停。""停"的"均等"义由来已久,在汉代写作"亭"。如《史记·酷吏列传》:"补廷尉使,亭疑法。"司马贞《史记索隐》:"亭,平也。使之平疑事。"唐宋时写作"停"。宋代出现"匀停""停匀"的并列组合形式,在后期的发展中长期并存,直至现代汉语。

"打拷、拷打",也属同义连用。《张氏可书》:"胡纺能以符水济人,宜兴有一士人远宦，忽一日其妻为祟所凭，家人询其所以，辄云：'某乃官人任内打拷致死，故来求功德追荐。'"宋代文献仅有"打拷"一种词形。至元，"打拷""拷打"并存。元关汉卿《感天动地窦娥冤》第四折："那时便打死也不认。他见你孩儿不认，便要拷打俺婆婆。我怕婆婆受刑，我就屈认了。因此押赴法场。"在使用中，"拷打"的使用频率明显高于"打拷"，现代汉语中仅保留"拷打"一种词形。

3. 同义连用俗语词中的"语义偏移"现象

并列式结构的俗语词形成过程中，还存在并列结构中的两个语素，在发展过程中其中一个语素意义脱落，致使并列式结构固化成词，如"锁钥、锁匙、钥匙"。

"钥"，门闩。《方言》卷六："自关而东，陈、楚之间谓之键，自关而西谓之钥。"宋代笔记中有"锁钥"一词。《夷坚丙志》卷五："又旬日，所亡滋多。上层宛然不动，皆自下失去。周视墙垣牖壁锁钥，无纤介疏漏，殊怪之。"《闻见近录》："予进神宗《玉牒》，如用此制，又以黄金为匣，锁钥皆黄金也。""锁钥"为同义连用，当属并列结构，指锁具。《近代汉语大词典》中将"锁钥"一词解释为"锁具和钥匙"，解释失之偏颇。如所举清洪昇《长生殿》第三十七出："只太上皇远在蜀中，新天子尚留灵武。因此大内寂无一人，宫门尽扃锁钥。""扃锁钥"均为同义连用，指锁具。

"匙"，指开锁的工具。"锁匙"从字面看，"锁"指锁具，"匙"指开锁的工具，两者语义相关，属并列式结构。但在发展过程中，"锁"的语义逐渐丧失，语义偏于"匙"，"锁匙"也由并列结构转变成一个偏义复词，仅用来指开锁的工具。《醉翁谈录》丙集卷一："林僧后夜复至，法庆自外锁钥，踰墙从便门而归，见其妻方与僧对饮。法庆直前，以杖击僧，僧即扑地，遂取短梯缚僧手足于上，而倒悬之。藉以情恳之曰：'事既到此，切勿彰露，吾房内所藏白金，汝亦知其数，即以锁匙付汝照取之，无多苦我。'法庆竟得白物以归。"此处"锁匙"为同义连用，专指开锁的工具。

这也可以解释现代通用的"钥匙"一词。因为"锁""钥"为同义词，"锁匙"也可以称作"钥匙"。"锁匙"转变为偏义复词，大概在同时期"钥匙"的内部结构也发生了同样变化。《古尊宿语录》中"锁匙""钥匙"均有用例，即是明证。如卷十三："师乃关却僧堂门。大众无对。泉乃抛锁匙从窗内入堂中。师便开门。"卷十七："一日云：'忽然有一个老宿把弓刀按剑，入地狱如箭射。还有人会得这个时节么？'代云：'钥匙在和尚手里。'"两例中"锁匙""钥匙"均指开锁的工具。

（二）意义相近、相关

构成并列式双音词的两个语素，在语义上有一定的相似性、相关性，但不完全相同，如"根脚"。"根"本指植物的根部，与"脚"在语义上有相似之处，皆指植物或人体的最底端，也是植物生长或人站立的基础或依凭，因此通过词义引申，抽象出做事所依据或凭借的基础、背景。《癸辛杂识》续集下："既约日进，复以世杰节度使印以为根脚，授广州宣慰使。"《朱子语类》中多见，如卷二十六："然先不立得这个至粗底根脚，则后面许多细密工夫更无安顿处，人更无可得说。"卷一百三十七："他于这边道理见得分数稍多，所以说得较好。然终是有纵横之习，缘他根脚只是从战国中来故也。"

"关节"，"关"本指门闩，进而引申出"阻挡"义；"节"，本指竹节，也可引申出"制约"。"关""节"意义相关，凝固成词，表示一些制约人发展的重要环节，如果能够冲破这些界限或重要环节，即可换取仕途的顺利，所以"关节"在唐宋时期多用来指暗中行贿勾通官吏的行为。《唐摭言》："造请权要，谓之关节。"《能改斋漫录》卷二："世以下之所以通款曲于上者曰关节，然唐已有此语。段文昌言于文宗曰：'今岁礼部殊不公，所取进士，皆子弟，无艺，以关节得之。'"又卷十三："鲁公秉于帘前曰：'陈某家豪，不宜保庇。'章献桺曰：'卿安知其家豪？'鲁公曰：'若不家豪，安得关节至禁中？'"也俗称"求关节""打关节"。《洛阳缙绅旧闻记》卷一："时俗谓之'求关节'，履捷径以致身者，得为深诫乎？"《梦溪笔谈》卷九："人谓怀德武人，不知事体，密谓之曰：'举人无没阶之礼，宜少降接也。'怀德应之曰：'我得打乳姥关节秀才，只消如此待之！'"

"耐实"，结实、牢固。"耐"，由"忍耐"义引申出"经得起"，进而表达"结实、牢固"的意思。"耐"的这种形容词用法，在山西、内蒙古方言中至今还在沿用。如："这种衣服料子可耐了，穿了好几年都还好好的。""耐"即"结实"的意思。"耐实"，为同义连用的并列式合成词。《演繁露》卷三："今俗所用皆消冶石汁加以众药灌而为之，虚脆不耐实，非真物。"宋叶适《朝请大夫陈公墓志铭》："又四年，党论渐止，提点成都路刑狱。造李冰石堰、嘉州绳桥，皆施便巧，坚久耐实。"

"照证"，检验、验证。"照"的"检验"义，由动词"照射"义引申而来，由于照射而产生出"影像"，影像是实体的反映，所以"照"也可表示"验证"的意思。因此，"照证"为近义连用，凝固成词，表示"验证"义。《夷坚乙志》卷四："有公吏三四辈曰：'摄官人照证事。'吾告以病笃，乏力不能行，又无公服。"《朱子语录》卷一百一十八："先生顾寿昌曰：'子好说禅，禅则未必是。然其所趣向，犹以为此是透脱生死底等事。其见识犹高于世俗之人，纷纷然抱头聚议，不知是照证个甚底事！'"

（三）意义相反

构成并列式双音词的两个语素，在表义上相反。如"早晚"，意为或早或晚，总有一天会出现某种情况。《醉翁谈录》丙集卷一："是夜，其妻忽梦所奉之神告之曰：'所谋之事，夫之言当从。'既觉，以梦中之语告其夫。夫曰：'汝梦如此，事前定，早晚须遭媒议亲。'"《东斋记事》卷三："薛简肃贽谒冯魏公，首篇有'囊书空自负，早晚达明君'句。冯曰：'不知秀才所负何事？'"《夷坚丙志》卷十："父母连日出求访，但留幼女守舍。一黄衣卒来啜茶，告云：'尔家几郎使我寄语，早晚当附木筏还家。'"

除大量的双音节合成词外，宋代笔记中还有一部分多音节并列式合成词，多是通过比喻引申而固化成词的。

如"五角六张"。"角""张"，均为星宿名。每当这两个星宿出现的时候，总会预示做事会不顺利，因此借"五角六张"来比喻做事情不顺利。《嬾真子》卷一："世言'五角六张'，此古语也。尝记开元中有人献俳文于明皇，其略云：'说甚三皇五帝，不如来告三郎。既是千年一遇，且莫五角六张。'……'五角六张'，谓五日遇角宿，六日遇张宿。此两日作事多不成，然一年之中，不过三四日。"

"空手冷面",即空着手、冷着脸。"空手冷面"是"空手"和"冷面"这两个偏正结构词语的连用,但其整体意义并不是二者词义的简单相加,而是侧重"空手",比喻两手空空,一毛不拔。五代时已有用例。《敦煌变文集》卷三《燕子赋》:"今日之下,乞与些方便。还有纸笔当直,莫道空手冷面。"《东轩笔录》卷十二:"是时王逵罢淮南转运使,至京,久无差遣,人或问曰:'何为后于张揽也?'逵曰:'我空手冷面至京,岂得省副耶?'"今陕北方言中仍有"空手冷面"的说法,如:"空手冷面价,你敢到人家家里去了?买上些价水果!"也是仅指不拿礼物,"冷面"并无意义。

"八文十二",本小利薄。《老学庵笔记》卷五:"故都里巷间,人言利之小者曰'八文十二'。"

二、动宾式

构词的语素之间是支配与被支配的关系。双音节动宾式俗语词的形成,多是经由动宾短语的词汇化实现的。词汇化实现的一个标志,就是词义不再是构成要素意义的简单相加,而是因转喻或隐喻发生了变化。

如"挂搭",即"挂褡"。"褡"即"褡裢",一种长方形的布口袋,中间开口两头缝合,出行时盛放衣物行李,通常是挂或搭在肩膀上。"挂褡"就是将这种布口袋悬挂起来。僧人借宿别寺,通常会将自己携带的衣被等挂于堂内钩上,所以"挂搭"也就引申出"留宿"的意思,语义上发生了转喻。《夷坚乙志》卷十七:"一夕,行者刘普因梦十余僧持学录书来求挂搭,以白主僧慧通,通难之。""求挂搭"就是请求留宿。《清波杂志》卷五:"时死心禅师住归宗,一见笑曰:'夜来梦十六僧来挂搭。'命洒扫新浴室陈焉。"在"留宿"这一语义的基础上,后又引申为事情有着落,是通过隐喻作用而发生的词义变化。《朱子语类》卷一:"然必欲推其所从来,则须说先有是理,然理又非别为一物,即存乎气之中。无是气,则是理亦无挂搭处。"

"则声",作声。《癸辛杂识》续集下:"渊子赋《一剪梅》云:道学从来不则声,行也《东铭》,坐也《西铭》。爷娘死后更伶仃,也不看经,也不斋僧。"

"则甚",即是"作甚",做什么、干什么。《贵耳集》卷上:"孝宗幸天竺及灵隐,有辉僧相随,见飞来峰,问辉曰:'既飞来,如何不飞去?'对曰:'一动不如一静。'又有观音像,手持数珠,问曰:'何用?'曰:'要念观音菩萨。'问:'自念则甚?'曰:'求人不如求己。'"

在宋代,"则"与"作"语音相近,"作""则"可通用。如宋杨万里《过乐平县》:"笋蕨都无且则休,菜无半叶也堪羞。"辛弃疾《西江月·江行采石岸戏作渔父词》:"千年往事已沉沉。闲管兴亡则甚。"两例中"则休""则甚",即"作休""作甚"。"作"又常写作"做"。"做声""则声"在同一部作品中可通用,如《水浒传》第四十五回:"低声喝道:'你不要挣扎!若高做声,便杀了你。你只好好实说,海和尚叫你来怎地?'"又第三十五回作"则声":"那汉大怒,拍着桌子道:'你这鸟男女好不识人!欺负老爷独自一个要换座头!便是赵官家,老爷也鳖鸟不换。高则声,大脖子拳不认得你。'"《六十种曲》本《白兔记》卷下第五出:"(外)不要做声你曾见甚么来?(丑)小人打下,见空中五爪金龙。(外)不要则声。(净)老爷可曾见什么?"这一例更清楚表明,"则声""做声",二者实为一词。①

"搭挍",唐宋时期俗语,指不情愿。《能改斋漫录》卷二:"俗以不情者为搭挍,唐人已有此语。周颙处士《答宾从》绝句云:'十载文章敢惮劳,宋都回鹢为风高。今朝甘被花枝笑,任道尊前爱搭挍。'""搭挍"出于唐朝周颙的应答诗,对这首诗写作的背景交代较为完整的当属《五代诗话》:"周颙处士,洪儒奥学,偶不中第,旅浙西,与从事欢饮,惟昧于章程,座中皆戏之。有赠诗云:'龙津掉尾十年劳,声价当时斗月高。惟有红妆回舞手,似持霜刀向猿猱。'周和曰:'十载文场敢惮劳,宋都回鹢为风高。今朝甘被花枝笑,任道尊前爱缚猱。'"②可知,"搭挍"与"缚猱"异文,可推断"搭""缚"的语义相近。"缚"有捆绑的意思。"搭"亦作"搨",有"击打"的意思。《汉语大词典》引《魏书·李彪传》:"高声大呼云:'南台中

---

① 李伟大:《"吱声"源流考辨》,载《中国语文》2013年第5期。
② 王心湛:《五代诗话》,广益书局1936年版,第39页。

取我木手去，搭奴肋折！'"

"猱"，为猿的一种。冯梦龙《古今谭概》："兽有猱，小而善缘，利爪。""猱"的特点是行动敏捷，善攀缘。"缚猱""搭猱"均是指"猱"被绑缚捕获，任人处置，十分被动。周颙学识渊博，但是举试不中，与朋友欢饮，有客作诗对此进行嘲讽，周颙也以"搭猱"自比，如被缚了手脚的猱，虽有不甘，但又万般无奈，因此整首诗充满自嘲意味。

"放偷"，指农历正月十六不禁止偷盗。《虏庭事实》："虏中，每至正月十六日夜，谓之'放偷'。俗以为常，官亦不能禁。其日夜，人家若不畏谨，则衣裳、器用、鞍马、车乘之属为人窃去。隔三两日间，主人知其所在，则以酒食、钱物赎之，方得原物。"《七修类稿》卷四十四："金与元国俗，正月十六日谓之'放偷'。是日，各家皆严备，遇偷至，则笑遣之；虽妻女、车马、宝货为人所窃，皆不加罪。闻今扬州尚然。"

三音节的动宾式俗语词在结构分析时，基本上都是 A + （B + C）的组合方式，也多是由于语义上发生了转喻或隐喻的变化而由短语固化成词的。如："嫁金蚕"，宋代民间习俗，将金蚕放在金银器物中，置于道旁，引诱路人拾得，以嫁祸于人。《铁围山丛谈》卷六："金蚕毒始蜀中，近及湖、广、闽、粤浸多。有人或舍此去，则谓之'嫁金蚕'。率以黄金、钗器、锦缎置道左，俾他人得焉。"《夷坚志补》卷二十三："泉州城内一空宅，数家分僦居。有林巡检者，秦人也。晚出市，穿小巷中，见当街横置一竹笼，颇敝，戏蹴之，微露花衾。发视，乃银酒器之属二百余两，时旁无行人，即负之以归，不晓所谓，良以为天赐耳。既返室，与众邻诧其事，主人愕然曰：'此乃闽俗所奉金蚕也，彼家厌足，将嫁祸于他人。'"《类说》卷十九："南方人畜金蚕，金蚕金色，食以蜀锦，取其遗粪置饮食中，以毒人，人死。蚕善能致他财，使人暴富，而遣之极难，水火兵刃所不能害，必多以金银，置蚕其中，投之路隅，人或收之，蚕随以往，谓之嫁金蚕。"

这种习俗的形成与中国古代种桑养蚕业相关。蚕丝是制作丝绸的重要原料，南方人多以养蚕致富，因此一直以来民间都将蚕作为神灵一样祭拜。但金蚕有剧毒，常会危及生命，因此人们多将金蚕放置在金银器物中，以此吸引路人，同时嫁蚕祸于他人。

"照虚耗"，古代风俗，多在除夕夜点灯照床下、厨、厕等地方，以驱除秽邪鬼怪。唐释慧琳《一切经音义》卷七十五："虚耗，鬼也。"①《梦粱录》卷六："其夜家家以灯照于卧床下，谓之'照虚耗'。"陈元靓《岁时广记》卷三十九引《岁时杂记》曰："交年之夜，门及床下以至圊溷，皆燃灯，除夜亦然，谓之照虚耗。"《异闻总录》卷四："京师风俗，每除夜，必明灯于厨、厕等处，谓之照虚耗。"因为床下、厨房、厕所均属于暗处，"虚耗"也多在这些场所出现，所以民间用灯烛进行驱赶。"照虚耗"的习俗后世也比较流行，如清光绪二十四年《滦州志》："元旦前一夕为'除夕'，人家通夜设灯烛，谓之'照虚耗'。"②

"吃冷茶"，原义喝凉茶，因为长安的妓女走路步子小、行动缓慢，常常是人到了，茶也就凉了，所以又成为文人招妓的戏称。《清波杂志》卷六："强渊明帅长安，来辞蔡京，京曰：'公至彼且吃冷茶。'盖谓长安籍妓步武小，行迟，所度茶必冷也。初不晓所以，后叩习彼风物者方知之。"

"提茶瓶"，茶馆中那些提着茶瓶，靠卖茶水为生的人。由于这种人结交面广，信息灵通，也经常负责传递消息，因此"提茶瓶"也就成为通风送信、往来传话之人的代称。《东京梦华录》卷五："更有提茶瓶之人，每日邻里互相支茶，相问动静。凡百吉凶之家，人皆盈门。"《梦粱录》卷十六："巷陌街坊，自有提茶瓶沿门点茶，或朔望日，如遇吉凶二事，点送邻里茶水，倩其往来传语。"

三、主谓式

主谓式合成词是指构词的语素之间是陈述与被陈述的关系。从历时角度看，一般是由主谓短语经过词汇化而形成的。由于主谓短语在众多的短语类型中所占比重较少，因此主谓式的合成词数量并不多。在宋代笔记中，主谓式的俗语词数量也就相对较少。

"恶发"，即"怒发"，发怒、发火。《老学庵笔记》卷八："韩魏公自枢

---

① （唐）释慧琳：《一切经音义》，上海古籍出版社1986年版，第1605页。
② 丁世良等：《中国地方志民俗资料汇编·华北卷》，书目文献出版社1989年版，第263页。

密归邸，赴一姻家礼席，偶取盘中一荔支，欲啖之。白席者遽唱言曰：'资政吃荔支，请众客同吃荔支。'魏公憎其喋喋，因置不复取。白席者又曰：'资政恶发也，却请众客放下荔支。'魏公为一笑。'恶发'，犹云怒也。"《江邻几杂志》："两府聚听敏来白事，相府为具呼为太傅称说云云，莫敢发言。独贻永颛怒云：'押班如此，莫誊倒人甚多，未为稳便。'敏缩头而退。时庞相、吴左丞为枢副，退而言曰：'尝得此老子恶发，大好事，政府呼太傅者有惭色矣。'"后世沿用。《醒世姻缘传》第一百回："他为人也不甚十分歪憋，只是人赶的他极了，致的他恶发了。"

"手滑"，比喻做事习惯了，没有节制。《梦溪笔谈》卷十："范希文独无言，退而谓同列曰：'诸公劝人主法外杀近臣，一时虽快意，不宜教手滑。'诸公默然。"《龙川别志》卷下："且吾与公在此，同僚之间，同心者有几？虽上意亦未知所定也，而轻导人主以诛戮臣下，它日手滑，虽吾辈亦未敢自保也。"

"口快"，说话不假思索，脱口而出。《萍洲可谈》卷三："最不可妄谈事及呼人姓名，恐对人子弟道其父兄名及所短者或其亲知，必贻怒招祸。俗谓口快，乃是大病。"笔记外用例如《朱子语类》卷二十八："然这一章是不佞要紧。佞不是谄佞，是个口快底人，事未问是不是，一时言语便抵当得去。"宋赵长卿《汉宫春》："讲柳谈花，我从来口快，忺说他家。眼前见了，无限楚女吴娃。千停万稳，较量来、终不如他。"

四、偏正式

偏正式俗语词是指构词的语素之间是修饰与被修饰、限制与被限制的关系，具体可以分为定中结构和状中结构两种。从构成音节可以分为双音节、三音节以及多音节等。宋代笔记俗语词构词法中，偏正式俗语词是数量最多的。

（一）定中结构

如"马杓"，指头大把短的勺子，"马"即"大"的意思。《夷坚丙志》

卷十七："绍兴乙亥岁，三道流归天台。以是日至门少憩。一人老矣，衣服蓝缕，二人甚壮，颇整洁，随身赍干糗及马杓之属。"

山东方言中"马杓"又作"马勺"。《聊城方言志》："马勺：头大把短的勺子，旧时饲养牲畜时多用来添加饲料。"① 方言中对于昆虫、植物等在同类中体形较大者，多冠以"马"字，形容其大。如"马蚰"，《方言》："……其大者谓之马蚰。""马蜩"，《尔雅·释虫》："蜩之最大者为马蜩。"《汉语大词典》"马勺，形似马蹄形的一种勺子"，释义有误。

"都坑"，公厕，又称"都厕"。《齐东野语》卷十："《刘安别传》云：'安既上天，坐起不恭，仙伯主者，奏安不敬，应斥。八公为安谢过，乃赦之，谪守都厕三年。'半山诗云：'身与仙人守都厕，可能鸡犬得长生？'然则都厕者，得非今世俗所谓都坑乎？"又《张协状元》第四十一出："（净）亚公，张小娘子跌在深坑里。（末）甚么坑里？（净）在都坑里。（末）好惹一场臭！"

"秃丁"，对和尚的蔑称。《北梦琐言》卷三："是夜黄昏，僧徒礼赞，螺呗间作。渤海命军候悉擒械之，来晨笞背斥逐，召将吏而谓之曰：'僧徒礼念亦无罪过，但以此寺十年后，当有秃丁数千作乱，我故以是厌之。'其后土人皆髡发执兵号大髡小髡，据此寺为寨，陵胁州将。"

"看盘"，摆放的点心、瓜果、饼食、调味料或熟肉。《梦粱录》卷三："每位列环饼、油饼、枣塔为看盘。若向者高宗朝，有外国贺生辰使副，朝贺赴筵，于殿上坐使副，余三节人在殿庑坐。看盘如用猪、羊、鸡、鹅、连骨熟肉，并葱、韭、蒜、醋各一碟，三五人共浆水饭一桶而已。"

"花腿"，本是指士兵腿部的文身，目的是以此来与其他人员区分，防止士兵逃跑。《鸡肋编》卷下："车驾渡江，韩、刘诸军皆征戍在外，独张俊一军常从行在。择卒之少壮长大者，自臀而下文刺至足，谓之'花腿'。京师旧日浮浪辈以此为夸。"因为这一举动受到社会上一些泼皮无赖的推崇和效仿，因而"花腿"也成为对泼皮无赖的称呼。

"强项"，指脖子硬，不肯低头，"强"通"僵"。后用来指人执拗，固

---

① 张鹤泉：《聊城方言志》，语文出版社1995年版，第99页。

守自己的观点，不易改变。《避暑录话》卷四："然凡学道者，未有不信其说。柳子厚最号强项，亦作《骂尸虫文》。"也用来形容人刚强不屈，不肯低头。《却扫编》卷上："富韩公之薨也，讣闻，神宗对辅臣甚悼惜之，且曰：'富某平生强项，今死矣，志其墓者亦必一强项之人也，卿等试揣之。'已而自曰：'方今强项者莫如韩维，必维为之矣。'"

三音节定中偏正式俗语词，如"婪尾酒"，语出唐代，最早见于苏鹗《苏氏演义》卷下："今人以酒巡匝为婪尾。"① 也写作"蓝尾""啉尾"等。《容斋四笔》卷九"蓝尾酒"："白乐天元日对酒诗云：'三杯蓝尾酒，一碟胶牙饧。'又云：'老过占他蓝尾酒，病余收得到头身。''岁盏后推蓝尾酒，春盘先劝胶牙饧。'《荆楚岁时记》云：'胶牙者，取其坚固如胶也。'而蓝尾之义，殊不可晓。《河东记》载申屠澄与路傍茅舍中老父、妪及处女环火而坐，妪自外挈酒壶至曰：'以君冒寒，且进一杯。'澄因揖，逊曰：'始自主人翁，即巡澄，当婪尾。'盖以蓝为婪，当婪尾者，谓最在后饮也。叶少蕴《石林燕语》云：'唐人言蓝尾多不同，蓝字多作啉，出于侯白《酒律》，谓酒巡匝，末坐者连饮三杯，为蓝尾，盖末坐远，酒行到常迟，故连饮以慰之，以啉为贪婪之意。或谓啉为燖，如铁入火，贵其出色，此尤无稽。则唐人自不能晓此义。'叶之说如此。予谓不然，白公三杯之句，只为酒之巡数耳，安有连饮者哉？侯白滑稽之语，见于《启颜录》。《唐书·艺文志》，白有《启颜录》十卷、《杂语》五卷，不闻有《酒律》之书也。苏鹗《演义》亦引其说。"

笔记对"婪尾"一词的词义进行了详细的考证。"蓝尾"一词虽最早产生于唐代，但是对"婪尾"为何有"最后"的意思，"唐人自不能晓此义"，因而产生了诸多误解，如认为"婪"为"贪婪"义，因为酒场中末座得酒较迟，所以末座之人可以连饮三杯，以示慰藉；还有认为是囚酒色而得名。洪迈对此加以反对，认为首先《酒律》一书未见，因此对其所记内容不可轻信；"三"是指通常饮酒循环三圈或三轮，而不是指连饮三杯。现在还有"酒过三巡"，也可作为明证。最为重要的是，"贪婪"与"末尾"两个义项之间缺少内在的联系。

结合唐诗中"蓝尾"的用例，以及"婪尾者，谓最在后饮也"，"婪尾"

---

① （唐）苏鹗：《苏氏演义》，中华书局2012年版，第38页。

应是指"最后、末尾"。"婪尾酒"就是酒巡一圈,最后的一杯酒。宋代其他文献中的用例也可证明这一点。如宋吴泳《摸鱼儿·生日自述》:"甚一般、化工模子。铸成一个拙底。生来不向春头上,却跨暮春婪尾。""头上""婪尾"语义相对,词义明显。芍药花一般开于春末,宋时也称芍药为"婪尾春"。《清异录》卷上:"胡峤诗'瓶里数枝婪尾春',时人罔喻其意。桑维翰曰:'唐末文人有谓芍药为婪尾春者。婪尾酒乃最后之杯,芍药殿春,亦得是名。'"

有研究者对与"婪尾"语音相同的"阑尾"一词进行考察,认为作为人体器官,"阑尾"处于盲肠的末端。"阑"经由词义引申,可以发展出"末尾"义。"阑",本义是指"门阑"。清段玉裁《说文解字注》"阑":"谓门之遮蔽也,俗谓梐枑为阑。引申为酒阑字,于遮止之义演之也。"可知"阑"是沿着"门阑→制止→尽头"的词义发展线索演进的。"尽头",也可以指末尾。"酒阑",即指饮酒就要结束。因此"婪尾""蓝尾""啉尾"中"婪""蓝""啉"均为记音字,本字当作"阑"。"阑尾"属于同义连用的并列式合成词,"婪尾""啉尾""蓝尾"都是"阑尾"的异体形式。①

"木老鸦",宋时水战常用的武器,是将长约二三尺的圆木,削尖两端而成,因形似乌鸦而得名。《老学庵笔记》卷一:"木老鸦一名不藉木,取坚重木为之,长才三尺许,锐其两端,战船用之尤为便习。""木老鸦"得名,一是制作材料为木,二是因为形制特点,"老鸦"即是指乌鸦。木头两端尖锐,与乌鸦喙部强壮、长而尖的外形特点相似,所以称作"木老鸦"。宋代历史文献中对此也有记录。《建炎以来系年要录》卷六十九:"荆潭制置仗王瓌率水军至鼎口,与贼遇,贼乘舟船高数丈,以坚木二尺余,刻其两端,与矢石俱下,谓之木老鸦。官军乘湖海船,低小,用短兵接战不利,瓌为流矢及木老鸦所中,退保桥口。"

"鬼樊楼"是宋时对都城周围很深的沟渠的俗称。樊楼是宋都最为繁华的酒楼,建筑高大气派,内部陈设豪华富丽,三教九流常会聚于此,饮酒享乐,摆阔斗富,是最能反映宋代经济繁荣和文化娱乐兴盛的地方。宋人笔记中对其多有记录,如《齐东野语》卷十一:"一日,携上樊楼,楼乃京师酒

---

① 王庆:《说婪尾、蓝尾、阑尾、阑》,载《文史知识》2013年第11期。

肆之甲，饮徒常千余人。沈遍语在坐，皆令极量尽欢，至夜，尽为还所直而去，于是豪侈之声满三辅。"宋代的话本小说中也多以"樊楼"作为故事发生发展的重要场所加以展开。宋时沟渠通常既长又深，易于藏匿，江湖上的一些亡命之徒常常藏匿于此，也有将骗来的妇人藏在其中的。因为不易察觉，所以可在那里逍遥法外，纵情声色，因此堪比"樊楼"。"鬼"则是指沟渠光线昏暗、较为隐秘的特点。《老学庵笔记》卷六："京师沟渠极深广，亡命多匿其中，自名为'无忧洞'。甚者盗匿妇人，又谓之'鬼樊楼'。"

(二) 状中结构

"杂嚼"，夜市售卖的小吃。《东京梦华录》卷二："冬月盘兔、旋炙猪皮肉、野鸭肉、滴酥水晶鲙、煎夹子、猪脏之类，直至龙津桥须脑子肉止，谓之杂嚼。"宋周紫芝《群书杂嚼序》："客京师者，暇则相率怀数百钱而之市，如阮宣子杖头子钱，遇物而食之，唯其意，谓之'杂嚼'。"

"分疏"，辩解。《齐东野语》卷五："嘉庆为大蓬供职，后复有申省状云：'重念嘉庆重遭诬罔，沮于威势，不容分疏。'"《宾退录》卷三："世俗谓自辨解曰分疏。颜师古注《爰盎传》'不以亲为解'，曰'解者，若今言分疏。'又《北齐书·祖珽传》：'高元海奏珽不合作领军，并与广宁王交结，珽亦见，帝令引入，珽自分疏。'则北朝暨唐已有是言矣。"据此，"分疏"在北朝时已有用例，至唐宋沿用。

"绝倒"，宋时俗语，笔记中用例即有多个义项：(1) 大笑不能自持而扑倒。《齐东野语》卷十一："桧暮年颇有异志，泳实预其密谋。熺本桧妻党王氏子，蠢呆。尝燕亲宾，优者进妓，熺于座中大笑绝倒，桧殊不怿。"(2) 倾倒、折服。《宾退录》卷四："晋琅邪王澄，有高名，少所推服。每闻卫玠言，辄叹息绝倒。时人语曰：'卫玠谈道，平子绝倒。'"《老学庵笔记》卷十："予曰：'东坡公在岭外，特喜子厚文，朝夕不去手，与陶渊明并称二友。及北归，与钱济明书，乃痛诋子厚《时令》《断刑》《四维》《贞符》诸篇，至以为小人无忌惮者。岂亦由朝夕绅绎耶？恐是《非国语》之报。'敦立为之抵掌绝倒。"(3) 因昏厥而扑倒。《能改斋漫录》卷五："僧闻语而便绝倒，良久始苏。"

第二节　重叠式俗语词

词根重叠式构词属于复合式构词，是指用相同的词根语素重叠构词。宋代笔记中，称谓类俗语词使用重叠构词的较为普遍，如"爷爷、翁翁、爹爹、妈妈、娘娘、姐姐、弟弟、妗妗、婆婆"等。

这些词从语义上看，重叠和单用基本近似，只是有些用重叠的形式可以表达较为亲昵的感情色彩。如"翁翁"用来称呼老年男子，比单用的时候，情感表达更亲昵一些。《东轩笔录》卷十五："有张师雄者，西京人，好以甘言悦人，晚年尤甚，洛中号曰'蜜翁翁'。"宋代笔记也多用来称呼祖父。《夷坚乙志》卷十九："又明日，坐堂上。小孙八九岁，方戏剧，惊曰：'贾通判掣翁翁头巾扬空去'。持摸其首，则巾乃在地上，遂得病。"

"婆婆"，对老年妇女的称呼。《东坡志林》卷三"贾婆婆荐昌朝"条："温成皇后乳母贾氏，宫中谓之贾婆婆。"《癸辛杂识》别集上："时尚有京师流寓经纪人，如李婆婆鱼羹、南瓦张家圆子之类。"

除了称谓词外，宋代笔记中还有其他重叠式的俗语词。

"的的"，副词，确实。《南部新书》丁集："杜羔妻刘氏善为诗，羔累举不第，将至家，妻先寄诗与之曰：'良人的的有奇才，何事年年被放回，如今妾面羞君面，君若来时近夜来。'羔见诗，实时回去。"《夷坚丁志》卷十九："已而六人得失皆验，所谈王后来事，的的不差。"又卷十五："历道始死时，夫兄侵牟及婢妾窃攘事，主名物色，的的不差。"

"的的"是由表示"确实"义的"的"重叠而成。考察"的的"在宋代笔记中出现的情况，《南部新书》中"的的"出现在诗歌中，与"年年"相对。《夷坚丁志》两个用例中，"的的不差"，仍是构成一个四字结构。可以看出"的的"重叠式的出现与诗歌的韵律及对仗要求有密切关系，最初应是为了满足韵律和音步的要求，然后在发展过程中逐步摆脱了环境的限制，成为一个表示肯定语气的副词。如《研北杂志》卷一："篆法自秦李斯，至宋吴兴道士张友而止，后世的的有所依据。"

"看看",时间副词,意为转眼间、渐渐,表示对时间的估量。《能改斋漫录》卷十一记录了王安石的《马上转韵》诗:"三月杨花迷眼白,四月柳条空老碧。年光如水尽东流,风物看看又到秋。"《醉翁谈录》卷一:"温公曰:'一上一上又一上,看看行到岭头上。'二人大笑。"《夷坚丁志》卷十八:"顾纸屏间题字尚湿,试阅之,乃小诗曰:'二年憔悴在三鸦,无米无钱怎养家。每日两餐唯是藕,看看口里出莲花。'"

"看看"的这一用法在唐代就已经形成,而且使用较多。据统计,《全唐诗》中出现38例,《全唐五代词》中出现12例。[1] 唐魏承班《生查子》:"愁恨梦难成,何处贪欢乐。看看又春来,还是长萧索。"唐王建《关山月》:"边风割面天欲明,金莎岭西看看没。"《敦煌曲子词》:"晓楼钟动,执纤手,看看别。移银烛,猥身泣,声哽噎。"

朱德熙认为:"动词重叠式表示动作的量。所谓动作的量可以从动作延续的时间长短来看,也可以从动作反复次数的多少来看。前者叫作时量,后者叫作动量。"[2]"看看"作为动词"看"的重叠形式,通过重叠,不仅增强了"看"的强度,同时对动词所表达的"时量"也会产生影响。

"看看"作为时间副词,具体表达时量长还是时量短,存在不同的认识,有的依据时量长短分列出"逐渐"和"转眼间"两个义项;有的则概括认为"看看"仅是估量时间的词,或者长,或者短,依据具体语境而定。《汉语大词典》和《诗词曲语辞汇释》均采用第二种解释。相对而言,第二种解释应该更符合"看看"的实际用法。因为时量的长短变化,常常与人在不同环境中对时间"快慢"的心理感知不同相关,带有较强的主观色彩,并不一定拘泥于表示时间量的大小。因为客观的量是恒定的,人在特定的情境下,对时间长短的感知并非相同,有时会是"一日不见如隔三秋",有时又会觉得时光飞逝。据此,将"看看"作时间副词的用法,理解为对时间的估量更为恰当,而将其分列为两个义项的做法似有不妥。

"些些",代词,是代词"些"的重叠形式,表示少许、一点儿。在笔记

---

[1] 唐贤清:《〈朱子语类〉副词研究》,湖南人民出版社2004年版,第311页。
[2] 朱德熙:《语法讲义》,商务印书馆2000年版,第66页。

中的用例也大多是出自诗词。《鹤林玉露》乙编卷六："法昭禅师偈云：'同气连枝各自荣，些些言语莫伤情。一回相见一回老，能得几时为弟兄。'词意蔼然，足以启人友于之爱。"唐已有用例，也是出现在诗歌中。《宾退录》卷八："唐李昌符《婢仆诗》二首，其一云：'不论秋菊与春花，个个能噇空腹茶。无事莫教频入库，一名闲物要些些。'曲尽婢之情状。"

通过对上述重叠形式的分析，可以看出一些重叠形式的出现，起初是为了满足诗文中特定的韵律及对仗要求，从而形成一种结构上的临时重叠，随着使用频率的增加，这种新的组合形式逐渐固定下来，并在除诗词之外的其他文献中使用，其形式和用法才最终得以确定。考察重叠式与非重叠式的关系，如"些"与"些些"、"的"与"的的"等，都是由同类型的单音节词重叠形成的。"些"为代词，重叠之后仍为代词。"的"作为副词，表"确实"，重叠之后，词性和语义都没有发生明显改变。"看"与"看看"则不同，"看"为动词，没有副词的用法，而"看看"则为副词，重叠之后词义和用法相较单用形式都有了明显变化。

第三节 派生式俗语词

派生式构词是通过词根和词缀派生出新词的构词方式，其中词根属于结构中的主体部分。宋代笔记中的构词词缀根据位置可分为前缀、后缀。前缀包括"老、阿、兀、打"等，后缀有"子、儿、头、生、来"等。其中"老、阿、子、儿、头"等在宋之前就已产生，至宋沿用，但用法更加灵活。

一、前缀

（一）"老"（名词前缀）

1. 用于姓名前

"老"用于姓名前的用法最早见于宋代。《容斋随笔》卷六："东坡赋诗，用人姓名，多以老字足成句。如《寿州龙潭》云'观鱼并记老庄周'，《病不赴会》云'空对亲春老孟光'，《看潮》云'犹似浮江老阿童'，《赠黄山人》云'说禅长笑老浮屠'，《元长老衲裙》云'乞与伴狂老万回'，《东轩》云'挂冠知有老萧郎'，《侍立迩英》云'定似香山老居士'……是皆以为助语，非真谓其老也。大抵七言则于第五字用之，五言则于第三字用之。若其他错出，如'再说走老瞒''故人余老庞''老濞宫妆传父祖''便腹从人笑老韶''老可能为竹写真''不知老奘几时归'之类，皆随语势而然。""老"作为前缀，多用于诗文之中，起到足句的作用。

2. 用于动物名词前

如"老虎"。《夷坚甲志》卷十五："行者祖渊，采木于山，后迷不还。凡五日，求得于老虎岩中，云一妇人令住此。"再如"老鸦"，乌鸦的俗称。《侯鲭录》卷三："谢师厚作襄倅，闻营妓与二胥相好，此妓乞书扇子，遂改二字云：'寄语东风好抬举，夜来曾有老鸦栖。'"唐代已有用例。唐李义山《义山杂纂》"相似"条："老鸦似措大，饥寒则吟。"再如"老鼠"。南宋时期一种花炮名曰"地老鼠"。

3. 用于称谓词前

如前述"老婆"，即"妻子"，是在宋代开始出现的新用法，"老"为前缀。

(二)"阿"（名词前缀）

1. 多用于人名或姓的前面，带有亲昵的感情色彩

盛行于中古时期，宋代沿用。《野客丛书》卷十三："晋宋人多称阿，如云阿戎、阿连之类，或者谓此语起于曹操称阿瞒。仆谓不然，观汉武帝呼陈后为阿娇，知此语尚矣。设谓此妇人之称，则见于男子者，如汉《殽阮碑》阴有阿奉、阿买、阿兴等名。韩退之诗'阿买不识字'，知阿买之语有自。"《云麓漫钞》卷十："古人多言阿字，如秦皇阿房宫，汉武阿娇金屋。晋尤甚，阿戎、阿连等语极多。唐人号武后为阿武婆。妇人无名，以姓加阿字。今之官府妇人供状，皆云阿王、阿张，盖是承袭之旧云。"

2. 用于称谓词前

如"阿舅",参见第二章词条例说,"阿"用在称谓词"舅"前组合成词,表示少数民族对汉皇帝的俗称。

3. 用于疑问代词前

如"阿谁",即"谁","阿"为前缀。《能改斋漫录》卷二:"《传灯录》:'宗风嗣阿谁。'阿谁,俗语也。《庞统传》:'向者之论,阿谁为是。'"《曲洧旧闻》卷八:"东坡曾与子由论清献,子由曰:'清献异同之迹,必不肯与介甫为地。孝宽之进,他人之子弟不与,可以明其不助。'东坡曰:'当时阿谁教汝鬼擘口?'子由无语。"宋词中多见。黄庭坚《少年心》:"对景惹起愁闷。染相思、病成方寸。是阿谁先有意,阿谁薄幸。"周紫芝《西江月》:"翡翠钗头摘处,鸳鸯枕上醒时。酸甜红颗阿谁知。别是人间滋味。"

(三)"打"(动词词缀)

"打"用于动词前缀的用法,是"打"的"击打"义虚化的结果。宋代笔记中对"打"的虚化过程以及由"打"作为词缀形成的新词有较多记载。

> 今世俗言语之讹,而举世君子小人皆同其谬者,惟"打"字耳。其义本谓"考击",故人相殴,以物相击,皆谓之打,而工造金银器亦谓之打可矣,盖有椎击之义也。至于造舟车者曰"打船""打车",网鱼曰"打鱼",汲水曰"打水",役夫馈饭曰"打饭",兵士给衣粮曰"打衣粮",从者执伞曰"打伞",以糊粘纸曰"打粘",以丈尺量地曰"打量",举手试眼之昏明曰"打试"。至于名儒硕学,语皆如此,触事皆谓之打。(《归田录》卷二)

> 世间言打字尚多:左藏有打套局,诸库支酒谓之打发,诸军请粮谓之打请,印文书谓之打印,结算谓之打算,贸易谓之打博,装饰谓之打扮,请酒醋谓之打醋、打酒,盐场装发谓之打袋,席地而睡谓之打铺,包裹谓之打角,收拾为打叠,又曰打迸。春筑之间有打号,行路有打火、打包、打轿。负钱于身为打腰。饮席有打马、打令、打杂剧、打诨。僧道有打化,设斋有打供。荷胡床为打交椅,舞傩为打驱傩。又宋歌曲词

"打坏木楼床,谁能坐相思"。又有打睡、打嚏喷、打话、打闹、打斗、打和、打合、打过、打勾、打了,至于打糊、打面、打饼、打线、打百索、打绦、打帘、打荐、打席、打篱巴。街市戏谑有打砌、打调之类,因并记之。(《芦浦笔记》卷三)

"打"作为词缀的用法最早见于唐五代时期,但是用例较少。如《祖堂集》卷十一:"僧云:'不如此事作摩生?'师云:'莫妨我打睡。'"到了宋代,"打"的用法更加灵活,成为一个"万能动词","触事皆谓之打"。其中"打+N(名词)"结构中,"打"的动词义还是十分明显的,只是此时的"击打"义,已经发生泛化。随着"打"的组合能力增强,搭配对象不断扩大,可以与形容词、动词组合,"打"的词义变得模糊,甚至完全消失,在"打+V(动词)"的结构中最终形成了动词前缀"打"。这其中也形成了由动词词缀"打"构成的俗语词。如:

"打叠",收拾、整理。《鹤林玉露》丙编卷二:"吾辈学道,须是打叠教心下快活。"《闻见近录》:"明日,道士忽至,顾文懿曰:'打叠了末?'语毕而去,使人访之,即卧店中卒矣。""打叠"或作"打揲",多写作"打叠"。《能改斋漫录》卷二:"赵参政《闻见录》云:'须当打揲,先往排办。'东坡《与潘彦明书》云:'雪堂如要偃息,且与打揲相伴。'皆使揲字。今俗只使叠字。""叠""揲"都可用作动词,表示"整理"的意思。因此,其中的"打"应当视为前缀。

"打聚",聚集、汇集。《都城纪胜》:"人情茶坊,本非以茶汤为正,但将此为由,多下茶钱也。又有一等专是娼妓弟兄打聚处。"《癸辛杂识》续集下:"阛阓瓦市专有不逞之徒,以掀打衣食户为事,纵告官治之,其祸益甚。五奴辈苦之,切视其所溺何妓,于是敛金以偿其直,然后许以嫁之,且俾少俟课钱足日娶去。然所逋故尔悠悠,使延引岁月,而不肖子阴坠其计中,反为外护,虽欲少逞故智,不可得矣,其名曰'打聚'。"

另外,还有些词语,如"打量""打算",都是现代汉语中常用的口语词,但是对比宋代笔记中的用法,在语义和用法上都有很大差异。例如在现代汉语中,"打量"指用眼睛来观察测度,如"他对着这个人上下打量了许久"。但在宋代,"打量"的语义却比较具体,"以尺丈量地曰打量",即测量土地。如沈括《乙卯入国奏请并别录》:"顺义军牒内称'六蕃岭直南至鸿和尔大山四十里',此处无'脚'字,试请六蕃岭直南,打量四十里,看到得鸿和尔大山甚处?""打算"在现代汉语中表示"考虑、计划",宋代则把"结算"谓之"打算"。《鹤林玉露》丙编卷四:"厥后蓄积稍羡,又尝有意用兵,祭酒芮国器奏曰:'陛下只是被数文腥钱使作,何不试打算,了得几番犒赏。'上曰:'朕未知计也,待打算报卿。'后打算只了得十三番犒赏,于是用兵之意又寝。"

综合来看,上述两词在宋时语义都是具体的,只是在后来发展过程中,伴随搭配对象、适用范围等的改变,词义逐步抽象化。但是这些词义引申的起点,与"打"在宋代词义虚化、作为动词词缀广泛使用、构词能力加强等都有很大关系。再如:

"打交道",交往。《挥麈后录》卷二:"惟婺州永康县有一桀黠老农,鼓帅乡民,不令称贷,且云:'官中岂可打交道邪?'""交道"本指"交往之道",与动词"打"结合,指"交往、往来"。

"打酒坐",宋代妓女至筵席前歌唱,向客人讨取些小钱物。《东京梦华录》卷二:"又有下等妓女,不呼自来,筵前歌唱,临时以些小钱物赠之而去,谓之'箚客',亦谓之'打酒坐'。"

二、后缀

(一)"子"尾(名词词尾)

常附着于名词、动词等之后构成新词。"子"作为词尾,先秦时期就已出现,应是由"儿子"义虚化而来,中古时期发展已很成熟,但大多只能附着于名词后面。宋代称谓词也多用"子"尾构造新词,代指不同身份、职业的人,如"渡子""院子""察子""房子"等。

《癸辛杂识》续集下:"至四十里之外,为枯槎挽定,适渡子见之,讶其棺华大,疑非常人者,即举渡船中,载之以归。""渡子"指撑船渡河的人。

《默记》卷下："急足至，升厅，见一人席地坐，露颜瘦损，愕以为老兵也，呼院子令送书入宅。""院子"即看家护院、通风报信的仆人。

"察子"，探子。《能改斋漫录》卷二："近世官司以探事者，谓之'察子'。按，唐高骈在淮南，用吕用之为巡察使。用之募险狯者百余人，纵横闾巷间，谓之察子，此其始也。"

"虏子"，当时蜀人对北方人的贬称。《老学庵笔记》卷九："今蜀人谓中原人为'虏子'，东坡诗'久客厌虏馔'是也。因目北人仕蜀者为'虏官'。"

近代汉语中，"子"尾不仅可以附在名词后面，还可以附在动词、形容词、代词之后。按照"子"尾附着词根的词性，可以把宋代笔记中"子"尾类俗语词划分为以下几类：

1. 名词 + 子

附于单音节词根后，如"海子"，湖泊。《梦溪笔谈》卷二十四："中山人常好与镇人相雌雄，中山城北园中亦有大池，遂谓之海子。"笔记外用例如赵孟𫖯《初至都下即事其一》："海上春深柳色浓，蓬莱宫阙五云中。半生落魄江湖上，今日钧天一梦同。"原注："北方谓水泊为海子。"

"花子"，由金银制成的花卉状首饰，常贴于面部。《清异录》卷下："江南晚季，建阳进茶油花子，大小形制各别，极可爱。宫嫔缕金于面，皆以淡妆，以此花饼施于额上。"唐朝以后开始流行。《酉阳杂俎》卷八："今妇人面饰用花子。"[1]

"酒子"，酒。《侯鲭录》卷四："有一僧旷达好饮，以醉死。将瞑，自作祭文云：'唯灵生在阎浮提，不贪不妒，爱吃酒子，倒街卧路。'"

"嘴子"，嘴。《醉翁谈录》丁集卷一："其蚁与蚊俱骂之曰：'看你一个嘴子，廉廉尖尖，得恁地好色！'"

"腔子"，胸脯。《四朝闻见录》卷一甲集："象山于告子之说，亦未尝深非之，而或有省处。象山之学杂乎禅，考亭谓陆子静满腔子都是禅，盖以此。"又《朱子语类》卷五十三："问：'满腔子是恻隐之心'，如何是满腔子？'曰：'满腔子，是只在这躯壳里，腔子乃洛中俗语。'"今山西和兰州、

---

[1] （唐）段成式：《酉阳杂俎》，中华书局1981年版，第77页。

银川等地方言中,"胸脯"仍称作"腔子"。

"果子",生果、干果、凉果、蜜饯、饼食的总称。《东京梦华录》卷二有"饮食果子"条,其中记录了大量的果子。现在果子在各地有不同的指称对象,如在西北地区,果子是指油炸的面食;江浙一带的果子是指用面做的零食;在河南,点心被称作果子。但都与面食有关,应该是果子古义的留存,与通常使用的水果义有明显差别。

"子"也可以附于双音节词根后,如"痴伯子",是猫头鹰的俗称。《清异录》卷上:"(葛)从周方食,小仆报桐树上鹰见栖泊,望之,乃一鸱也,怒骂曰:'不解事奴,此痴伯子,得万个何所用!'"

"平面子",古人用来倚靠的平面桌几,一般比桌子要矮。《曲洧旧闻》卷一:"文肃奏曰:'臣体肥,不能伏地作字,乞赐一平面子。'上从之,遽传旨下有司,而平面子至,则诏已成矣。上览之,嘉其如所欲而敏速,更不易一字。或曰:文肃作文思迟,乞平面子,盖亦善用其短也。"

"指环子",指环。《萍洲可谈》卷二:"其人手指皆带宝石,嵌以金锡,视其贫富,谓之指环子。"

2. 动词+子

动词通过附加"子"尾,成为一个名词,名词的词义与前面的动词有一定的联系。

"注子",即酒壶,用金属或瓷制成,形如长颈瓶,有嘴、柄、盖。始于唐末,盛行于宋元时期。《默记》卷上:"会冬至日,当家会上寿,张预以万金令人作关捩金注子,同身两用,一著酒,一著毒酒。"《梦粱录》卷十三:"器如樽、果盆、果盒、酒盏、注子、偏提、盘、盂、构。"后因避郑注名讳,把注子称作"偏提"。《唐语林》:"其后稍用注子,形若罃,而盖、嘴、柄皆具。太和九年后,中贵人恶其名犯郑注,乃去柄安系,若茗瓶而小异,名曰'偏提',时亦以为便。"

"望子",酒家悬挂在店外的旗子,以此来招徕客人。《东京梦华录》卷六:"中秋节前,诸店皆卖新酒,重新结络门面彩楼,花头画竿,醉仙锦旆,市人争饮。至午未间,家家无酒,拽下望子。"《通俗编》卷二十六:"今江以北，凡市贾所悬标识，悉呼望子。讹其音，乃云幌子。"①

"等子"，即戥秤，宋时发明，用来称量金银、药材等贵重物品的精密仪器，以称量精准而著称。《师友谈记》："子之文铢两不差，非秤上秤来，乃等子上等来也。"清徐珂《清稗类钞》第十二册："戥秤，一作戥子，亦名等子，所以权金珠、药物分厘小数之衡器也。"②《陔余丛考》卷三十："宋太宗诏更定权衡之式，崇仪使刘蒙、刘承珪等乃取乐尺积黍之法移于权衡，于是权衡中有丝、忽、毫、厘、分、钱之数。此近代两、钱、分、厘、毫、忽、丝之所由起也。今俗权货物者曰称，权金银者曰等子，宋初皆谓之称。刘承珪所定铢二十四遂成其称是也。元丰以后，乃有等子之名。"③

"结子"，用彩色绳线编制的工艺品。《梦粱录》卷六："医士亦馈屠苏袋，以五色线结成四金鱼同心结子，或百事吉结子，并以诸品汤剂，送与主顾第宅，受之悬于额上，以辟邪气。"

"叫子"，哨子。《梦溪笔谈》卷十三："世人以竹、木、牙、骨之类为叫子，置人喉中吹之，能作人言，谓之'颡叫子'。尝有病瘖者，为人所苦，烦冤无以自言。"

"帵子"，做衣服时裁剩的布料。《容斋五笔》卷一："采帛铺谓剪裁之余曰帵子。帵，一欢切。注，裁余也。"清代又写作"弯子"。清徐时栋《烟屿楼笔记》卷五："凡缝工裁衣，当襟袖之间所裁余者，俗谓之弯子。始谓是形如弯，系象形，故呼弯子，今知是帵子之转。"④

"拂子"，掸尘或驱赶蚊蝇的器具。《东京梦华录》卷十："每奏先鸣角，角罢，一军校执一长软藤条，上系朱拂子，擂鼓者观拂子，随其高低，以鼓声应其高下也。"《东斋记事》卷一："仁宗当暑月不挥扇，镇侍迩英阁，尝见左右以拂子祛蚊蝇而已。"

"消息子"，耳捻子的异名。《武林旧事》卷六："竹猫儿、消息子、老鼠

---

① （清）翟灏：《通俗编》，上海古籍出版社2002年版，第538页。
② （清）徐珂：《清稗类钞》，中华书局1984年版，第6004页。
③ （清）赵翼：《陔余丛考》，中华书局1963年版，第287页。
④ （清）徐时栋：《烟屿楼笔记》，载《续修四库全书》编委会：《续修四库全书》第1162册，上海古籍出版社2002年版，第633页。

药、蚊烟。"陈刚《北京方言词典》："消息儿：用软毛或棉团做的扫耳垢的器具。也叫'耳捻子'。"

"手把子"，指器物上可以用手抓握的部位。《东京梦华录》卷九："御筵酒盏，皆屈卮如菜碗样，而有手把子。"

3. 代词+子

仅见"些子"，意为"些许、一些"。《东坡志林》卷一："譬如江河鉴物之性，长在飞砂走石之中。寻常静中推求，常患不见，今日闹里忽捉得些子。"《朱子语录》中多见，如卷八："若资质平底，则如死水然，终激作不起。谨愿底人，更添些无状，便是乡原。不可以为知得些子便了。"又卷六十："若是反之于身有些子未尽，有些子不实，则中心愧怍，不能以自安，如何得会乐？"

4. 形容词+子

如"憨子"，宋时指行为言语举止不合常理、充满傻气的人。《东坡志林》卷三中有"张憨子"，"行止如狂人，见人辄骂云：'放火贼！'……冬夏一布褐，三十年不易，然近之不觉有垢秽气"。

"呆子"，智力低下、不明事理的人。《武林旧事》卷三："大贾豪民，买笑千金，呼卢百万，以至痴儿呆子，密约幽期，无不在焉。"

(二)"儿"尾

宋代"儿"尾异常活跃，构词能力较强，笔记中多有记录。

《梦粱录》卷十三"夜市"记录有关"儿"尾的词有：销金帽儿、闹蛾儿、鱼龙船儿、香袋儿、背心儿、扇面儿、头儿、曲儿、皂儿膏、豆儿糕、裹蒸儿、千层儿等。小儿戏耍家事儿：孩儿、担儿、罐儿、碟儿、鼓儿、板儿、锣儿、刀儿、枪儿、旗儿、马儿、闹竿儿、黄胖儿、桥儿、棒槌儿、傀儡儿、猫儿。小儿诸般食件：盐豆儿、蒸梨儿、枣儿、米食羊儿、狗儿、蹄儿、茧儿。

《武林旧事》卷六"小经纪"条，售卖的商品有：掌记册儿、纸画儿、扇牌儿、搭罗儿、帽儿、小梳儿、染梳儿、接补梳儿、香袋儿、面花儿、绢孩儿、符袋儿、弩儿、纰刷儿、竹猫儿、鱼儿、活虼蚪儿、促织儿。

有学者对《朱子语类》中"儿"尾进行了考察,认为真正的"儿"缀词仅有"猫儿""狗儿""些儿"三例,且都是孤证,这与宋代笔记中"儿"尾大量使用的情况明显不同。"儿"尾在笔记和语录中使用情况上的较大差别,可能是由于"儿"尾多用于那些反映北方方言,且口语化较强的作品中。《朱子语类》虽同属宋代文献,但是基于朱熹所生活的环境,所使用的语言会更多夹杂南方方言。南方方言中,"儿"尾本身就不发达,现代汉语中许多南方方言中没有儿化韵就是明证。[1]

(三)"头"尾

宋代"头"尾表现也较为活跃,具体有以下几种情况:

1. 用于指代某一类型的人

"倾脚头",是宋时城市中专门从事倒马桶职业的人。《梦粱录》卷十三:"杭城户口繁夥,街巷小民之家,多无坑厕,只用马桶,每日自有出粪人瀽去,谓之'倾脚头',各有主顾,不敢侵夺。"

2. 用于动词后构造新词

"盖头",旧时妇女结婚时用以蔽面的巾布。《梦粱录》卷二十:"并立堂前,遂请男家双全女亲,以秤或用机杼挑盖头,方露花容。"再如"驾头",帝王出行时的仪仗。《梦溪笔谈》卷一:"正衙法座,香木为之,加金饰,四足堕角,其前小偃,织藤冒之,每车骑出幸,则使老内人马上抱之,谓之驾头。"《老学庵笔记》卷二:"驾头,旧以一老宦者抱绣裹杌子于马上,高庙时亦然,今乃代以合门官,不知自何年始。"

3. 可用于名词后,构成表示抽象概念的新词

"话头",即话题。《鹤林玉露》甲编卷二:"高适五十始为诗,为少陵所推。老苏三十始读书,为欧公所许。功深力到,无早晚也。圣贤之学亦然,东坡诗云:'贫家净扫地,贫女巧梳头。下士晚闻道,聊以拙自修。'朱文公每借此句作话头,接引穷乡晚学之士。"宋陈亮《贺新郎》:"树犹如此堪重别。只使君,从来与我,话头多合。""话头"一词源于禅宗佛教,唐五代已

---

[1] 陈明娥:《朱熹口语文献词汇研究》,厦门大学出版社2011年版,第137页。

出现，如《祖堂集》卷十一："僧曰：'和尚为什摩在学人肚里？'师云：'还我话头来。'"后用来泛指具有启发性质的问题。《鹤林玉露》甲编卷二："陈了翁日与家人会食，男女各为一席。食已，必举一话头，令家人答。一日问曰：'并坐不横肱，何也？'其孙女方七岁，答曰：'恐妨同坐者。'"

"意头"，由头、主意。《后山诗话》："熙宁初，有人自常调上书，迎合宰相意，遂丞御史。苏长公戏之曰：'有甚意头求富贵，没些巴鼻使奸邪。'有甚意头，没些巴鼻，皆俗语也。""没意头"，指没头脑、莽撞。《杂纂续》："没意头：入山访僧不遇。妓家夸会做活计。不禄底大官门前牵拢马。对屠儿说买物放生。对将官说儒雅事。对僧道说异端害正。"列举的都是一些不合时宜、莽撞的举动。

（四）"来"尾

"来"本是趋向动词，后语义虚化，常与时间名词连用，近乎构词的词缀。《北梦琐言》卷十："为薛侍郎未登第前就肆买鞋，鞋主曰：'秀士脚第几？'对曰：'与昭纬作脚来，未曾与立行第也。'"

"早来"，早些时候。《洛阳缙绅旧闻记》卷四："守忠在洛下，畜马数十匹，有时欲出，左右以后槽无马对，守忠惊问之，对曰：'早来被一队措大乱骑去也。'"《贵耳集》卷下："来日上殿，寿皇一见，忆得先语便笑。'卿所奏不必宣读，容朕宫中自看。'愈笑不已。其人在外曰：'早来天颜甚悦，以某奏札称旨。'"

"晓来"，一早。《鹤林玉露》乙编卷一："丁常任，毗陵人，淳熙间为郎。冬至日，上殿奏对，玉音曰：'晓来云物甚奇，卿曾见否？'"

"夜来"，本为"一夜以来"。《洛阳缙绅旧闻记》卷一："至洪州同宿，明日将行，老父谓州将曰：'某比约与公同往泰和，夜来思之，男已忝京寮知县，某行李如是，托你先到泰和，报儿子，制新衣，借仆马来，沿路相接。'"又表示昨晚、昨夜，后泛指昨天。《挥麈后录余话》卷二："张太尉道：'夜来所言事如何？'俊道：'不曾去请王刚等，只与姚观察说话。交来覆太尉道：恐兵乱后，不可不弹压。'"《醉翁谈录》："建安南陵王次公，一日放骡，误入贵安寺和尚麦园，伤残其麦不少，僧骂詈不已。其仆闻之，归告于王。明日，王乃跨骡携仆往见其僧。王问僧曰：'夜来秃驴吃了和尚多少麦？此驴在家本无事，才出家后无礼！'"现山西等地方言中仍有这种用法。

"适来"，刚才。《北梦琐言》卷十："又有鱼鳞在胸中，所以眼花。适来所备酱醋，只欲郎君因饥以啜之，果愈此疾。"又《北梦琐言逸文》卷三："家人曰：'邻村张家新妇卒来三日，适来却活。主人暂往省之。'"

"比来"，近来。"比"义为"靠近、邻近"。《侯鲭录》卷七："比来士大夫借人之书，不录不读不还，便为己有，又欲使人之无本。颍州一士子，九经各有数十部，皆有题记，是为借诸人之书不还者，每炫本多。未尝不归戒儿曹也。"《挥麈后录》卷七："比来短墙多隳，而依岸民庐，皆盖浮棚，月侵岁展，岸路益狭，固已疑防患之具不周矣。"

（五）"生"尾

"生"作为词尾的用法，源于晚唐五代时。能与"生"相结合的代词只限于疑问代词。

"怎生"，怎么。产生于晚唐时期，笔记用例相对较少。《癸辛杂识》别集上："《轩渠录》载：有人以糟蟹馓子同荐酒者，或笑曰：'则是家中没物事，然此二味作一处怎生吃？'众以为笑。"在宋代其他文献中，"怎生"的用例较多，其中尤以宋词和《朱子语类》中多见。苏轼《定风波》："红粉尊前深懊恼。休道。怎生留得许多情。记得明年花絮乱。须看。泛西湖是断肠声。"《朱子语类》卷一百一十六："不知自家一个身心都安顿未有下落，如何说功名事业？怎生治人？古时英雄豪杰不如此。"

（六）"家"尾

在实词后附加"家"尾，也是行业称谓类俗语词的重要构词方式。如"院子家"。"院子"是旧时称贵族家中专管出入收发的仆役。《默记》："急足至，升厅，见一人席地坐，露颜瘦损，愕以为老兵也，呼院子令送书入宅。公遽取书，就铺上拆以读。急足怒曰：'舍人书而院子自拆，可乎！'喧呼怒叫。""院子家"则专指宫廷仆人。《梦粱录》卷八："次有紫衣裹卷脚幞头者，谓之'院子家'，托一合，用黄绣龙合衣笼罩，左手携一条红罗绣手巾进入。"

"**作家**"，行家、高手。《湘山野录》卷下："前二师说法竟，其末叶县禅师者机用刚猛，始登座，以拄杖就膝拗折，掷于地，无一语便下。文和笑曰：'老作家手段。'"

"**公子家、囊家**"，设局聚赌抽头取利的赌场主或窝主。《廛史》卷下："世之纠帅蒲博者，谓之公子家，又谓之囊家。《樗蒲经》一有赌，若两人以上，须置囊，合依样检文书，乃投钱入。"

第四章 宋代笔记俗语词成词理据分析

一般而言，理想的俗语词研究应包括三个方面的内容：一是落实每个俗语词最早的出现时代；二是阐明每个俗语词的词源理据；三是厘清每个俗语词的演变过程。① 也就是要从共时和历时两个角度对俗语词展开研究，共时研究主要是对特定历史时期或特定语料中的俗语词的使用情况进行收集和整理，形成一个整体的认识；历时研究则是对俗语词作动态性的研究，即从汉语史的角度，对俗语词的构词特点及成词理据以及词义演变进行理论化的阐释。对照三个方面的工作，目前完成最为充分的是对俗语词出现年代的考证。历代收录俗语词的著作或辞书，普遍特别着重对俗语词出现年代的考证，至于俗语词在成词理据以及词义演变方面的研究则相对做得不够。因此，本书把这两方面的问题作为重点，分两章分别进行讨论。本章重点讨论俗语词成词理据的相关问题。

蒋绍愚先生在讨论近代汉语词汇的研究方法时，曾强调推求语源的重要性，指出要想对一个词作深入理解，不仅要弄清楚这个词的历史来源，还要弄清楚它的"得名之由"。② "得名之由"，即是指一个词的成词理据。汉语词汇研究，不仅要了解各类词的基本面貌是什么样，还要弄清楚为什么会是这样，而为什么的问题就是词语理据研究重点讨论的问题。如果说形、音是词的外部形式，那词义则属于词的内在核心要素。探求一个词的成词理据，即是探求词的形式和意义的关系问题。研究词的理据，常常会涉及词在形成过程中的许多因素，其中既有属于语言内部的因素，比如形、音、义以及语法

---

① 杨琳：《俗语词研究概说》，载《文化学刊》2013年第5期。
② 蒋绍愚：《近代汉语研究概要》，北京大学出版社2005年版，第294页。

手段等，同时也会涉及如社会制度习俗、语言在记录和传播过程中的人为因素等其他方面的影响。只有将这些因素综合考虑，才有可能对一个词的形式和意义之间的关系认识得更加透彻。

词的理据是一个词词义形成的基础，也是对一个词组合关系进行正确分析的依据。理据不明，就会在词义的分析、词的语法构成等方面产生错误的认识。具体到对俗语词成词理据的探究，则有着更为重要的意义。

俗语词在产生之初，其内在理据是相对清晰和明确的。但是口语性强、传播速度快的特点，又使俗语词较之其他词类，在形成和传播的过程中更容易受到各种因素的影响而发生变化，也包括讹变以及错解错用。因此，探讨俗语词的形成或者构造方式，可以更为深入地了解影响词汇变化的各种因素，认识到词汇发展变化的复杂性。综合考虑和分析俗语词的成词理据，可以具体从语言因素、其他因素，以及俗语词在使用过程中的错解错用等方面，进行多角度的分析。

第一节　俗语词成词理据的语言因素

语言是音义的结合体，词作为语言的基本单位，它的生成方式一般多是借助语言要素（如字形、语音、语义等）和语言手段（如缩略等）完成的。考察宋代笔记中部分俗语词的实际用例，其成词理据和构造方式大致可以从语音、字形、缩略三个方面加以分析。

一、语音造词

语音作为语言的外部形式，利用语音特点作为构造手段也可以产生大量的新词。具体而言，可以直接借助汉语的语音特点来生成新词，如通过模拟声音产生的摹声词，通过模拟外来词的发音产生的音译外来词等，也可以利用对汉语音节中声、韵、调等构成要素的变形，如拆分、合并、变调等方式产生新词。宋代笔记中一些俗语词，就是借助语言中的语音要素来实现的，具体包括摹声词、连绵词、嵌音词、合音词等。

(一) 摹声词

摹声词是指通过模拟人或动物发出的声音构造的新词。

"阿阿""则则"是模拟叹息声而产生的词语。《墨庄漫录》卷六:"世俗以'阿阿''则则'为叹息之声,李端叔云:楚令尹子西将死,家老则立子玉为之后,子玉直则则,于是遂定。昭奚恤过宋,人有馈麑肩者,昭奚恤阿阿以谢。而后'阿阿''则则'更为叹息声,常疑其自得于此。"现代汉语口语中依然沿用。

有些表示事物名称的词,其形成与语音造词相关,通过摹声方式产生。如螃蟹,民间又俗称"郭索",鹧鸪又称为"钩辀"。推究两词的理据,应均为摹声词。"郭索",本是指蟹爬行时发出的窸窸窣窣的声音。宋傅肱《蟹谱》:"以其横行则曰螃蟹,以其行声则曰郭索。"[1]《齐东野语》卷十四:"蟹处蒲苇间,一灯水浒,莫不郭索而来,悉可俯拾。"《贵耳集》卷上:"不到庐山辜负目,不食螃蟹辜负腹。亦知二者古难并,到得九江吾事足。庐山偃蹇坐吾前,螃蟹郭索来酒边。持螯把酒与山对,世无此乐三百年。"因此"郭索"成为蟹的代称,应属摹声造词。辛弃疾《和赵晋臣送糟蟹》:"郭索能令酒禁开"。明沈明德《咏蟹》:"郭索横行逸气豪。"

也有的将"郭索"解作"蟹行貌"。《梦溪笔谈》卷十四:"欧阳文忠常爱林逋诗'草泥行郭索,云木叫钩辀'之句,文忠以谓语新而属对新切。钩辀,鹧鸪声也,李群玉诗云:'方穿诘曲崎岖路,又听钩辀格磔声。'郭索,蟹行貌也。扬雄《太玄》曰:'蟹之郭索,用心躁也。'"其实,二者在语义上并不相悖。蟹因多足,在爬行时,会发出窸窣的声音。动作和声音是伴随而生的。但考察"郭索"的语音特点,理解为摹声词应更为恰当。"钩辀",也是指鹧鸪鸟的叫声,后成为鹧鸪的代称,也属摹声造词。

汉语语音不仅包含通语官话的语音,还包含方言语音。有些摹声词的产生与方言语音密切相关,如杜鹃被称作"谢豹",就是受到吴语方音的影响。

---

[1] (宋) 傅肱:《蟹谱》,商务印书馆1939年版,第188页。

《老学庵笔记》卷三："吴人谓杜宇为'谢豹'。杜宇初啼时,渔人得虾曰'谢豹虾',市中卖笋曰'谢豹笋'。唐顾况《送张卫尉诗》曰:'绿树村中谢豹啼。'若非吴人,殆不知谢豹为何物也。"吴语将杜鹃鸟叫季节时捕的虾称作"谢豹虾",集市中卖的笋称作"谢豹笋",方言中将"杜鹃花"也称作"谢豹花"。清厉荃《事物异名录》卷三十三:"《广事类赋》:'杜鹃一名谢豹花。'"① 冯梦龙《古今谭概》载宋人《宿山房即事》诗:"一个孤僧独自归,关门闭户掩柴扉。半夜三更子时分,杜鹃谢豹子规啼。"该诗每句中都含有同义词,即"关门""闭户""掩柴扉"以及"半夜""三更""子时"均同义,"杜鹃""谢豹""子规"也都是对杜鹃鸟的不同称呼。

有些源自摹声的俗语词,在流传过程中,由于对所模拟声音的隔膜,也会产生理解上的错误。如"欸乃"一词,后世都认为是摹声词。但所摹之声究竟是什么,在理解上就存在分歧。《汉语大词典》解"欸乃"为"摇橹声"。依据宋人笔记,"欸乃"当为船歌末尾喊出的号子声音。《演繁露》卷十三:"其谓欸乃者殆舟人于歌声之外别出一声,以互相其所歌也耶。今徽、严间舟行犹闻其如此。"

考"欸乃"又写作"嗳迺"。《西溪丛语》卷上引刘言史《潇湘游》:"'夷女采山蕉,缉纱浸江水。野花满鬓妆色新,闲歌嗳迺深峡里。嗳迺知从何处生,当时泣舜断肠声。'此声同而字异也。嗳迺即欸乃字。""闲歌嗳迺深峡里",指女子在浣纱的间隙,唱起了山歌,歌声在山谷中回荡。可知"欸乃"当指船歌、山歌中类似"哎""噢"的声音,而并非行船的橹声。《汉语大词典》释义有误。

通过以上分析可知,在对通过摹声方式构造的俗语词进行理据分析时,必须与声音相联系才能形成正确的认识,而声音在传播的过程中会发生变化,如受到方言及其他因素的影响,因此在分析考证摹声类俗语词的成词理据时,也必须注意声音自身的变化。

---

① (清)厉荃:《事物异名录》,上海古籍出版社1995年版,第143页。

（二）连绵词

连绵词的外部形式仅与语音有关，只是用汉字的读音来模拟连绵词的发音，词义与记录连绵词的单个汉字的意义无关，它是借助汉语语音声母、韵母的特点创造新词的一种重要方式。汉字在发展过程中，语音也在不断地发生变化，因此会产生大量的同音字，所以连绵词在发展过程中就会出现许多不同时期不同形式的变体，这些因素都会令连绵词的判断、识别、分析等问题变得相对复杂。结合对宋代笔记中这部分俗语词的考察，可将连绵词划分为双声、叠韵两种类型。

1. 双声，即构成连绵词的两个音节的声母相同

如"娄罗"，就是一个双声连绵词。"娄罗"，又写作"楼罗""喽罗""偻罗"。《通俗编》卷八："古人多取双声字为形容之辞，其字初无定体。故或作娄罗，或作偻罗，或又以娄写作楼、搂。"[①]"楼罗"在南北朝就已流行，指英雄好汉，是鲜卑语的译音。《北史·王昕传》："尝有鲜卑聚语，崔昂戏问昕曰：'颇解此不？'昕曰：'楼罗，楼罗，实自难解。'"史书描述的是一群鲜卑人聚集在一起使用鲜卑语进行交谈，作为汉人的王昕完全听不懂，只听见"楼罗"这样的声音反复出现。据此可知，"楼罗"应源自鲜卑语，属外来音译词，而且在鲜卑语中使用频率很高。唐五代时期开始从"好汉、英雄"义引申为"聪明、机灵"，用作形容词。唐郑綮《题中书壁》："侧坡蛆蜫蜦，蚁子竞来拖。一朝白雨中，无钝无喽罗。""钝"与"喽罗"对举，"喽罗"表示"聪明"的形容词用法十分明显。

"偻罗"后来成为贬义词，用来指称那些追随恶人的小随从，应是源于宋人对"偻罗"一词的误解。《鹤林玉露》甲编卷五："《五代史》：汉刘铢恶史弘肇、杨邠，于是李业谮二人于帝而杀之。铢喜，谓业曰：'君可谓偻罗儿矣。'偻罗，俗言狡猾也。欧史间书俗语，甚奇。"据《五代史》记录，"君可谓偻罗儿矣"，应该是褒扬夸奖之词，"偻罗儿"仍是指好汉英雄。罗大经在注解时将"偻罗"解作"猾"，于是"偻罗"就有了"狡诈、凶残、

[①] （清）翟灏：《通俗编》，上海古籍出版社2002年版，第353页。

帮凶"的意思,并被沿用。音译外来词也是汉语连绵词产生的一个重要来源。"偻罗"从语源上是音译外来词,从汉语音节结构分析,属于双声连绵词。

2. 叠韵,即构成连绵词的两个音节的韵母相同

"薳苴",即为叠韵连绵词,意为放浪、叛逆。宋代流行。《鹤林玉露》乙编卷四:"安子文与杨巨源、李好义合谋诛逆曦,旋杀巨源而专其功。久之,朝廷疑其跋扈,俾帅长沙。子文尽室出蜀,尝自赞云:'面目皱瘦,行步薳苴。人言托住半周天,我道一场真戏耍。'"《冷斋夜话》卷七:"鲁直大笑曰:'天觉所言灵犀一点,此薳苴为虚空安耳穴。灵源作赞分雪之,是写一字不著画。'"

据考,"薳苴"本指"泥不熟貌"。泥不熟即生硬,由生硬引申为人的举止生硬、性格倔强,叛逆不合礼法。唐宋以来的佛教界中,四川僧人更有这种不遵规矩法度的特殊气质,所以"薳苴"又演变成对蜀人尤其是蜀僧的专称。黄庭坚《宋黄文节公全集·别集》卷十一《论俗呼字》:"薳苴,泥不熟也。中州人谓蜀人放诞不遵轨辙曰川薳苴。"

"忲憚""老草",指做事草率、不仔细。《能改斋漫录》卷一"忲憚"条:"文士以作事迫促者,通谓之忲憚。"又指书写不工整。《贵耳集》卷上:"嵩山极峻,法堂壁上有一诗曰:'一团茅草乱蓬蓬,蓦地烧天蓦地红。争似满炉煨榾柮,慢腾腾地暖烘烘。'字画老草,旁有四字,'勿毁此诗'。"《墨庄漫录》卷七:"其数皆甚多,字画老草,然皆遒劲可爱,盖危窘急中所书也。"

据《鸡肋编》考,"老草"应源于"憚忲"。《鸡肋编》卷下:"世俗简牍中,多用老草,如云草略之义。余问于博洽者,皆莫能知其所出。后因检《礼部韵略》忲字注云:'憚忲,心乱也。'疑本出此,传用之讹,故去'心'耳。""憚忲"最早见于西汉王褒《洞箫赋》:"憚忲澜漫,亡耦失畴。""憚忲"指心乱。"憚忲澜漫"也有杂乱分散的意思。宋郑刚中《邻里闻角声则知其将晓矣》:"我惊节物懒下床,眼看屠苏心憚忲。""心憚忲"即指心绪烦乱。由心情的烦乱引申出行为的草率。"憚忲"与"老草''忲憚''潦草"音义相近,从词源上应属同源词,其词义来源于"草"。"草"本身具有

丛生、杂乱的特点，由此引申出"粗略、草率"的意思。"老草""恅憽""潦草""憽恅"应都属于"草"的一种分音形式，其中"恅憽"与"憽恅"仅为词序上的差异。

"郎当""阑单"，衣服肥大不合身、松松垮垮的样子。宋王灼《碧鸡漫志》卷五："世传明皇宿上亭，雨中闻牛铎声，怅然而起，问黄幡绰：'铃作何语？'曰：'谓陛下特郎当！'特郎当，俗称'不整治'也。"《鹤林玉露》甲编卷二："小说载：明皇自蜀还京，以驼马载珍玩自随。明皇闻驼马所带铃声，谓黄幡绰曰：'铃声颇似人言语。'幡绰对曰：'似言三郎郎当、三郎郎当也。'"唐时又写作"阑单"。《唐语林》卷三："有人献兔，悬于廊庑之下，乃召颎咏之，曰：'兔子死阑单，将来挂竹竿，试将明镜照，无异月中看。'瑰读诗异之。""阑单"为连绵词，蒋礼鸿先生认为"阑当"与"郎当"系"声转义通，同条共贯"，意为"疲软、宽松、柔弛"。[①] 郭在贻先生曾指出："阑弹、兰单、郎当"等连绵词"均有疲困不振之义"。[②]《清异录》卷下："谚曰：'阑单带，叠垛衫，肥人也觉瘦岩岩。'阑单，破裂状；叠垛，补衲盖掩之多。"《汉语大词典》据《清异录》记载，将"阑单"释为"破碎"，释义有误。

"鹘突""胡卢提""鹘露蹄"，糊涂、不聪明。《能改斋漫录》卷二："鹘突二字，当作胡涂。盖以胡涂之义，取其不分晓也。按：吕原明《家塾记》云：'太宗欲相吕正惠公，左右或曰：吕端之为人胡涂。帝曰：端小事胡涂，大事不胡涂。决意相之。'（自注云：读为鹘突）。""胡卢提、鹘露蹄"应是"胡涂"一词的变式，义同。《明道杂志》："钱内翰穆父知开封府，断一大事。或语之曰：'可谓霹雳手。'钱答曰：'仅免胡卢提。'盖俗语也。然余见王乐道记轻薄者，改张邓公《罢政》诗云：'赭案当衙并命时，与君两个没操持。如今我得休官去，一任夫君鹘露蹄。'乃作鹘露蹄，何邪？更俟识者。""霹雳手"是比喻说法，喻其断案是非分明、决断迅速。"仅免胡卢提"是自谦说法，表示只是不糊涂罢了。后世沿用，也写作"葫芦提"。

[①] 蒋礼鸿：《义府续貂》，中华书局1981年版，第9页。
[②] 郭在贻：《训诂学》（修订本），中华书局2005年版，第46页。

如关汉卿《包待制三勘蝴蝶梦》第二折："（包待制云）着你大儿子偿命，你怎生说我葫芦提？（正旦云）老婆子怎敢说大人葫芦提，则是我孩儿孝顺，不争杀坏了他，教谁人养活老身？"《喻世明言》卷三十八："那妇人向前搂住，低声说道：'叵耐这瞎老驴，与儿子说道你常来楼上坐定说话，教我分说得口皮都破，被我葫芦提瞒过了。'"

"迷嬉"，眼睛眯缝的样子。《容斋四笔》卷一："柔词谄笑，专取容悦，世俗谓之'迷痴'，亦曰'迷嬉'。"也写作"迷奚"。宋杨无咎《瑞鹤仙》："渐娇慵不语，迷奚带笑，柳柔花弱。"董解元《西厢记诸宫调》卷一："（唱）不比你射柳处也推着马眼迷奚。"《元曲选》中也写作"迷奚""迷希""乜嬉"等。元郑廷玉《包待制智勘后庭花》第四折："（唱）好教我不解其中意。起初道眼迷奚，他如今则把手支持。真个是哑子做梦说不的，落可便闷的人心碎。"马致远《江州司马青衫泪》第三折："吃得来眼脑迷希，口角涎垂。"王子一《刘晨阮肇误入桃源》第三折："脚趔趄佳人锦瑟傍边立，醉疏狂闲吟夜月诗千首，眼迷希细看春风玉一围。"无名氏《神奴儿大闹开封府》第一折："见孩儿撒旖旎，放娇痴，心闹吵，眼乜嬉，打阿老，痛伤悲。"

依据语音上的特点，"迷嬉""迷奚""迷希""乜嬉"是同一个词的不同写法，应是连绵词，且属于叠韵连绵词。

考察"迷嬉"等使用的语境，多与"眼"连用。因此语义上应该是指"眼睛眯缝的样子"。《容斋随笔》中认为"柔词谄笑，专取容悦"为"迷嬉"，也是因为人在讨好谄媚、满脸堆笑时，双眼会呈现出眯缝的样子，因此使用的仍然是"迷嬉"的本义。《汉语大词典》中"迷嬉"解释为"以微笑媚人"，引有两例：一例为《容斋随笔》，另一例为《雍熙乐府·小桃红·西厢百咏七》："笑迷嬉，知书何故不知礼。"其中，"笑迷嬉"依然是指笑时眯缝眼的样子。因此，考虑到释义的连贯性，以及在文献中的实际使用情况，应将"迷嬉"等解作"眼睛眯缝的样子"为宜。

"踏跂"，是唐宋时期产生的俗语词，形容人做事拖沓、不利索。《能改斋漫录》卷一："俗语以事之不振者为踏跂。"唐人已有此语。唐段成式《酉阳杂俎》："其人曰：'卜事甚切，先生岂误乎？'钱云：'请为韵语曰：两头点土，中心虚悬。人足踏跋，不肯下钱。'其人本意卖天津桥绐之。"

《汉语大词典》收有"跋拉"一词，《儿女英雄传》第三十九回："他听得门外有人说话，穿着件破两截布衫儿，跋拉着双皂靴头儿出来。""跋"，《说文·足部》："跋，进足有所撷取也。"指把鞋后帮踩在脚底下。"跋拉"应是"跋"的分音形式，也是指人走路时将鞋后帮踩在脚下。据此可知，"踏跋"本指人走路时将鞋帮踩到脚下，拖拖踏踏，进而引申出精神萎靡不振的意思。或又作"塌飒"。宋范成大《阊门初泛二十四韵》："生涯都塌飒，心曲漫峥嵘。"后之"答飒"与"踏跋"，字异义同。清胡文英《吴下方言考》卷十一："《南史》：'范泰尝诮郑鲜之曰：'卿乃居首僚，今日答飒，去人辽远。'案：答飒，行不前貌。吴谚谓行不前曰答飒。'"① 由此可知，"踏跋"写作"答飒"，应是受到方言语音影响。

(三) 嵌音词

音节分化也是汉语双音节词产生的一个重要途径，即在原有音节中嵌入一个辅音，分化出两个音节，转化成双音节词。一般加入频率最高的辅音是[1]，因此这类词通常被称作"分音词"或"嵌 [1] 词"。宋代笔记中一些俗语词就是通过嵌音的方式产生的。这种音节分化的形式与反切注音的原理有相似之处，因此这类词在宋时又被称为"切脚"或"反切语"。

> 世人语音有以切脚而称者，亦间见之于书史中，如以蓬为勃笼，盘为勃阑，铎为突落，巨为不可，团为突栾，钲为丁宁，顶为滴颡，角为矻落，蒲为勃芦，精为即零，螳为突郎，诸为之乎，旁为步廊，茨为蒺藜，圈为屈栾，锢为骨露，窠为窟驼是也。(《容斋三笔》卷十六)

> 孙炎作反切语，本出于俚俗常言，尚数百种，故谓就为鲫溜，凡人不慧者即曰不鲫溜；谓团曰突栾，谓精曰鲫令，谓孔曰窟笼，不可胜举。(《宋景文公笔记》卷上)

宋代笔记中出现的嵌音词，或切脚语，多为嵌 [1] 的分音词。这种由嵌

---

① (清) 胡文英：《吴下方言考》，上海古籍出版社2002年版，第97页。

音方式形成的双音节词，其特点是上字声母和原字的声母相同，下字韵母与原字的韵母相同。由于音节缓读，分音裂变而成，下字多嵌入 [1] 声母，如"骨路"。《老学庵续笔记》卷一："市井中有补治故铜铁器者，谓之'骨路'。莫晓何义。《春秋正义》曰：'《说文》云："锢，塞也。"铁器穿穴者，铸铁以塞之，使不漏。禁人使不得仕宦，其事亦似之，谓之禁锢。'余案：'骨路'正是'锢'字反语。""骨路"为"锢"的反语，"锢"有"填塞、堵住"的意思，"骨路"语义与"锢"相同，指修补铜铁器使其不漏，后也用来指称市井中修补铜铁器的工匠。

分音词通常会有不同的书写方式，"骨路"也写作"锢路""锢露"等。《东京梦华录》卷三："其锢路、钉铰、箍桶、修整动使、掌鞋、刷腰带、修幞头帽子、补角冠。"《朱子语类》卷七十三："如炉鞲相似，补底只是锢露。"

再如"栲栳"，是一种用柳条或竹子编成的器具。《夷坚乙志》卷十九："既而数辈同至，面无人色。言曰：'王制干瞪坐于地，头如栲栳，形容绝可怖，见之皆惊蹶气绝，移时乃苏。'"《癸辛杂识》续集上："壬辰二月朔甲子，更初有大星如五斗米栲栳大，徐徐自东而西，红光照地，有声殷殷若雷。"唐时已有用例。唐卢延让《樊川寒食二首》："鞍马和花总是尘，歌声处处有佳人。五陵年少粗于事，栲栳量金买断春。"现在江苏方言中仍有这种说法。有学者结合"栲栳"的词义分析、语音特点，及其在方言中的使用情况进行分析，认为"栲栳"应是"句"的分音词。①

分音裂变是汉语俗语词产生的一个重要来源。未分音之前的单音节词，一般属于基本词汇，出现于书面语中，分音裂变之后产生的双音节词，作为一种变体形式，更多地出现在口语中，因而也就成为汉语口语词、俗语词的一个重要来源。这些分音词在写法上多不固定，如"孛篮"，又写作"蒲蓝""蒲篮""勃阑""孛罗"等。现太原及内蒙古西部等方言中就有"孛篮""孛罗"的说法，是指一种用荆条等编成的圆形器具。"即零"，又写作"唧溜""鲫溜"，现在汉语方言中仍称一个人思维敏捷为"鲫溜"。反之，反应

---

① 牛尚鹏：《试谈"栲栳"之词义、理据及语源》，载《唐山学院学报》2011年第5期。

迟钝木讷则称作"不喇溜"。"机灵"一词应是"精"的分音形式。其他还如"窟笼"（"窟窿""窟窿"）于"孔"，"矻落"（"阁落"）于"角"等，都是如此。

对于嵌［l］分音词大量存在的原因，应与上古汉语复辅音的分化有关。也有的认为［l］的作用相当于隔音符号，当切语下字为零声母，与前面韵母拼合时，音节界限变得模糊，可以借助［l］起到分隔音节界限的作用。另外，［l］声母几乎可以与任何韵母拼合，拼合能力极强，因此在分音词中，嵌［l］的分音词数量也是最多的。

通过考察分音词的词形变体情况，可以从中划分出两种不同的类型：一类是两个音节仅起标音作用，每个音节并不单独表义，如"即零"（"喇溜""鲫溜"）、"屈挛"（"曲连""拳挛"）、"突栾"（"秃栾""秃圞"）等就属此类；另一类则是前一个音节既参与标音，也表示意义，后一个音节则沿用标音的作用，与表义无关，如"锢路"与"锢"、"角落"与"角"就是如此。

因为嵌音词的成词理据有一定的模糊性，所以在对这些词进行分析时，只有从这类词的语音特点入手，才能对它们的成词理据作出正确判断。

（四）合音词

合音词即合二字之音为一字，这种语言现象古已有之。

《梦溪笔谈》卷十五："古语已有二声合为一字者，如不可为叵，何不为盍，如是为尔，而已为耳，之乎为诸之类。"

亲属称谓词中，"媭""妗"的成词理据就与合音相关。对伯母称"媭"，舅母称"妗"，始见于宋代。"媭"或为"世母"的合音，"妗"或为"舅母"的合音。《明道杂志》："王圣美尝言：'经传中无媭与妗字。'考其说，媭字乃世母字二合呼也，妗字乃舅母字二合呼也。"

二、字形拆分

汉字中存有大量的合体字，因此也可以依据不同的组合方式，对汉字字形进行拆分。汉语中有些词就是通过字形拆分创造出来的。因此，依据这种方式创造的俗语词，在分析这类词的成词理据时，也必须借助字形特点才能正确理解。

如宋代笔记中"破瓜"一词，就是利用拆分字形的方式形成的俗语词。"破瓜"即是将"瓜"的字形拆破。"瓜"字可拆分为两个"八"字，所以女子十六岁时为"破瓜之年"。《醉翁谈录》："予尝赠宜之诗曰：'采翠仙衣红玉肤，轻盈年在破瓜初。霞杯醉唤刘郎赌，云髻慵邀阿母梳。'""年在破瓜初"即刚年满十六岁。

至清代，"破瓜"又指六十四岁。清褚人获《坚瓠集》："破瓜者，谓二八也。盖以瓜剖四界，其形如两'八'字。吕洞宾《赠张洎诗》云：'功成当在破瓜年。'盖二八，八八六十四也，洎以六十四卒。""破瓜"仍是指破"瓜"为两个"八"，这与之前是一致的，只是清代对拆分出的两个"八"作了乘法，所以将六十四岁也称为"破瓜之年"。现在"破瓜"多被理解为"破身"，应是误解。这种误解至少在明代就已经存在。如《警世通言》卷三十二："那杜十娘自十三岁破瓜。""破瓜"之说，就含"破身"之义。产生误解的原因，应该是对"破瓜"的内部构造认识模糊、主观臆断的结果。

再如"双弓米"，是粥的别名。从字形看，属拆字构词，两"弓"一"米"，合而为"粥"字。《清异录》卷下："单公洁，阳翟人。耻言贫。尝有所亲访之，留食糜，惭于正名，但云：'啜少许双弓米。'"

三、缩略

缩略造词，就是为了使用简便，将较长的语词形式压缩或省略为较短的形式，形成一个新的词语，但意义保持不变。"缩略是一种能产的词汇手段"，[①] 是因为这种构词形式符合语言趋简、经济的原则。

宋代笔记中，通过缩略法产生的复合式俗语词，如"披秉"。宋文惟简《虏庭事实》："顷年初创台，有女真、契丹之人，有为公相尚书侍郎者，从

[①] 俞理明：《汉语缩略研究——缩略：语言符号的再符号化》，巴蜀书社2005年版，第320页。

汉法，例当'披秉'。"这里的"披秉"应是"披袍秉笏"的简称，指穿袍持笏。

元陶宗仪《南村辍耕录》卷五："天子郊祀与祭太庙日，百官陪位者皆法服。凡披秉须依歌诀次第，则免颠倒之失。歌曰：'袜履中单黄带先，裙袍蔽膝绶绅连，方心曲领蓝腰带，玉佩丁当冠笏全。'"记录的是官员在参加重大的祭祀节日时，必须穿戴整齐，穿着较为繁琐，为便于记忆编写了歌诀，穿戴时一一对照，以免出现差错。后用作戏剧表演术语，指扮作官员身份的角色。元郑廷玉《看钱奴买冤家债主》第一折："正末披秉扮增福神上。"元杂剧中亦有一类为"披袍秉笏"，主要是指君臣杂剧，缘于臣子见君，常"披袍秉笏"，装扮要正式讲究。"披秉"相对"披袍秉笏"，更加简化，词义也更加隐蔽。因此由缩略方式形成的俗语词，其词义的理解，往往需借助对缩略之前完整式的分析才能实现。

再如"三节人"，是"三节人从"的省写，指宋代及夏、辽、金等出国使节的随员。《金史·礼志十一》："新定夏使仪注：夏国使、副及参议各一，谓之使。都管三。上节、中节各五，下节二十四，谓之三节人从。"宋代笔记中亦有用例。《寓简》卷六："近岁衔命出疆，三节人从，赏给丰腆。"后缩略形式"三节人"使用较多。《梦粱录》卷三："若向者高宗朝，有外国贺生辰使副，朝贺赴筵，于殿上坐使副，余三节人在殿庑坐。"《老学庵笔记》卷一："使虏，旧惟使副得乘车，三节人皆骑马。马恶则蹄啮不可羁，钝则不能行，良以为苦。"

第二节　俗语词成词理据的其他因素

俗语词的形成，既有语言内部因素的影响，又与其产生时期的语言之外的其他因素密切相关，如文化制度、社会习俗、历史典故等，所以，在探讨俗语词的成词理据时，必须全面考虑影响其成词的各种因素，明晓其赖以产生的社会文化背景，才能更加准确地理解俗语词形成的内在理据。

一、避讳

避讳就是对君主、圣人、尊长等不直呼其名，在书写时也不直接将其名字直接写出，而是采用如改字、改音、空格、缺笔等其他方式替代，以表示敬重。避讳作为一种社会制度或现象兴起于周代，至宋尤盛。《容斋三笔》卷十一："本朝尚文之习大盛，故礼官讨论，每欲其多，庙讳遂有五十字者。举场试卷，小涉疑似，士人辄不敢用，一或犯之，往往暗行黜落。"宋代参加科举考试的士人必须牢牢记住这五十个字，一旦在文章中出现，则注定仕途无望，可见避讳风气之盛之严。

避讳的一个直接影响，就是对语言文字造成许多麻烦，为了避开这些敏感的字词，必须改用其他文字代替。替换的结果就会影响到许多词语的构成，自然也会影响到俗语词的形成与发展，如俗语"只许州官放火，不许百姓点灯"就源自避讳。《老学庵笔记》卷五："田登作郡，自讳其名，触者必怒，吏卒多被榜笞。于是举州皆谓灯为火。上元放灯，许人入州治游观。吏人遂书榜揭于市曰：'本州岛依例放火三日。'"

依据避讳适用的对象，可将避讳分为两种。

（一）避尊名

避尊名就是避帝王、官员或长者的名讳。为了避讳，就要寻求其他表达方式代替，通常是用同义词进行替换，由此产生许多新的词语。如宋代俗语词"炊饼"就是如此。《齐东野语》卷四："伊川讲'南容三复白圭'，内侍告曰：'容字，上旧名也。'不听。讲毕曰：'昔仁宗时，宫嫔谓正月为初月，饼之蒸者为炊，天下以为非。嫌名、旧名，请勿讳。'"宋代将面食统称为饼，"炊饼"一词是因避宋仁宗赵祯的名讳而用"炊"替换"蒸"形成的。

"蜂糖"，江南人为避杨行密名，将"蜂蜜"改称"蜂糖"。杨行密，唐朝末年著名政治家、军事家。在他死后，当地民众为表达对他的敬重，所以讳"蜜"为"糖"。《独醒杂志》卷一："江南呼蜜为蜂糖，盖避杨行密名也。行密在时，能以恩信结人，身死之日，国人皆为之流涕。"

"羹菜"，即菜羹。因为畏于北宋权相蔡京的权势，避蔡京名讳，将"菜羹"改为"羹菜"。《铁围山丛谈》卷二："宰相堂食，必一吏味味呼其名，听索而后供，此礼旧矣。独'菜羹'以其音颇类鲁公姓讳，故回避而曰'羹菜'，至今为故事。"

"干办"也是因避讳而产生的新词。在宋代把主管办理某种公务的官员称为"勾当"，但因避宋高宗赵构名讳，所以改称"干办"。《却扫编》卷下："旧制：诸路监司属官曰'勾当公事'。建炎初，避今上嫌名，易为'干办'。"也称"干当"，用作动词，表示"处理、办理"。《梦粱录》卷十九："又有一等手作人，专攻刀镊，出入宅院，趋奉郎君子弟，专为干当杂事，插花挂画，说合交易。"又可以用作名词，指具体处理、经办的差事。《能改斋漫录》卷十二："况川中两经兵寇，差咏治乱。令中贵人入川，比欲申地主之礼。如何须得中夜入城，使民惊扰。不知有何急公干当？"

(二) 避恶名

避恶名指人们对于一些在语言中存在的不雅之词，以及不愿听到的，或听到后会触发不好联想的字词，在使用时有意进行的一种回避。如《鸡肋编》卷上载：

> 天下方俗各有所讳，亦有谓而然。渭州潘原讳"赖"。云始太祖微时，往凤翔谒节度使王彦才，得钱数千，遂过原州，卧于田间，而树阴覆之不移，至今犹存，谓之"龙潜木"。至潘原与市人博，大胜，邑人欺其客也，殴而夺之。及即位无几，欲迁废此县，故以赖为耻，然未知以欺为赖，其义何见。常州讳"打爷贼"。云有子为伍伯而父犯刑，恐他人挞之楚而自施杖焉。虽有爱心，于礼教则疏矣。楚州讳"乌龟头"。云郡城像龟形，尝被攻，而术者教以击其首而破也。泗洲多水患，故讳"靠山子"。真州多回禄，故讳"火柴头"。涟水地褊多荒，人以食芦根为讳。苏州人喜盗，讳言"贼"。世云范文正乃平江人，警夜者避不敢言贼，乃曰"看参政乡人"，是可笑也。而京师僧讳"和尚"，称曰"大师"。尼讳"师姑"，呼为"女和尚"。南方举子至都讳"蹄子"，谓其

为爪,与獠同音也。而秀州又讳"佛种",以昔有回头和尚以奸败,良家女多为所染故尔。卫卒讳"干",医家讳"颠狂",皆阳盛而然。疑干者谓健也。俗谓神气不足为九百,或以干为九数,又以成呼之,亦重阳之义耳。蜀人讳"云",以其近风也。刘宽以客骂奴为畜产,恐其被辱而自杀。浙人虽父子朋友,以畜生为戏语,而对子孙呼父祖名,为伤毁之极。在龙泉,见村人有刻石而名蛮名娇之类,可耻贱者,问之,云欲人难犯,又可怪也。

上述列举的就是不同地域长期以来形成的避讳,并对这些避讳产生的原因进行了分析。其中许多涉及俗语词的问题,如"俗谓神气不足为九百"是因为不足数、阳气不足等。蜀人讳"云",是源于"云"与"风"之间的相关性联想。"风",谐音"疯",所以称言谈举止疯癫的人为"云汉"。《老学庵笔记》卷三:"初,蜀人谓病风者为云,画家所谓赵云子是矣。至是京师市人亦有此语。馆中会语及宸翰,或谓曹氏子曰:'计公家富有去汉之章也。'曹忽大怒曰:'尔便云汉!'坐皆惘然,而曹肆骂不已。"

社会习俗中也存在诸多避讳,在语言交流中就会借用其他字词替换,因此改换名称也导致了许多俗语词的产生。如马桶俗称"马子",原称"虎子",因其形制类似卧伏之虎而得名。但因唐人讳虎,所以改称"马子"。《云麓漫钞》卷四:"《西京杂记》:李广与兄弟共猎于冥山之北,见卧虎焉,射之,一矢即毙,断其髑髅,以为枕,示服猛也;铸铜象其形为溲器,示厌辱之也。故汉人目溺器为虎子,郑司农注《周礼》有是言。唐讳虎,改为马,今人云厕马子者是也。"《梦粱录》卷十六:"盘、面桶、项桶、脚桶、浴桶、大小提桶、马子、桶架、木杓。"《归田录》卷二:"故观察使刘从广,燕王婿也,尝语余:'燕王好坐木马子,坐则不下,或饥则便就其上饮食,往往乘兴奏乐于前,酣饮终日。'亦其性之异也。"

明陆容《菽园杂记》卷一对民间的语言禁忌也有记录:"民间俗讳,各处有之,而吴中为甚。如舟行讳住,讳翻,以箸为快儿,蟠布为抹布。讳离散,以梨为圆果,伞为竖笠。"① 这些语言禁忌,直接影响到事物的

---

① (明)陆容:《菽园杂记》,中华书局1985年版,第8页。

命名以及词语的构成方式，因此在研究词语成词理据时也应该做一定的了解。

二、社会习俗

社会习俗是人们自发形成的，为社会大多数成员认可并自觉遵循的行为方式。语言作为习俗存在和传承的重要载体，其本身也会受到习俗的影响而发生变化，如岭南地区的称谓习俗，用"父/母+所生男女小名"的方式来称呼其父母。《青箱杂记》卷三："岭南风俗，相呼不以行第，唯以各人所生男女小名呼其父母。元丰中余任大理丞，断宾州奏案，有民韦超，男名首，即呼韦超作'父首'；韦邀男名满，即呼韦邀作'父满'；韦全女名插娘，即呼韦全作'父插'，韦庶女名睡娘，即呼韦庶作'父睡'，妻作'姊睡'。"相当于现代口语中的"某某的父（母）"。

宋代笔记中一些俗语词的由来，与当时的社会习俗有着密切关系。针对这部分俗语词，当从习俗的形态和要素等方面来探究词语的内在理据，方能准确把握词义，如"牛米"，就是用收成的谷物支付租牛费用。据考证，这是因为江西饶州佃客租用地主的耕牛，要向地主多交一成租金，所以称为"牛米"。《容斋随笔》卷四："予观今吾乡之俗，募人耕田，十取其五，而用主牛者，取其六，谓之牛米。"

再如"两脚羊""饶把火""不羡羊""和骨烂"。宋代笔记中对"吃人"现象有比较隐晦的表达，被吃的人通称为"两脚羊"。"饶把火"是指老年男子的肉，因肉老需要多加把火。"不羡羊"指少女的肉鲜美胜过羊肉。小儿肉嫩，熬煮时骨头和肉一起煮烂了，所以称作"和骨烂"。《鸡肋编》卷中："盗贼、官兵以至居民，更互相食，人肉之价贱于犬豕，肥壮者一枚不过十五千，全躯暴以为腊。登州范温率忠义之人，绍兴癸丑岁泛海到钱唐，有持至行在犹食者。老瘦男子廋词谓之'饶把火'，妇人少艾者名为'不羡羊'，小儿呼为'和骨烂'，又通目为'两脚羊'。"

宋时有女子在家人的纵容下私通其他男子以图谋钱财的陋习，"贴夫"即指私通之男子。《鸡肋编》卷中："两浙妇人皆事服饰口腹而耻为营生。故小民之家不能供其费者，皆纵其私通，谓之贴夫，公然出入不以为怪。如近寺居人，其所贴者皆僧行者，多至有四五焉。"

"白席"，北方民间宴席上专门掌管宴席礼仪、安排整个宴席事项及进程的人。《老学庵笔记》卷八："北方民家吉凶辄有相礼者，谓之白席，多鄙俚可笑。韩魏公自枢密归邺，赴一姻家礼席，偶取盘中一荔支，欲啖之。白席者遽唱言曰：'资政吃荔支，请众客同吃荔支。'魏公憎其喋喋，因置不复取。白席者又曰：'资政恶发也，却请众客放下荔支。'魏公为一笑。"又称"白席人"。《东京梦华录》卷一："凡民间吉凶筵会……以至托盘，下请书，安排坐次，尊前执事，歌说劝酒，谓之白席人。"

三、历史典故

词汇的形成和演变与历史文化有着不可分割的联系，特别是历史典故，对一些俗语词的形成有直接的影响，如"破天荒"这一俗语的形成与唐刘蜕有关。

唐时荆州地区选送举人进京参加会试，结果常常是颗粒无收，被嘲笑为"天荒"。直至刘蜕才打破这一局面，成为多年来当地考中的第一个进士，因此被称作"破天荒"。《邵氏闻见后录》卷十七："唐荆州每解送举人，多不成名，号曰'天荒'。至刘蜕舍人，以荆州解及第，号'破天荒'。东坡尝以诗二句遗琼州进士姜唐佐，'沧海何曾断地脉，白袍端合破天荒'，用此事也。"后用来指前所未有或者第一次出现的事。《独醒杂志》卷二："江西自国初以来，士人未有以状元及第者。绍圣四年，何忠孺昌言始以对策居第一，里人传以为盛事。故谢民师有诗寄忠孺云：'万里一时开骥足，百年今始破天荒。'盖记时人之语也。"

"安乐窝"本是邵雍为自己住所起的名字。邵雍《无名公传》："所寝之室谓之安乐窝，不求过美，惟求冬暖夏凉。"《獭真子》卷三："洛中邵康节先生，术数既高，而心术亦自过人。所居有圭窦、瓮牖。圭窦者，墙上凿门，上锐下方，如圭之状；瓮牖者，以败瓮口安于室之东西，用赤白纸糊之，象日月也。其所居谓之'安乐窝'。"后以此喻指舒服、清闲之地。元关汉卿

《南吕·四块玉·闲适》:"意马收,心猿锁,跳出红尘恶风波。槐阴午梦谁惊破?离了名利场,钻入安乐窝,闲快活。"至今沿用。

"五奴",指称默许妻子与他人私通,并以此来谋财的人。"五奴"一词源自唐时"苏五奴"的典故。唐崔令钦《教坊记》:"苏五奴妻张四娘,善歌舞,亦姿色,能弄《踏谣娘》。有邀迓者,五奴辄随之前。人欲得其速醉,多劝酒。五奴曰:'但多与我钱,虽吃锤子亦醉,不烦酒也。'"① 后世据此将默许妻子出卖色相换钱的人称作"五奴"。宋代笔记用例如《癸辛杂识》续集下:"阛阓瓦市,专有不逞之徒,以掀打衣食户为事,纵告官治之,其祸益甚,五奴辈苦之。"

"遭鞋底",典出自杨亿。杨亿因不满当时的官员对自己文章进行删改,而将删改之处用浓墨又涂改为鞋底模样,以示抗议。后文人用这一俗语词来调侃自己的文章遭人涂抹的行为。《隐窟杂志》:"杨文公(亿)有盛名,尝因草制,为执事者多所点窜。杨甚为不平,便取其稿上涂抹处,以浓墨傅之,就加为鞋底样,并于其旁题曰:'世业杨家鞋底。'人问其故,曰:'是他人脚迹。'自后行文遇人抹者,往往相谑曰:'又遭鞋底。'"

"太师样",一种椅子,因宋太师秦桧而得名。《贵耳集》卷下:"今之交椅,古之胡床也,自来只有栲栳样,宰执侍从皆用之。因秦师垣宰国忌所,偃仰片时坠巾,京伊吴渊,奉承时相,出意撰制荷叶托首四十柄,载赴国忌所,遣匠者顷刻添上,凡宰执侍从皆用之。遂号太师样。今诸郡守倅,必坐银校椅,此藩镇所用之物,今改为太师样,非古制也。"除此之外,还出现了诸如"太师青""太师轿子""太师错""太师窗"等以"太师"为构词语素的词。《老学庵笔记》卷十:"蔡太师作相时,衣青道衣,谓之'太师青'。出入乘棕顶轿子,谓之'太师轿子'。秦太师作相时,裹头巾,当面偶作一折,谓之'太师错';折样第中窗上下及中一二眼作方眼,余作疏棂,谓之'太师窗'。"

"司马家",典出自司马光。据传司马光为官之时贪污严重,所以民间称贪污不才者为"司马家"。《齐东野语》卷二十:"坡公《独乐园》诗云:

---

① (唐)崔令钦:《教坊记》,中华书局2012年版,第17页。

'儿童诵君实，走卒知司马。'京师之贪污不才者，人皆指笑之曰：你好个司马家。文潞公留守北京日，尝遣人入辽侦事。回见辽主大宴群臣，伶人剧戏作衣冠者，见物必攫取怀之。有从其后以物朴之，云：'汝司马端明邪？'是虽夷狄亦知之，岂止儿童走卒哉！"

第三节　习非成是对俗语词形成的影响

赵元任先生在论及语言的变化时，曾提出语言"演变的最大的社会力量之一是中国人所说的'习非成是'。错两次固然变不成正确，但是次数多了，什么错误都会变成正确"①。考察语言中的一些习惯性说法，单从逻辑角度是分析不通的，但大家都懂是什么意思，都这样说，久而久之，就会逐渐被接受，成为约定俗成的说法。在语言发展过程中，对语言的错解错用也是推动语言发展演变的一种力量。因此，在探讨和研究影响语言发展和演变的诸多要素时，"习非成是"也应作为重要因素加以重视。

语言是有意义的声音，由能指和所指构成。在语言构成要素中，最容易发生讹变的就是语音，不仅在通语或方言中存在大量的音同音近字，而且在语言接触过程中，也会存在不同语言之间语音上的相互影响。一个词，尤其是复合词，在产生初期，词语的构造方式是遵循语言内部规则进行的，其词义也是清晰明确的。但是在后来的发展演变中，部分词语的来源及构造方式逐渐变得模糊，就不易被理解。在这种情况下，人们就会依据听到的声音，按照自己的理解，借用自己熟悉或者理解的方式对这个语音形式进行记录。这种记录本身就是建立在对词语的内部组合关系的模糊认识之上的。因此，借助这样的外在形式分析词的构造方式，结果就是要么无法分析，要么能分析，但常常是错误的。俗语词口语性强、传播速度快，错解错用方面的问题更加突出。

---

① 赵元任：《什么是正确的汉语》，颜森译注，载《江西师范大学学报（哲学社会科学版）》1989年第3期。

宋代笔记中就有关于地名讹误的例子，如"恶发殿"。《鸡肋编》卷中："车驾驻跸临安，以府廨为行宫。绍兴四年，大飨明堂，更修射殿以为飨所。其基即钱氏时握发殿，吴人语讹，乃云'恶发殿'，谓钱王怒即升此殿也。时殿柱大者，每条二百四十千足，总木价六万五千余贯，则壮丽可见。言者屡及而不能止。"

五代十国时，吴越王把首都临安的皇宫命名为"握发殿"，殿名取自周公"一沐三握发"的典故，借此既表达对周公的仰慕，又抒发自己的勤政抱负。但是吴地百姓却不清楚其中蕴含的深义，而是根据当地的方音，误将"握发"理解为口语"恶发"，就把这座皇宫称为"恶发殿"。"恶发"是当时的口语词，意为"生气、发怒"。据此世人按自己的主观臆断认为"钱王怒即升此殿也"。因此称殿名为"恶发殿"。

笔记对"大小姑山""彭郎矶"的记录也是如此。如《归田录》卷二："江南有大小孤山，在江水中巍然独立，而世俗转孤为姑。江侧有一石矶，谓之澎浪矶，遂转为彭郎矶。云：'彭郎者，小姑婿也。'余尝过小孤山，庙像乃一妇人，而敕额为圣母庙，岂止俚俗之谬哉。"大、小孤山，本为山名，取其巍然独立之义。后民间转"孤"为"姑"，而且将与之相对的石矶称作"彭郎矶"，并在小姑与彭郎之间演绎出一幕爱情故事。后人更是在小孤山建庙，供奉的自然是一位妇人。

宋代笔记中记录有关俗语词在传播过程中发生讹变的资料比较丰富。考察讹变产生的原因，大致可分为两种情况：一是由语言自身因素的干扰而发生的讹变，如语音、语义、词形等；二是因为语言接触的因素，例如对外来词的误解。

一、语言自身因素的干扰

宋代笔记中，俗语词因受到语言自身因素干扰而发生讹变的情况占主要部分，可将这些因素依据具体情况分为语音干扰、语义干扰、词形干扰等。

（一）语音干扰

俗语词在流传过程中，由于对词语的实际语源已不太清楚，因此在记录时，常常会"听音为字"，选取同音字来记录。汉语存在于共同语和方言中的同音字数量众多，后世逐渐接受并沿用了这种错误的记录形式，于是就产生了讹变。

福建通应江出产的一种鱼，因其味道鲜美，名"通应子鱼"，后误写作"通印子鱼"，于是民间误以为此鱼体形大可容印，所以得名。《鸡肋编》卷中："兴化军莆田县去城六十里有通应侯庙，江水在其下，亦曰通应。地名迎仙，水极深缓，海潮之来亦至庙所，故其江水咸淡得中。子鱼出其间者，味最珍美。上下十数里，鱼味即异，颇难多得。故通应子鱼名传天下，而四方不知，乃谓子鱼大可容印者为佳。"

再如"荟蕞"，指事物多而杂。"荟"，《说文》："草多貌。"后引申为聚集。"蕞"，《广韵》："小貌。"唐郑虔著有《荟蕞》一书，用以表明书中记述内容繁杂细碎。《嬾真子》卷五："《唐史》载：郑虔集当世事着书八十余篇，目其书为《荟蕞》。老杜《哀故著作郎贬台州司户荥阳郑公虔》诗云：'荟蕞何技痒。'今按《韵略》：荟，乌外切，草多貌，如'荟兮蔚兮'之荟。蕞，徂外切，小也，如'蕞尔国'之'蕞'。虔自谓其书虽多，而皆碎小之事也。后人乃误呼为《荟粹》，意为会取其纯粹也，失之远矣。盖名士目所著书多自贬，若《鸡肋》《脞说》之类，皆是意也。"后误写为"会粹"。"会"，聚集；"粹"，本指纯米，后引申为事物的精华。"会粹"，就是把精华的东西汇聚在一起。现又写作"荟萃"。"萃"，草丛生茂盛。"荟萃"，同义连用，表示"会集、聚集"。至此词形语义皆误，都是因不明语源，听音为字、主观臆测而产生的错误。

"几头酒"，指的是沐浴后喝的酒。形式与意义之间从语言的角度无法作出合理的解释，所以也应属于"听音为字"现象。考察其构词理据，"几头酒"当为"禨头酒"的讹变。"禨"，洗头后所饮的酒。后因"禨"字笔画繁多，又与"几"音同，因而发生讹变。《侯鲭录》卷三："几头酒。山东风俗，新沐讫饮酒，谓之几头。颜师古云：'字当为禨，音机。禨，谓福祥也。'按《礼》云：'沐稷而靧粱，栉用樿栉，发晞用象栉，进禨进羞，工乃升歌。'郑康成注云：'沐靧必进禨作乐，益气也。此谓新沐靧体虚，故更进食饮，而又加乐，以自辅助致福祥也。'此古之遗法乎。"

（二）语义干扰

俗语词在发展流传的过程中，由于对词语来源的错误认识，又产生出新的理解。这种理解逐步为当时的人们所接受，并且广泛使用。

"云子"，本为一种洁白如玉的矿石，杜甫等人用云子比作饭，后世不知这只是一种比喻的修辞手法，而误认为云子是一种饭食的名称。《鸡肋编》卷上："杜子美诗云：'饭抄云子白，瓜嚼水精寒。'李义山《河阳》诗亦云：'梓泽东来七十里，长沟复堑埋云子。'世莫识'云子'为何物。白彦悼云：其姑婿高士新为吉州兵官，任满还都，暑月见其榻上数囊，更为枕抱。视之皆碎石，匀大如乌头，洁白若玉。云出吉州，土人呼'云子石'。而周焘子演云：'云子，雹也。'见唐小说，而不记其书名。义山谓埋于沟堑，则非雹明矣。疑少陵比饭者，是此石也。"《瓮牖闲评》："盖谓饭可以比云子之白也，至后世，则便以饭称云子。"在造成误解的因素中，杜甫及其诗歌的影响力也发挥了很大作用。

（三）词形干扰

汉字形体演变过程中产生了大量的形近字，因此在对俗语词进行记录、刊刻时，受到字形相近的影响，也会发生讹误。

"牙人"，指商品买卖的中间人。《东京梦华录》卷三："凡雇觅人力、干当人、酒食作匠之类，各有行老供雇。觅女使即有引至牙人。"《龙川略志》卷五："又曰：'何从得马牙人乎？'曰：'召猪牙诘之，则马牙出矣。'果得曾为人卖马者，辞以不能。""猪牙""马牙"是指在猪、马等交易活动中的中间人。宋代女性中间人称作"牙婆"。《世范》卷三："尼姑、道婆、媒婆、牙婆及妇人以买卖、针灸为名者，皆不可令入人家。"牙人成立的社会组织称作"牙行"。《南村辍耕录》卷十一："今人谓驵侩者曰'牙郎'，本谓之'互郎'，谓主互市事也。唐人书'互'作'牙'，'互'与'牙'字相似，因讹而为'牙'耳。"[①] 据此可知，"牙郎"当为"互郎"，"互"为相互、交

---

① （元）陶宗仪：《南村辍耕录》，中华书局1958年版，第139页。

互的意思，因"牙""互"字形相近而误。

"杜园"，指虚假、不真实。《东轩笔录》卷六："陈绎晚为敦朴之状，时谓之'热熟颜回'。熙宁中，台州推官孔文仲举制科，庭试对策，言时事有可痛哭太息者，执政恶而黜之。绎时为翰林学士，语于众曰：'文仲狂躁，乃杜园贾谊也。'王平甫笑曰：'杜园贾谊可对热熟颜回。'合座大噱，绎有惭色。杜园、热熟，皆当时鄙语。""杜园贾谊"指孔文仲参加廷试，说到时政时有"可痛哭者，有可叹息者"。这种表达与贾谊《陈政事疏》一文中提及时势时写到的"可为痛哭者一，可为流涕者二，可为长叹息者六"的文字相似，所以孔文仲被人称作"杜园贾谊"，暗指其虽文字与贾谊相似，但在实质上却与贾谊根本不同。《寓简》卷一："汉田何善《易》，言《易》者本田何。何以齐诸田徙杜陵，号'杜田生'。今之俚谚谓白撰无所本者为'杜田'，或曰'杜园'者，语转而然也。"据此推断，"杜园"当是"杜田"的讹写，指凭空编造。"杜"，因此有"虚假编造"的意思。

有时一个俗语词的错解错用，是语言中多种因素共同作用的结果，如"打夜胡""打野胡"，本是民间在腊月时举行的一种驱鬼活动，且由来已久，发展到宋代已逐渐转变为一种文娱活动，有时也会有穷人为谋生化装成妇人、神鬼之类沿门乞讨。

据考，"夜胡""野胡"应为"野虖""邪呼"的讹写。《云麓漫钞》卷九："世俗，岁将除，乡人相率为儺，俚语谓之打野胡。按《论语》：'乡人儺，朝服立于阼阶。'注：'大儺驱逐疫鬼也。'亦呼'野虖'戏。今人又讹耳。"《梁书·曹景宗传》："（景宗）为人嗜酒好乐，腊月于宅中，使作野虖逐除，遍往人家乞酒食。""野虖"是驱逐鬼怪时的叫喊声。《辞源》释"邪呼"为"旧时岁终驱疫鬼时的呼喝之声"。在驱鬼活动中，常常会伴有大声的叫喊，所以这种驱鬼的活动又被称作"野虖""邪呼"。至宋代，因不明语源、主观臆想，加之驱儺时伴有对鬼祟之类驱逐击打的动作，于是在因音同而讹的"夜胡"前冠以"打"字，又进而把"打夜胡"的"胡"与古代少数民族相联系，受到"打"词义的影响，"野虖""邪呼"又被理解为"野狐",还有把"打野狐"与佛教的"打野狐禅"相提并论的。①

再如民间为了制止小孩儿啼闹,多用"麻胡来"吓唬小孩。宋代笔记也有记录,如《归潜志》卷六:"后北兵入境,移镇京兆,军败召还,道病死。在东方时,卢鼓椎之名满民间,儿啼亦可怖,大概如呼麻胡云。"《清波杂志》卷八:"京师贵游纳婿,类设次通衢,先观人物。岳母忽笑曰:'我女如菩萨,却嫁个麻胡子!'谓其多髯也。"为何用"麻胡",大致有两种不同的意见。

第一种认为"麻胡"与具体的人相关。其一是指后赵的麻秋,因其性格残暴,又为胡人,所以称作"麻胡"。《太平广记》卷二百六十七"麻秋"条:"后赵石勒将麻秋者,太原胡人也。植性虓险鸩毒。有儿啼,母辄恐之麻胡来,啼声绝,至此为故事。"其二是指隋朝时的麻祜,也是性情暴虐,令人恐惧,又因"祜""胡"读音相似而误,被称为"麻胡"。唐李济翁《资暇集》卷下:"俗怖婴儿曰:麻胡来!不知其源者,以为多髯之神而验刺者,非也。隋将军麻祜,性酷虐,炀帝令开汴河,威棱既盛,至稚童望风而畏,互相恐吓曰:麻祜来!稚童语不正,转祜为胡。"这种观点认为麻秋、麻祜二人均因性情残暴而闻名,用他们的名字可以起到吓唬孩子、制止哭闹的作用。从语音上也可以得到解释,这种意见遂被广泛接受。

而且此后还出现过如刘胡、桓康、杨大眼、倍侯利、郝玼、刘锜、邪律休哥、牙吾塔等,他们或是因为举止残暴,或是长相丑陋,民间也有借用他们的名字来吓唬小孩的记载。《陔余丛考》卷三十九"威怖儿啼"条载:"《通鉴》:后赵将麻秋最勇猛,人呼为'麻胡',民间小儿啼,怖以'麻胡来',辄止。《南史》:刘胡面黝黑,为越骑校尉,蛮人畏之,小儿啼,语以'刘胡来'便止。桓康骁悍,所至为暴,江南人畏之,以其名怖小儿。画其形于寺中,病疟者摹写于床壁,无不立愈。《北史》:杨大眼威振淮泗,童儿啼者,呼云'杨大眼至'即止。高车国倍侯利奔魏,勇健善战,北方人畏之,婴儿啼者,曰'倍侯利来'便止。《唐书》:郝玼为边将,获虏必剺剔而还其尸,虏大畏,道其名以怖啼儿。《宋史·刘锜传》:锜少时与夏人战,屡

---

① 康保成:《傩戏艺术源流》,广东高等教育出版社2011年版,第21页。

胜,夏人儿啼,辄怖之曰:'刘都护来。'《辽史》:邪律休哥败宋兵,人欲止小儿啼,曰'于越至'辄止。于越,其官号也。《金史》:牙吾塔好用鼓椎击人,其名可怖儿啼,世呼曰'卢鼓椎'。"

据此可知,历史上出现过类似"麻秋""麻祜"的人有很多,但是为什么在这么多同类型的人物中,仅"麻胡"被保留下来,并广为流传?进一步考察"麻胡"一词最早出现于后赵,而《陔余丛考》记述的这些人所处的历史时代,均出现于"麻秋""麻祜"之后。因此有理由认为,这部分记录是受到"麻胡"得名缘由的影响而产生的结果,因而不能倒果为因,以此来解释"麻胡"这一俗语词的语源。

第二种则是从语音的角度对"麻胡"一词的语源进行分析,认为"麻胡"与具体的人无关,而是"猕猴"的音转。证据主要是源于段玉裁《说文解字注·猴》:"母猴,乃是兽名,非谓牝者。沐猴、猕猴皆语之转、字之讹也。"《新方言·释动物》:"沐猴,母猴。母猴,猕猴。人谓之马猴,皆一音之转。"[1] 从语音角度来看,"沐猴""母猴"均是指"猕猴"。"麻胡""沐猴""猕猴"语音相近。"猕猴"多居住在山林中,浑身毛乎乎的,形体外貌让人感觉害怕,用此来吓唬小孩,于理也可以讲通,因此这种解释更令人信服。只是后赵以及之后很长时间,由于语音上的变化,对于"麻胡"的语源认识出现模糊,借助"麻秋""麻祜"的故事,附会出"麻胡"的语源,进而使得"麻胡"的来源与具体的个人产生联系,后世又对这种认识进一步附会引申,从而使得"麻胡"离其实际的语源越来越远。

二、语言接触过程中产生的误解

在人类发展历史上,民族间的交流与融合一直都没有中断过。在不同民族接触时,会对各自的语言产生一定的影响,往往会出现一些借词,既便于彼此交流,又丰富自身语言。古代的印度、朝鲜、日本和近代西方的欧美各国都和我国有过交流和往来,在此过程中,汉语在影响其他民族语言的同时,又从这些国家的语言中借用了许多词,被称作外来词。这些词不仅是民族交

---

[1] 章炳麟:《新方言》,上海古籍出版社2002年版,第260页。

流的印证，也极大地增强了汉语词汇的丰富性和表现力。一般而言，在外来词引入的初始阶段，通常采用音译的方式，即依据外来词发音，选取与其发音相仿的汉字来记录。但汉字并不是标音字母，因此标音不够精确。而且汉字的表义性很强，汉字字形本身会令人产生丰富的联想，如果对外来音译词的特点不清楚，就会将作为标音的汉字当作实词来理解，因此就出现许多错误性的解读。如"茉莉"。

《爱日斋丛抄补遗》："茉莉花见于《南山草木状》，云：'耶悉茗花、茉莉花，皆胡人自西国移植于南海，人怜其芳香，竞植之。'……末利之名，王龟龄詹事题为末利花，又多作抹利花，且注其诗曰：'抹利，见佛经《名义》，或未究，或云："没者，无也。"谓闻此花香者，令人觉悟而好利之心没，故前作"没利"，此作"抹利"。而考之它书，惟陈君举《兰花供》诗亦云"没利从菊粲然笑"，二人同永嘉人，洪景卢《素馨花赋》："纷末丽兮已老"，非特"利""丽"之音近，当有所依据。《名园记》又书为"抹厉"，亦姑寓其所称，音义未详也。'"

茉莉，原产印度。"末利""抹利""抹厉""没利""末丽"，均是梵语的音译形式，仅用来标音，与意义无关。但随着茉莉在中国的普及，长久以来"茉莉"音译外来词的身份逐渐变得模糊，本用来标音的"没利""抹利"，产生出新的分析和解读，如认为"没利"为"没利可图"，而把"抹利"错误地理解为茉莉的花香可以消除人的好利之心。

"盂兰盆"一词，也是如此。它本是梵语 Ullambana 的音译。"盂兰"为"倒悬"义，"盆"为"救"义。佛家在农历七月十五日诵经，使众生免除倒悬之急。《武林旧事》卷三："七月十五日，道家谓之'中元节'。各有斋醮等会。僧寺则于此日作盂兰盆斋。"后民间断章取义，将"盆"附会为实物的盆。《老学庵笔记》卷七："故都残暑，不过七月中旬。俗以望日具素馔享先，织竹作盆盎状，贮纸钱，承以一竹，焚之。视盆倒所向，以占气候。谓向北则冬寒，向南则冬温，向东西则寒温得中，谓之盂兰盆，盖俚俗老妪辈之言也。又每云：'盂兰盆倒则寒来矣。'"这种"望文生训"都是语言接触过程中产生误解导致的。

外来词在引入之始一般都是采用音译法，依据发音特点用汉字字音进行摹写。对于音译外来词,为避免错解错用,在选取汉字时应该充分考虑两个方面的问题:一方面要尊重外来词的发音;另一方面,在选用同音字描摹发音时,也要考虑到词语的意义和汉语的特点。"茉莉"在流传的过程中出现了许多书写形式,现今只保留"茉莉"这一形式,既体现了梵语的发音,又凸显了汉语连绵词形式上、语义上的特点。

三、习非成是对俗语词词义的影响

俗语词作为词汇系统中较为活跃的组成部分,口语化程度高、流通速度快,因此在传播过程中,发生讹变的概率较之一般词汇要大得多。有的讹变,仅是存在于俗语词的外在形式上,对俗语词的来源产生影响,一般与俗语词的词义关系不大,如前述"几头酒"就是"檕头酒"在流传过程中因语音相近而发生的讹变,但这种讹变并没有影响对"檕头酒"的词义理解和正确使用。

再如古代婚俗,女儿出嫁三日后,娘家要送礼物食品到女婿家,称作"煖女"或"暖女",其实皆为"餪女"的讹变,这种变化也没有造成对词义的误解。

据考,"暖"当写作"餪"。《广韵·缓韵》:"餪,女嫁三日,送食曰餪。"之所以写作"煖"或"暖",是由于语音相同而写的错字。《闻见后录》卷二十七:"(宋祁)尝纳子妇。三日,子以妇家馈食物书白。一过目即曰:'书错一字,姑报之。'至白报书,即怒曰:'吾薄他人错字,汝亦尔耶?'子皇骇郤立,缓扣其错,以笔涂'煖'字。盖妇家书以食物煖女云,报亦如之。子益骇,又缓扣当用何'煖'字。久之,怒声曰:'从食,从而,从大。'子退,检字书《博雅》中出'餪'字,《注》云:'女嫁三日,饷食为餪女。'一始知俗闻餪女云者,自有本字。"

宋祁的儿子在写回帖时将"餪"错写作"煖",被父亲训斥。可见在最初使用时,"煖""餪"二字绝不能混用。但是这种错误经长期使用,逐渐成为一种可以被接受和认可的写法。在宋代笔记中,"煖女""暖女"两种写法就都有使用。《东京梦华录》卷四:"三日女家送彩段、油蜜蒸饼,谓之蜜和油蒸饼。其女家来作会，俗谓之煖女。"《侯鲭录》卷三："世之嫁女，三日送食，俗谓之煖女。"民间还有一种习俗，就是新房盖好后，主人搬入新居，亲戚朋友均要携带礼物上门祝贺，称为"暖屋"。《清波别志》卷中："里巷间有迁居者，邻里酿金治具过之，名暖屋。"现在许多地方叫作"温锅"。其中的"暖"字，或也应该写作"餪"。

还有一些词语在传播过程中发生的讹变，会影响到对其词义的正确理解，如"握发殿"讹变为"恶发殿"，"大小孤山"讹变为"大小姑山"等即是如此。俗语词也存在这方面的情况，如上述"云子"等。

通过对俗语词在发展过程中的讹变现象进行分析，可以进一步认识到语言变化的复杂性。俗语词的讹变现象不能用简单的是非正误进行评判，因为在语言的诸多属性中最为重要的是它的社会属性，最初的讹变是否可以转化成一种合理的存在，关键在于是否能得到大多数社会群体的认可。因为在语言发展中，有些语言现象从根本上说就是习非成是的结果。

第五章　宋代笔记俗语词词义的生成与演变

前面两章分别对俗语词的构词特点及成词理据进行分析，主要研究的是俗语词外部形式与内在语义的关系问题。本章则着重对俗语词词义作集中研究，重点对俗语词词义的生成及演变的方式、原因等进行探究和说明。

考察宋代笔记中俗语词词义的形成方式，从大的方面可以分为两种，即借用和衍生。具体而言，俗语词词义的借用，是指从当时的方言以及其他语言中吸收过来的俗语词，因受到方言或民族语的影响而产生新的词义。俗语词词义的衍生，则是指在原有词义基础上，经过引申、泛化、虚化以及语法结构上的重新分析等衍生出的俗语词词义。

第一节　词义借用与俗语词词义的变化

俗语词词义的生成，有的源自方言，有的受到其他民族语言的影响。下面具体从源自方言和源自其他民族语言两个方面分别说明。

一、源自方言口语的俗语词

有些俗语词的产生是受方言影响的结果，这种影响，主要表现为对于同一对象，在不同的方言区会存在不同的称谓形式，如在宋代指称随嫁的女子，就有"祗候人""左右人""贴身""横床""横门"等不同的称谓形式。《鸡肋编》卷下："古所谓媵妾者，今世俗西北名曰'祗候人'，或云'左右人'，以其亲近为言，已极鄙陋。而浙人呼为'贴身'，或曰'横床'，江南又云'横门',尤为可笑。"不同的方言区,在命名时会有不同的侧重,"左右人""贴身""横床""横门"的命名侧重于关系的亲近和密切,而"祗候人"侧重的则是称谓对象的地位和身份。

受到方言影响而产生的称谓类俗语词,之后的发展也会存在差异。"爹""老子"都是受特定民族语言和方言的影响,而发展为一般性的称谓类俗语词,使用范围也由特定方言区发展为社会通用。但是有些称谓类俗语词虽也是受方言影响而形成,但在后来的发展演变中,在使用范围上并没有突破方言的限制,依然带有明显的方言特点,如"郎罢"。"郎罢"本为闽人用来称呼父亲的称谓类俗语词。《青箱杂记》卷六:"闽人谓子为囝,谓父为郎罢,故顾况有《哀囝》一篇曰:'……郎罢别囝,吾悔生汝,及汝既生,人劝不举。不从人言,果获是苦。囝别郎罢,心摧血下。隔地绝天,及至黄泉,不得在郎罢前。'"宋诗中也常见。陆游《戏遣老懷》:"阿囝略如郎罢老,稚孙能伴太翁嬉。"黄庭坚《送少章从翰林苏公余杭》:"斑衣儿啼真自乐,从师学道也不恶。但使新年胜故年,即如常在郎罢前。"也作"郎爸"。《称谓录》卷一:"《天中记》:'闽人呼父曰郎罢',一本'郎罢'作'郎爸'。"[1]

有的社会类俗语词是受当时方言和俚俗用词的影响而逐渐形成的,或者是直接采纳了当时的方言词汇,如"欢",江南方言,是对情人的称呼。《通典序·六朝歌曲》:"江南谓情人为欢。"可以指代情人中的任意一方。《能改斋漫录》卷一:"晋吴声歌曲,多以'侬'对'欢',详其词意,则'欢'乃妇人,'侬'乃男子耳。然至今吴人称侬者,唯见男子,以是知欢为妇人必矣。"《称谓录》卷五:"《古乐府·莫愁曲》:'闻欢在扬州,相送楚山头。'欢,丈夫也。"[2]

"甜采"是俚语对王姓的称呼。《渑水燕谈录》卷十:"一日御宴,教坊杂剧为小商,自称姓赵名氏,负以瓦瓿,卖沙糖。道逢故人,喜而拜之。伸足误踏瓿倒,糖流于地,小商弹指叹息曰:'甜采你即溜也,怎奈何?'左右皆笑。俚语以王姓为'甜采'。"

---

[1] (清)梁章钜:《称谓录》,上海古籍出版社1989年版,第624页。
[2] (清)梁章钜:《称谓录》,上海古籍出版社1989年版,第659页。

"快活三"在宋元方言中称体胖的人。《张氏可书》："邓知刚任待制，守军器监，形貌魁伟，每以横金衒众，未尝衣衫。京师谚曰：'不着凉衫，好个金陵快活三。'盖一时目肥人为快活三也。"元杂剧中使用较多，如郑廷玉杂剧《布袋和尚忍字记》第一折："（布袋云）将我比并着什么？（正末云）恰便似快活三恰将头剃了。"

"翠"为蜀方言，有鲜明的意思。《老学庵笔记》卷八："东坡《牡丹诗》云：'一朵妖红翠欲流。'初不晓'翠欲流'为何语。及游成都，过木行街，有大署市肆曰：'郭家鲜翠红紫铺。'问土人，乃知蜀语鲜翠犹言鲜明也。东坡盖用乡语云。""翠"作鲜明义，在魏晋南北朝时已出现。嵇康《琴赋》："新衣翠粲，缨徽流芳。"李周翰注："翠粲，鲜色也。"明李实《蜀语》："凡颜色鲜明曰翠。"现四川成都方言中仍用。

"马留"，猴子。《事林广记续集》卷八："猴，马留。"章炳麟《新方言》卷十："今广州谓猴为马犹，犹音如留。"宋李颀《古今诗话》："京师优人以杂物数十种布地，使人暗记物色，然后遣沐猴认之。每沐猴得之，优人即曰'道着也马留'。马留盖优人呼沐猴之名。""沐猴"，即猕猴，又用以形容人之相貌举止。《铁围山丛谈》卷三："吕升卿者，形貌短劣，谈论好举臂指画，奉使过东平，遂被目为'说法马留'。"吕升卿相貌丑陋，说话指手画脚，因为被人嘲为"说法马留"。

对于猴子为何叫"马留"，历来有诸多说法。杨琳《论方言求义法》一文对此有分析，认为"马留"属近代产生的方言词，应借助方言对其得名进行考证。他认为"马留"从语源上应与"麻溜"有关。"麻溜"在许多方言中表示动作敏捷、快速，像猴子一般机灵，因此称作"马留"。[①]"马留"又写作"马流"，在宋代出现，后世沿用，如《西游记》第十五回："菩萨道：'我把你这个大胆的马流，村愚的赤尻！我倒再三尽意，度得个取经人来，叮咛教他救你性命，你怎么不来谢我活命之恩，反来与我嚷闹。'""马留"有时也用以指顽皮、好动、淘气的小孩儿。清宣统年间《东莞县志》："骂小儿跳梁者曰山蛮，又曰马留。"《开平县志》："骂小儿好动者曰马留猴子，亦

[①] 杨琳：《论方言求义法》，载《燕赵学术》2010年第1期。

曰马留。"①

"没雕当",意为无根据,方言。《萍洲可谈》卷一:"都下市井辈谓不循理者为乖角,又谓作事无据者为没雕当。""雕当",应是"的当"的讹写,作"确定、准确"讲。《通俗编》卷十一"没雕当"条黄侃评曰:"'雕当'即'俶傥',亦即'倘张''周章'。"② 明李诩《戒庵老人漫笔·今古方言大略》:"说作事之无据曰没雕当。"清褚人获《坚瓠三集·顾成章俚语诗》:"除灰换粪没雕当,扯住油瓶撮撮筛。"清捧花生《画舫余谭》:"或绳杨玉香于某姬前,姬曰:'若固梵言之扇提罗也。'叩之他姬,乃知为没雕当语。"

"程",西北方言称虎豹为"程",疑为"虫"的音变。《梦溪笔谈》卷三:"《庄子》云'程生马'。尝观文子注:'秦人谓豹曰程。'余至延州,人至今谓虎豹为'程',盖言'虫'也。方言如此,抑亦旧俗也。"

"乌鬼",鸬鹚。《梦溪笔谈》卷十六:"士人刘克博观异书。杜甫诗有'家家养乌鬼,顿顿食黄鱼'。世之说者,皆谓夔、峡间至今有鬼户,乃夷人也,其主谓之鬼主,然不闻有'乌鬼'之说。又鬼户者,夷人所称,又非人家所养。克乃按《夔州图经》,称峡中人谓鸬鹚为'乌鬼'。蜀人临水居者,皆养鸬鹚,绳系其颈,使之捕鱼,得鱼则倒提出之,至今如此。予在蜀中,见人家有养鸬鹚使捕鱼,信然,但不知谓之乌鬼耳。"

"卫子",驴的别名。《默记》卷下:"察密以报寘。而寘试罢与酒徒饮酒肆,闻之,以手击案叹曰:'不知那个卫子夺吾状元矣!'"宋高承《事物纪原》:"世云卫灵公好乘驴车,故世目驴为卫子。或曰,晋卫玠好乘跛驴为戏,当时称驴为卫子以讥玠,故有蹇卫之称。"明王志坚《表异录》卷九:"驴曰卫子,或言卫地多驴,故名。"③

"步",岭南方言中称渡口、码头为"步",后写作"埠"。《青箱杂记》卷三:"韩退之《罗池庙碑》言:'步有新船',或以步为涉,误也,盖岭南谓水津为步,言步之所及,故有罾步,即渔者施罾处,有船步,即人渡船处。

---

① 许宝华、[日]官田一郎:《汉语方言大词典》,中华书局1999年版,第480页。
② (清)翟灏:《通俗编》,上海古籍出版社2002年版,第380页。
③ (明)王志坚:《表异录》,中华书局1985年版,第74页。

然今亦谓之步,故扬州有瓜步,洪州有观步,闽中谓水涯为溪步。""埠"为后起字。《宋史》中"步"多写作"埠"。后沿用。

二、源自少数民族的音译外来词

音译外来词的引进和吸收是汉语新词产生的重要途径之一。随着宋代与周边少数民族的经济贸易往来和政治文化交流,大量的少数民族语言,如蒙古语、鲜卑语、契丹语、西夏语等,都会对当时的汉语产生一定的影响。宋代笔记中就保留了许多有关这些少数民族语言语法和词汇方面的宝贵资料,如有关汉语契丹语合璧诗和契丹小儿读书的真实记录,对研究契丹语及不同民族间的语言交流有着重要的价值。

习约使契丹,戏为四句诗曰:"押燕移离毕,看房贺跋支。饯行三匹裂,密赐十貔狸。"皆纪实也。移离毕,官名,如中国执政官。贺跋支,如执衣防阁。匹裂,小木罂,以色绫木为之,如黄漆。貔狸,形如鼠而大,穴居,食果谷,嗜肉,狄人为珍膳。(《梦溪笔谈》卷二十五)

北人谓住坐处曰捺钵,四时皆然。如春捺钵之类是也,不晓其义。近者,彼国中书舍人王师儒来修祭奠,余充接伴使,因以问。师儒答云:"是契丹家语,犹言行在也。"(《文昌杂录》卷六)

光以俗语颠倒其文句而习之,至有一字用两三字者,顷奉使金国时,接伴副使秘书少监王补,每为予言以为笑,如"鸟宿池中树,僧敲月下门"两句。其读时则曰:"月明里和尚门子打,水底里树上老鸦坐。"大率如此。(《夷坚丙志》卷十八)

有些俗语词的产生,也是因为受到这一时期少数民族语言的影响,在构词上多为音译词,写法多不固定。如宋元时期蒙古族、回族女性遮盖头发的帽巾称作"顾姑",属蒙古语音译词,又写作"固姑""古古"等。《蒙鞑备录·妇人》:"凡诸酋之妻,则有顾姑冠,用铁丝结成,形如竹夫人,长三尺许,用红青锦绣或珠金饰之,其上又有杖一枝,用红青绒饰之。"《事林广记·服用原始》:"固姑,今之鞑靼、回回妇女戴之,以皮或糊纸为之,朱漆剔金为饰。若南方汉儿妇女,则不得戴之。"回族妇女现在仍然佩戴一种叫

"古古"的盖头巾，用以遮盖头发。①

宋时儿童有一种发式叫"婆焦"，原是蒙古族男子的一种发式，就是将前发下垂至额，两侧头发绾结成辫，其余全部剃去，属于蒙古语音译词。《蒙鞑备录》："上至成吉思，下及国人，皆剃婆焦，如中国小儿留三搭头在囟门者，稍长则剪之，在两下者，总小角垂于肩上。"后成为宋时儿童流行的发式，又写作"博焦、勃角"等。《宋史·五行志》三："剃削童发，必留大钱许于顶左，名偏顶；或留之顶前，束以彩缯，宛若博焦之状，或曰勃角。"

"不托"，又写作"馎饦"，水煮面片。《归田录》卷二："汤饼，唐人谓之不托，今俗谓之馎饦矣。"《铁围山丛谈》卷六："种和师服，名将也，出陕右，元祐时，朝廷付之以边事。吕丞相大防始召之饭，举箸，沙鱼线甚俊，吕丞相喜问：'君解识此物耶？'种操其西音曰：'不托便不识。'至今传以为笑。"宋前就已有此称。《齐民要术》卷九："馎饦，挼如大指许，二寸一断，著水盆中浸。宜以手向盆旁挼使极薄，皆急火逐沸熟煮。非直光白可爱，亦自滑美殊常。"据考证，"不托"与今"饽饦儿""圪饦儿"语音相近，应为同一种食品。这种食品先用手指将小的面片碾压搓成小卷，下入事先熬制好的肉汤中，煮熟食用。据《铁围山丛谈》中的记载，以及语音相似、词形多变的事实来推断，"馎饦"一词可能是外来音译词，并非汉语自身产生的词。②

"兀擦"，来自西夏语，与"兀擦"同音，惭愧的意思。《东坡志林》："舜民言：官军围灵武不下，粮尽而退。西人从城上大呼官军：'汉人兀擦否？'或仰而答曰：'兀擦。'城上皆大笑。西人谓惭为'兀擦'也。"《仇池笔记》卷上写作"兀榛"。笔记中写作"兀擦""兀榛"，应为形近而误。宋胡寅《原乱赋》："又憯威于西戎兮，拔将军于利口。俄斩将而军没兮，终兀擦于羌丑。"说的是宋朝在与西夏交战的过程中，将领被斩首，全军战败，最终落得被西夏军队羞辱的下场。③

---

① 王学奇：《宋元明清戏曲中的少数民族语（二）》，载《唐山师范学院学报》2001年第3期。
② 黑维强：《说"馎饦、饽饦儿、圪饦儿"》，载《语言科学》2009年第1期。
③ 彭向前：《释"兀擦"》，载《书品》2009年第6期。

第二节　词义衍生与俗语词词义的变化

通过衍生方式产生的俗语词，是指在词的理性意义基础上，通过词义引申而产生出新义的俗语词，新义的产生会受到如认知因素、句法环境、语法功能等因素的影响。考察宋代笔记俗语词新义产生的具体情况，可以分为以下几个方面：一是词义泛化与专指；二是修辞引申产生的词义变化；三是实词虚化；四是短语词汇化。

一、词义泛化与专指

（一）词义泛化

所谓泛化，就是把本适用于特定事物中的词，在使用过程中适用于一般事物，即词义的适用范围扩大。词义的泛化，一般是某些词语由于表达的需要而临时扩大使用范围，并因此产生了泛化义。如果这种扩大使用发生频繁，那么它产生的泛化义就会逐渐稳定下来，为人们所接受和认可，于是泛化义就成了该词语一个新的义项。宋代笔记称谓类俗语词中，有一部分就是由古代的官职称谓或亲属称谓经过泛化而形成的。

"博士"，战国时期为官职称谓，至宋逐渐成为对精通某种技艺，或者从事某一类职业的手艺人的尊称。宋代笔记中就常见"酒博士""茶博士""医博士"等称谓。"待诏"，唐朝时本为官职称谓，宋时也发展为对手艺人的尊称，如"琴待诏""书待诏""棋待诏"等，而且理发匠也被称为"待诏"。

"巡官"，唐时也是官名，是在级别上居判官、推官之下的官职，职权相对较小，宋时又用来称呼那些靠占卜、星相为生的人。《老学庵笔记》卷二："陈亚诗云：'陈亚今年新及第，满城人贺李衙推。'李乃亚之舅，为医者也。今北人谓卜相之士为巡官。巡官，唐、五代郡僚之名。或谓以其巡游卖术，故有此称。然北方人市医皆称衙推，又不知何谓。"

"衙推"，宋时也成为对医、卜、星、算等术士的称呼。"黄门"本是官职名，是"黄门侍郎""给事黄门侍郎"等的简称。因为汉代设立的黄门令、中黄门等职也可以由宦官担任，所以黄门也用来指宦官，后来民间用以指称天生没有生育能力的男子。《齐东野语》卷十六："世有男子虽娶妇而终身无嗣育者，谓之天阉，世俗则命之曰黄门。"

官职称谓泛化为一般性称谓类俗语词，词义使用范围扩大。泛化的原因当与传统的官本位思想密切相关。用带有官职意义的称谓词来称呼某人或某类人，更能体现出一种尊贵，迎合了他人热衷官场、希望得到认可和尊重的特殊心理。同时官职称谓词词义的泛化，与宋代日益凸显的科举文化和市井风习紧密相关。

宋代较之其他朝代，重文轻武，尤为重视科举考试且规模日益扩大，新进官员数目激增，因此许多虚衔应运而生。如苏辙《栾城后集》卷十五：

> 宗室之众：皇祐节度使三人，今为九人矣；两使留后一人，今为八人矣；观察使一人，今为十五人矣；防御使四人，今为四十二人矣。百官之富：景德大夫三十九人，今为二百三十人矣；朝奉郎以上一百六十五人，今为六百九十五人矣；承议郎一百二十七人，今为三百六十九人矣；奉议郎一百四十八人，今为四百三十一人矣；诸司使二十七人，今为二百六十八人矣；副使六十三人，今为一千一百一十一人矣；供奉官一百九十三人，今为一千三百二十二人矣；侍禁三百一十六人，今为二千一百一十七人矣；三省之吏六十人，今为一百七十五人矣。

由此可知，两宋时期官衔多如牛毛，官衔称谓词泛化成为一种可能。而且随着市民阶层的兴起，许多拥有一技之长的民间艺人，受到了当时社会普遍的认可和赏识。他们可以凭借自己的专长获得一定的尊重和地位，因此，精通理发占卜、擅长琴棋书画及其他技艺的民间手艺人，通常被称为"待诏""博士""衙推"等。

同样，亲属称谓词的泛化也是一个较为普遍的现象，如"哥"。宋代称兄为"哥"，应用广泛，用法与现代汉语无异。《鸡肋编》卷上："呼父为爹，谓母为妈，以兄为哥，举世皆然。"也可称"哥哥"。《齐东野语》卷十三：

"于是襥其衣冠，则有万回佛自怀中坠地。其旁者云：'他虽做贼，且看他哥哥面。'"宋人名字喜用"哥"，仅表示男性，已无"年长"的意思，用于名字中，多表示亲近。如《夷坚志》中有"王小哥""孙五哥""詹小哥"等。《武林旧事》诸色艺人中有"谢兴哥""刘春哥""王安哥""阮舍哥""金寿哥"等。除此之外，宋代歌女也被称为"奴哥""姐哥"等，"哥"词义中"男性"这一区别特征已经消失，仅表示一种亲近的感情色彩，词义进一步泛化。

其他某个特定领域的专门术语也可能经过泛化，产生出新的语义，如"当家、当行"，原是戏剧表演用语，后泛化为"行家、内行"。《容斋三笔》卷八："范文正公微时，尝冒姓朱，及后归本宗，作启曰：'志在逃秦，入境遂称于张禄；名非霸越，乘舟偶效于陶朱。'用范雎、范蠡，皆当家故事。"《对床夜语》卷二："严沧浪羽云：'禅道惟在妙悟，诗道亦在妙悟。惟悟乃为当行，乃为本色。'"

（二）词义专指

与词义泛化相反，还有一种词义变化的方式，即原本适用于一般事物中的词，在使用过程中仅用于特定事物或特定领域，即词义的适用范围缩小，从一般词语转变为专指。

宋代笔记俗语词中就有用例，如"门客""娇客"。"客"在古代指那些被有身份和地位的人豢养的人，因他们有一定学问或技能，常寄居于达官显贵门下，为其服务，所以称为"门客"。至宋代成为对延请的家庭教师的敬称。《老学庵笔记》卷三："秦会之有十客：曹冠以教其孙为门客，王会以妇弟为亲客，郭知运以离婚为逐客，吴益以爱婿为娇客。"

"娇客"，本指尊贵的客人，宋代则专指女婿，始于秦桧。《云麓漫钞》卷十："秦太师十客：施全刺客，郭知运逐客，吴益娇客，朱希真上客，曹咏食客，曹冠门客，康伯可狎客，又有庄客以及词客，汤鹏举恶客。"又黄庭坚《次韵子瞻和王子立风雨败书屋有感》："妇翁不可挝，王郎非娇客。"任渊注："按今俗间以婿为娇客。""娇客"作为女婿的尊称，后世沿用。《水浒传》第五回："帽儿光光，今夜做个新郎；衣衫窄窄，今夜做个娇客。"

《歧路灯》第五十回："总因爱婿心切，只怕娇客作假，受了饥馁。"

（三）词义经历专指和泛化的多次演变

有些俗语词词义的形成，在专指和泛化间经历了多次变化，如"官人"，在宋代是妻子对丈夫的称呼，这一词义的形成，就经历了由专指而泛化，再到专指的变化过程。

"官人"最早见于《尚书·虞书·皋陶谟》："知人则哲，能官人。安民则惠，黎民怀之。""官"为词类活用，名词用为动词，"官人"属动宾结构短语，指"赐官于人"，因此可理解为"任用、重用"。这种用法宋代依然保留，如曾巩《徐禧给事中制》："至于决狱、官人、条陈、法式之事，莫不当考察焉，其任可谓重矣。""官人"经过词汇化之后，更广泛地用作名词，指"为官之人"。《荀子·强国》："士大夫益爵，官人益秩，庶人益禄，是以为善者劝，为不善者沮。"杨倞注："官人，群吏也。"又如唐韩愈《王适墓志铭》："一女怜之，必嫁官人，不以与凡人。"此处"官人"与"凡人"对举，可知"官人"为"为官之人"。

宋代"官人"词义开始泛化，称谓对象的范围进一步扩大，由称呼"为官之人"，成为对一般男子的尊称。《通俗编》卷十八："唐时唯有官者方得称官人。宋以后，官人之称遍于士庶。"① 宋代笔记如《春渚纪闻》卷二："仲甫曰：'吾观官人之棋，若初分布，仲甫不能加也，但未尽着耳。'"其他如"陈官人"（《齐东野语》）、"王小官人"（《癸辛杂识》）、"蔡官人""张官人""傅官人""李官人""崔官人"（《梦粱录》）等，皆用来尊称男子。"官人"的词义泛化，既体现了古代官场文化和官本位思维对人们潜移默化的影响，又与宋代官僚机构臃肿、官衔多如牛毛的社会现实相关。

"官人"在宋代还成为妻子对丈夫的称呼，词义又由泛化演变为专指。《夷坚甲志》卷二："陆氏晚步厅屏间，有急足拜于庭，称郑官人有书。命婢取之，外题'示陆氏'三字，笔札宛然前夫手泽也。急足已不见。"《陔余丛考》卷三十七引《夷坚志》："次山丧妻后，入京参选，偶游相国寺，

---

① （清）翟灏：《通俗编》，上海古籍出版社2002年版，第454页。

与亡妾遇。惊问之，妾曰：'现服事妈妈在城西一空宅，官人可以明日饭后来相会。'"① 两例中的人物关系，均为夫妻，一为前妻，一为亡妻。这一用法，应该是在"官人"词义泛化的基础上，将"官人"这一称谓词从社会领域移用到夫妻间的称谓系统，从而形成一种新的固定用法。

二、修辞引申产生的词义变化

传统词汇学认为词义的形成与演变主要是通过引申来完成的。所谓引申，就是指词义从本义出发，根据它的特点，按照一定的规律，不断衍生出新的意义。其中，人的认知方式是推动词义引申变化的重要原因。词义引申正是源于人在认识、理解和掌握不断出现的新事物、新概念时，在新旧事物、新旧概念之间建立起来的相似性或相关性的联想。这种相似性、相关性的联想，与当代认知语言学提出的认知中的隐喻与转喻理论基本一致。

认知理论认为，隐喻是通过人类的认知和推理，将一个认知域的图式结构映射到另一个认知域，这种映射建立在两个认知域之间的相似性联想之上。转喻则是另外一种认知方式，它是建立在同一认知域中两个元素相关性的基础之上。

汉语在发展过程中，产生过许多的修辞手法，这种修辞的产生也建立在对事物之间关系的不同认知的基础之上。如比喻建立的基础是本体和喻体两个不同认知域的相似性联想，与隐喻相当；借代则是借用同一事物的诸多构成要素，来指代这一事物本身，考虑的是事物与构成事物的诸多要素之间的相关性联想，与转喻相似。还有通过对立关系而产生的反语等。所以说，修辞的产生也是建立在人们对于事物的不同方式的认知基础之上的。

宋代笔记中许多俗语词词义的形成，正是借助于不同的修辞手法而引申产生的，区别于一般的引申，这种引申称作修辞引申。依据借助的修辞手法，可分为比喻引申、借代引申、反语引申、移就引申、婉言引申等。

---

① （清）赵翼：《陔余丛考》，中华书局1963年版，第814页。

(一) 比喻引申

"连袂""连襟"。"袂",衣袖;"襟",衣襟。本指衣袖相连,衣襟相连,进而用以比喻一种较为亲密的关系,宋代开始成为用于姐妹丈夫间互称的称谓类俗语词,现代汉语中仍在沿用。《能改斋漫录》卷十八:"一旦李死,附家人语云:'吾二女,长者配乐道,次者元发。我家得二婿,足矣。'然时二君,一虽仕,一尚在场屋,皆非常士也。而李阴有所知,家人及二君亦乐从,遂皆连袂。"《嬾真子》卷二:"《尔雅》曰:两壻相谓为亚。注云:今江东人呼同门为僚壻。《严助传》呼友壻,江北人呼连袂,又呼连襟。"

"方亭侯",宋人对围棋的戏称,因棋盘是由许多方形小格构成的,所以围棋又称"方亭侯"。《清异录》卷下:"明皇因对宁王问:'卿近日棋神威力何如?'王奏:'臣凭托陛下圣神,庶或可取。'上喜,呼:'将方亭侯来。'二宫人以玉界局进,遂与王对手。"宋人酷爱下围棋,士大夫多热衷于此,如狐魅惑于人,难以自拔,所以又把围棋称作"木野狐"。《万历野获编》卷二十四:"北宋全盛时,士大夫耽于水厄,或溺于手谈,因废职业被白简去位去不绝。时人因目茶笼曰草大虫,楸枰曰木野狐。"[1] 明代笔记对此也有记录,《五杂俎》卷六:"古今之戏,流传最久远者,莫如围棋,其迷惑人不亚酒色,木野狐之名不虚矣。"[2]

"竹夫人",宋时对竹几的俗称,是民间常用的夏季纳凉用品,由竹篾编成。《鹤林玉露》甲编卷四:"李公甫谒真西山,丐词科文字,西山留之小饮书房。指竹夫人为题曰:'蕲春县君祝氏,可封卫国夫人。'"《陔余丛考》卷三十三:"编竹为筒,空其中而窍其外,暑时置床席间,可以憩手足,取其轻凉也,俗谓之竹夫人。按陆龟蒙有《竹夹膝》诗,《天禄识余》以为即此器也。然曰夹膝,则尚未有夫人之称。其名盖起于宋时。东坡诗云:'留我同行木上座,赠君无语竹夫人',又'闻道床头惟竹几,夫人应不解卿卿'。自注云:世以竹几为竹夫人也。"[3] 对"竹夫人"得名进行了考证。

---

[1] (明)沈德符:《万历野获编》,中华书局1959年版,第626页。
[2] (明)谢肇淛:《五杂俎》,上海古籍出版社2002年版,第457页。
[3] (清)赵翼:《陔余丛考》,中华书局1963年版,第707页。

"草大虫",对茶的戏称。《萍洲可谈》卷二:"自崇宁复榷茶,法制日严,私贩者因以抵罪,而商贾官券,请纳有限,道路有程,纤悉不如令,则被系断罪,或没货出告缗,愚者往往不免。其侪乃目茶笼为'草大虫',言其伤人如虎也。"北宋崇宁以后,严格限制茶的买卖,有人因触犯禁令而获罪,所以把茶视为草大虫,言其伤人如虎。

其他宋人所取的诨号,如用"霹雳手"(《能改斋漫录》卷五)称那些做事雷厉风行、行动果决的人;把长相丑陋的人称作"夜叉"(《鸡肋编》卷中)或"鬼头"(《老学庵笔记》卷八);将那些左右摇摆、立场不坚定、拿不定主意的人称作"两来子"(《鸡肋编》卷中);对严明廉正、刚正不阿的官吏称作"水晶灯笼"(《东斋记事补遗》)或"照天蜡烛"(《东斋记事》卷四)等,都是借助比喻引申形成的俗语词。

(二) 借代引申

因借代主体不同又可细分为以下四类:

1. 以地点、位置代指主体

"路歧",本指岔路口。宋时一些艺人的演出场所多不固定,四处流动,因此乡间的岔路口或空地就成为他们搭台演出的场所。久而久之,这些艺人被称作"路歧"或"路歧人"。《武林旧事》卷六:"或有路歧,不入勾栏,只在耍闹宽阔之处做场者,谓之打野呵。"《都城纪胜》:"如执政府墙下空地,诸色路岐人,在此作场,尤为骈闐。又皇城司马道亦然。候潮门外殿司教场,夏日亦有绝伎作场。其街市,如此空隙地段,多有作场之人。"

2. 以行为代指主体

"焌糟",宋时对那些为酒客倒水斟酒的女子的俗称。"焌",加热;"糟",酒糟,代指酒。"焌糟"即指热酒、烫酒。古人饮酒多需加热,因此习惯把热酒称为"焌糟"。这种事一般多由陪酒女子完成,所以又将这些女子称为"焌糟"。《东京梦华录》卷二:"更有街坊妇人,腰系青花布手巾,绾危髻,为酒客换汤斟酒,俗谓之'焌糟'。"

宋时将负责办理紧急公务、传递紧急文书的人称为"急足""急脚",皆因其脚力过人而得名。《默记》:"潘夙公所善,方知荆南,遣人下书金陵。

急足至,升厅。"《夷坚甲志》卷十三:"衢人郑升之宣和间为枢密院医官,后居湖州累年。尝往临安,于轿中遇急足持文书来,视之,乃追牒也。上列官爵姓名二十余人,郑在其末。"《梦溪笔谈》卷十一:"驿传旧有三等,曰步递、马递、急脚递。急脚递最遽,日行四百里,唯军兴则用之,熙宁中,又有金字牌急脚递,如古之羽檄也。"

再如"跳河""两来",都是用来指称间谍、奸细。"跳河",有跨越边界刺探消息的意思;"两来",则指在敌我之间游走以获取信息。宋代兵书《翠微北征录》卷一:"沿淮之凶恶有四:一曰跳河,二曰两来,三曰兴贩禁物,四曰寇掠生事。所谓跳河者,间谍也。所谓两来者,奸细也。"

3. 以器具代指主体

"荒鼓板",宋时对卖唱艺人的称呼。考察其成词理据,因为鼓与板都是卖唱艺人为配合演唱经常使用的乐器,"荒"则是强调这些卖唱艺人较之专业艺人,他们的表演技艺相对荒疏,不甚专业,因而被称作"荒鼓板"。《梦粱录》卷十二:"又有小脚船,专载贾客妓女、荒鼓板、烧香婆嫂、扑青器、唱耍令缠曲,及投壶打弹百艺等船,多不呼而自来,须是出着发放支犒,不被哂笑。"又卷二十:"元夕放灯、三春园馆赏玩及游湖看潮之时,或于酒楼,或花衢柳巷妓馆家祗应,但犒钱亦不多,谓之'荒鼓板'。"现代仍有"荒腔走板"的说法,指人曲调不准、不和板眼,与之相对的则是"一板一眼""有板有眼"等,均可以对俗语"荒鼓板"的理据分析提供佐证。

再如"觱栗",本指一种竹制的乐器,宋时成为道士的俗称。《齐东野语》卷十三:"内宴日,参军四筵张乐,胥辈请佥文书,参军怒曰:'我方听觱栗,可少缓。'请至三四,其答如前。胥击其首曰:'甚事不被觱栗坏了。'盖是俗呼黄冠为觱栗也。"

4. 以实物的外形特征代指本体

如用"黄白物"作为金银或者金银器物的俗称。金为黄色,银为白色,所以"黄白物"指代金银钱财。《冷斋夜话》卷二:"我果以多嗔致此业,今家此湖,千里皆所辖,以虽嗔而好施,故多宝玩。以缣千匹黄白物付君,为建佛寺为冥福。"也可指称用金银打制成的器物。《冷斋夜话》卷十:"王荆公居钟山,特与金华俞秀老过故人家饮,饮罢少坐水亭,顾水际沙间有馔器数件，皆黄白物，意吏卒窃之，故使人问司之者。"

再如"狮蛮"，是宋时重阳节时制作的一种蒸糕，其上多装饰有狮子、蛮王的图案，所以得名。《东京梦华录》卷八："（重阳）前一二日，各以粉面蒸糕遗送，上插剪彩小旗，掺钉果实……又以粉作狮子蛮王之状，置于糕上，谓之'狮蛮'。"

宋朝逢婚姻等喜庆活动时，重要环节是送礼和回礼，而这些礼物都要簪花挂红，所以又把彩礼称作"花红"，也属于借代引申。《东京梦华录》卷五："迎客先回至儿家门，从人及儿家人乞觅利市钱物花红等。"

"芒儿"是宋时民间对牧童的称呼。《渑水燕谈录》卷十："俚语以牧童为芒儿。"牧童称"芒儿"，应与芒神有关。牧童的发式一般很有特点，多是在头顶扎两个圆形的发髻。北宋名将彦筠作战时，所留发式与牧童一样，人们视之为芒神，称"宋芒儿"。《洛阳缙绅旧闻记》卷四："彦筠多力勇，健走及奔马。为小校时，欲立奇功，每见阵敌，于兜鍪上阔为双髻，故军中目之为'宋芒儿'。后虽贵为节将，远近皆谓之'宋芒儿'。"

"肉台盘""软盘"，也是通过借代引申而产生新义的俗语词。"台盘"，指摆放杯盘的台子或桌子。"肉台盘"指吃饭时有家妓持食盘站在一旁服侍，好似由人来充当案桌，因而称家妓为"肉台盘"。《宾退录》卷二："江南李氏宰相孙晟，每食不设几案，使众妓各执一器，环立而侍，号'肉台盘'。时人多效之。"因这些家妓人体柔软灵活，所以又称"软盘"。《梦溪笔谈》卷九："一妓酌酒以进，酒罢乐作，群妓执果肴者萃立其前，食罢则分列其左右，京师人谓之'软盘'。""软"突出用餐由貌美女子服侍的特点，以此区别于一般的饮食过程。

与借代相关的俗语词还有如"头面"，代指用于头部或面部的装饰品，是用身体的某一部位代指用于该部位的饰品。《东京梦华录》卷四："又有宫嫔数十，皆真珠钗插、吊朵、玲珑簇罗头面。"又卷六："如马行潘楼街州东宋门外州西梁门外踴路，州北封丘门外，及州南一带，皆结彩棚，铺陈冠梳、珠翠、头面、衣着、花朵、领抹、靴鞋、玩好之类。"

"害肚历"，是宋时对馆阁值勤登记本的俗称。《梦溪笔谈》卷二十三："馆阁每夜轮校官一人直宿，如有故不宿，则虚其夜，谓之'豁宿'。故事，豁宿不得过四，至第五日即须入宿。遇豁宿，例于宿历名位下书：'腹肚不安，免宿。'故馆阁宿历，相传谓之'害肚历'。"宋时馆阁官员每夜轮值，如因故不能值宿，就会在名字下写上"肠肚不安"，即害肚子，也称闹肚子、拉肚子。所以值宿登记本就被称为"害肚历"，应属于借代造词。

（三）反语引申

反语是借助对立联想形成的一种辞格，宋代笔记中借助反语辞格产生的俗语词，如"冤家"。

"冤家"，本指仇人，也可以是对爱人的称呼，是由于感情达到某种极限而产生的"对立联想"，从而导致的词义变化。宋蒋津《苇航纪谈》对"冤家"一词所表达的情人间似恨实爱的微妙情感有分类表述和细致描摹："作者名流多用冤家为事，初未知何等语，亦不知所云。后阅《烟花记》有云：冤家之说有六，情深意浓，彼此牵系，宁有死耳，不怀异心，所谓冤家者一。两情相系，阻隔万端，心想魂飞，寝食俱废，所谓冤家者二。长亭短亭，临歧分袂，黯然销魂，悲泣良苦，所谓冤家者三。山遥水远，鱼雁无凭，梦寐相思，柔肠寸断，所谓冤家者四。怜新弃旧，孤恩负义，恨切惆怅，怨深刻骨，所谓冤家者五。一生一死，角易悲伤，抱恨成疾，迨与俱逝，所谓冤家者六。此语虽鄙俚，亦余之乐闻耳。"宋词中多见，如陈亚《生查子》："琵琶闲抱理相思，必拨朱弦断。拟续断朱弦，待这冤家看。"王之道《惜奴娇》："怎奈冤家，抵死牵肠惹肚。愁苦。梦断五更风雨。"两例中的"冤家"均是对亲爱之人的称呼。

（四）移就引申

作为一种修辞格，"移就"就是有意识地把描写甲事物的词语，移用过来描写乙事物，宋代笔记中如"黑甜""软饱"等。

"黑甜"指睡得香甜，"软饱"指喝酒喝得酣畅，都是来自方言。《鸡肋编》卷中："又有诗云：'三杯软饱后，一枕黑甜余。'此谚语也。若无杯枕，则后世不知其为酒与睡矣。"《靖康缃素杂记》补辑："又南人以饮酒为软饱，北人以昼寝为黑甜。"苏轼《发广州》："三杯软饱后，一枕黑甜余。"自注：

"浙人谓饮酒为软饱","俗谓睡为黑甜"。"甜",本为味觉,这里用来描述睡觉的香甜感觉。"软",本为触觉,此处则用以描述人酒足之后浑身绵软的生理特征。因此"黑甜""软饱"二词都源于方言,从造词法上分析属于修辞造词,使用了移就的修辞手法。

(五)婉言引申

顾名思义,婉言就是委婉的话,即用婉转的言辞说出实情,表达方式和语气上并非那么直接和强硬,如"待理会""耐辛苦"等。

"待理会",婉拒之词。"耐辛苦",委婉表达慰问。《老学庵笔记》卷四:"赵正夫丞相薨,车驾临幸。夫人郭氏哭拜,请恩泽者三事,其一乃乞于谥中带一'正'字。余二事皆即许可,惟赐谥事,独曰:'待理会。'平时徽庙凡言'待理会'者,皆不许之词也。"又:"曾子宣丞相尝排蔡京于钦圣太后帘前。太后不以为然,曾公论不已,太后曰:'且耐辛苦。'盖禁中语,欲遣之使退,则曰'耐辛苦'也。"

从字面上看,"待理会"相当于说"以后再说吧",应该是婉言拒绝。"耐辛苦"是"忍受劳累"的意思,意同"辛苦了",在宋朝宫廷中,它还有一种特定的用意,就是要求对方退出。上述二例都属于婉言修辞引申出新义的俗语词。

三、实词虚化

笔记俗语词中,不仅包含实词,也有口语化程度比较高的虚词,其词义或功能的形成,多是经过了实词虚化的过程。虚化指由实词向虚词的转化,通常指语言发展中意义实在的词逐步转化为意义较虚,或无实在意义,仅表示语法功能成分的词的过程或现象。

实词虚化实现的条件一般有两个:一个是词义的虚化,就是在词义发展过程中,词义由表示词汇意义向表示语法意义转化。这种词义转化演变的过程是一个连续的渐变过程,通常是先由意义实在的实词变为意义较虚的实词,再由意义较虚的实词转变为虚词,进而由虚词变为另一类虚化程度更高的虚词，词汇虚化的程度依次增加，并且是不可逆的。另一个是语法环境。一定的语法环境是实词虚化得以实现的重要条件或途径。许多实词虚化，就是由于一个实词经常出现在一个虚词应该出现的语法环境中，因受到语法环境的限制，词义语法功能发生改变，进而转变为一个仅表示一定语法意义的虚词。

依据宋代笔记中虚词类俗语词的音节构成，把实词虚化具体划分为两类：单音节的实词虚化和双音节的实词虚化。

(一) 单音节实词虚化过程分析

单音节虚词的形成，通常是在语义和句法环境的共同作用下完成的。从虚化的程度看，可以将单音节虚词的形成分为两种情况：一种是由意义具体实在的实词转化为意义较为虚泛的实词，如宋代笔记中量词类俗语词的产生，多是由具体的实词语义转变为较为抽象的实词意义的俗语词。另一种是由实词义进一步虚化为表示语法语义的虚词。

1. 实词经过词义引申转化为量词

转化之后形成的量词仍属于实词，但是词的功能发生了转变。如"星"，指秤杆上用来标记称量刻度的小点，后用作计量金银的量词。《癸辛杂识》前集："长沙茶具，精妙甲天下。每副用白金三百星或五百星，凡茶之具悉备，外则以大缕银合贮之。""星"本指秤杆上的刻度点，刻度点与一定的重量相对应，因此可以用来表示重量，进而发展为表示重量的量词。

"腰"，本为与腰带相关的量词，在宋代由"一腰"转为使用"一条"。《老学庵笔记》卷六："古谓带一为一腰，犹今谓衣为一领。周武帝赐李贤御所服十三环金带一腰是也。近世乃谓带为一条，语颇鄙，不若从古为一腰也。"

"掐"，拇指和另一手指相对按压或切入，本为动词，后发展为量词，表示拇指和另一手指捏着的数量。《老学庵笔记》卷七："王荆公所赐玉带，阔十四掐，号'玉抱肚'，真庙朝赵德明所贡。至绍兴中，王氏犹藏之。"至今在方言中仍有使用。

"过"，遍。《老学庵笔记》卷八："与凡土石无异，虽数十百担，亦可立取。然其性酷烈，有大毒，非置瓦窑中煅三过，不可用。"

2. 实词意义由具体变得抽象

如"消",在唐宋文献中多为能愿动词,"必须、应该"的意思。《梦溪笔谈》卷九:"人谓怀德武人,不知事体,密谓之曰:'举人无没阶之礼,宜少降接也。'怀德应之曰:'我得打乳姥关节秀才,只消如此待之!'"《春渚纪闻》卷五:"张山人闻之曰:'不须如此行遣,只消令山人带一个玉册官,去碑额上添镌两个不合字,便了也。'""不须"与"只消"相对,"消"的"必须"义十分明显。《汉语大词典》首引唐吕岩《绝句》:"来往八千消半日,依前归路不曾迷。"

"消"有"须"义,应是由"消"的"相抵、相配"的意思进一步引申而来。作为可以"相配"的两个事物或者两个方面,必须具备同等的价值或特征,一方具备某种条件,另一方也"必须"具备相同的条件才能与之"相配"。所以"消"释为"须",应是由"消"的"相抵、相配"义进一步虚化而来的结果。现四川、苏州等地方言中仍有这种用法。

"吃",唐宋时有"遭受"义。《洛阳缙绅旧闻记》卷四:"盖食客不量去就,各乘之而出矣。守忠敛容曰:'不得无礼!称他诸秀才为一队措大,后度如此,即吃杖。'"《醉翁谈录》庚集卷二:"卖卦秀才,文理全乖,冒称进士,且请吃柴。再三省问,道理胡来,既是告求,且与封案,如敢再来,定行科断。""吃杖""吃柴",都是指"挨打","吃"为"遭受"义,"杖""柴"都是指打人的工具,这里是借用工具来转指动作本身。

宋代笔记中,"遭杖"也可以称作"餐"。《墨客挥犀》卷五:"献臣曰:'不问孙待制,官人餐来未?'其人惭沮而言曰:'不敢仰昧,为三司军将日,曾吃却十三。'盖鄙语谓遭杖为餐。""餐"的这一用法与"吃柴"语义相通,也可相互印证。

"吃"语义虚化的原因,与"吃"后接的宾语有关。"吃"作为具体动作词,后边的宾语是一些需要咀嚼的固体食物。唐宋时,"吃"也可以与"酒""茶"等液体饮品相搭配,如"吃酒""吃茶"较为常见,在使用范围上有所扩大。当"吃"后的宾语不再是可以食用的东西,如"柴""杖"等时,"吃"的语义就发生虚化,产生出"遭受"义。《鹤林玉露》丙编卷二:"谚云:'吃拳何似打拳时。'此言虽鄙,实为至论。""吃拳""打拳"意义相对，"打拳"为主动性的，"吃拳"则为被动性的，主动与被动的区别十分明显。因此，"吃"的"遭受"义，是"吃"转化为表示被动介词的语义基础。"吃"用作"被"早在变文中已有用例，如《敦煌变文集》卷一《王昭君变文》："黄羊野马捻枪拨，鹿鹿从头吃箭川（穿）。"①

3. 实词转变为虚词

如"转""翻"由动词虚化为副词，即是如此。

"转""翻"，均为动词，都表示"翻转"的意思，后虚化为副词，表示"反而、转而"。"转""翻"用作副词的例子，笔记如《洛阳缙绅旧闻记》卷四："中令遽曰：'尔忧主人如此，却出恁言，转教我不安。'"《夷坚乙志》卷七："建炎元年，自都城东下至灵璧县。县令毕造，已受代。舣舟未发，闻路君至，来谒曰：'家有仲女，为鬼所祸。前后迎道人法师治之，翻为所辱骂，至或遭棰去者。今病益深，非真官不能救，愿辱临舟中一视之。'"《汉语大词典》首引北周庾信《卧疾穷愁诗》："有菊翻无酒，无弦则有琴。"

"转""翻"的虚化，语义上与原来的动词义有着直接的联系，其虚化的条件主要是"转（翻）"出现在"转（翻）+V（动词）"结构中。在这样的结构中，后面的"V"承担主要的动词语义，"转（翻）"变成次要动词，并开始虚化。

"来"，本为动词，后虚化为语气助词，用于句中或句末，表示陈述语气，相当于"咧"。《玉壶清话》卷八："后左右问之曰：'太尉何故忽念此二句？'进曰：'我尝见措大们爱掉书袋，我亦掉一两句，也要官家知道我读书来。'""来"的这种用法的形成，与"来"所处的句法位置有着直接关系。

"在"，本为动词，表存在，宋时常用作语助词。《爱日斋丛抄》卷三："近如徐渊子诗乃云：'俸余宜办买山钱，却买端州古砚砖。依旧被渠驱使在，买山之事定何年？'"《江邻几杂志》卷下："真宗上仙，明肃召两府谕之，一时号泣，明肃曰：'有日哭在，且听处分。'议毕，王文正曾作参政，秉笔至淑妃为王太妃。""在"在近代产生的这一新的用法，吕叔湘先生有专

---

① 王重民、王庆菽、向达：《敦煌变文集》，人民文学出版社1957年版，第101页。

门的论述，他认为作为语助词，它的用法与现代汉语的"呢"字相当。推衍其发展轨迹，当与唐宋俗语中的"在里"有关。

宋代笔记中，"在里"连用如《青箱杂记》卷三："相国刘公沆累举不第，天圣中将办装赴省试，一夕，梦被人砍落头，心甚恶之。有乡人解释曰：'状元不到十二郎做，只得第二人。'刘公因诘之，曰：'虽砍却头，留沆在里。'盖南音谓项为沆，留、刘同音。后果第二人及第。"后来"里"的用法逐渐扩大，不仅与"在"连用，还可与"来、去"及其他动词连用，"在里"的意思也因此变得更加空灵，于是"在""里"都可以单独作为语助词来使用。只是唐人多单言"在"，以"在"概"里"；宋人多单言"里"，以"里"概"在"。"里"作为语助词的语义逐渐变得模糊，于是加"口"写作"哩"。[①]

(二) 双音节实词虚化过程分析

与单音节实词虚化相比，双音节实词虚化多了一层虚化的环节，过程相对复杂，具体可分为两种情况：一是单音词先组合成短语，然后词汇化为复音词，最终虚化为虚词，即先词汇化再虚化；二是单音词先虚化为单音虚词，然后单音虚词组合成短语，最终词汇化为复音虚词，即先虚化再词汇化。

1. 词汇化——虚化

"大段"，副词，特别。本指长度上的一大段，由长度数量进而虚化为程度的大小。《侯鲭录》卷七："世言卢绛病，梦一白衣妇人啖以甘蔗，为歌《菩萨蛮》词，曰：'后相见于固子陂。'其词末句云：'眉黛远山攒，芭蕉生暮寒。'此词人俱能道之。而杨大年《谈苑》中末句不同，云：'独自凭阑干，衣襟生暮寒。'不知孰是。予尝谓'芭蕉生暮寒'妙甚，与'衣襟'大段相远，大年必不如此道也。"《朱子语类》卷二十九："陈文子有马十乘，亦是大家，他能弃而去之，亦是大段放得下了。"又："颜子常要得无伐善施劳，颜子工夫是大段缜密。"

[①] 吕叔湘：《释〈景德传灯录〉中在、着二助词》，载吕叔湘：《汉语语法论文集》，商务印书馆1999年版，第62页。

"根底","根",植物的根;"底",器物的底部,合用后用作方位词,指"跟前"。《曲洧旧闻》卷一:"掌梳头者曰:'两府、两制家中,各有歌舞,官职稍如意,往往增置不已。官家根底剩有一两人,则言阴盛须待减去,只教渠辈取快活。'"

"万一",本为数量词,指万分之一,后用作假设连词,表示一种存在可能性极小的情况。《容斋三笔》卷四:"他日,与谢景思、叶晦叔言之,且曰:'使迈为小人告讦之举,有所不能,万一此段彰露,为之奈何?'"这种用法出现较早。晋葛洪《抱朴子·内篇》卷四"金丹":"世间多不信至道者,则悠悠者皆是耳。然万一时偶有好事者,而复不见此法,不值名师,无由闻天下之有斯妙事也。"现代汉语沿用。

"照管",照料、看管,近义连用。《武林旧事》卷七:"太上宣谕知省云:'官家已醉,可一路小心照管。'"由此引申出"注意""当心"等副词用法,词义虚化。《挥麈录》:"选人改官,授告有日,阁门关步军司差人马,如五人改官,即五骑、十五人伺候。内前授告了,各乘马。以故一时戏语云:'宜徐行,照管踏了选人。'"《张协状元》第十六出:"先来小生心儿闷,见贫女又嫁。(末出接)三分似人,休得要言语诈。(丑)靠歇吃教醉醺醺,我方才骂它。(末白)你骂它,照管我打你!"

2. 虚化——词汇化

"些",代词,表少量。唐代已有用例,宋时表现活跃。《容斋续笔》卷十四:"寇忠愍罢相,学士钱惟演以太子太傅处之,真宗令更与些恩数,惟演但乞封国公。"并且产生了以"些"为核心的复合词,如"些儿""些个""些子"等,多为"些"与后缀"儿""个""子"等构成的附加式合成词,语义上依然表示少量。《醉翁谈录》戊集卷二:"老绿颓红半草莱,羞容无语倚墙偎。初无茉莉些儿韵,遽敢争先茉莉开。"《癸辛杂识》后集:"西山欲出《尧仁如天赋》立说,尧为五帝之盛,仁为四德之元,天出庶物之首,西山以此题为极大。实之云:'题目自好,但矮些个。'"《青箱杂记》卷一:"翌日,彭献诗谢之曰:'昨夜黄斑入县来,分明踪迹印苍苔。几多道德驱难去,些子猪羊引便来。'"《东坡志林》卷一:"譬如江河鉴物之性,长在飞砂走石之中。寻常静中推求,常患不见,今日闹里忽捉得些子。"

对于"些"字的各种形式，吕叔湘先生认为唐五代多用"些些""些子"，宋代则多用"些""些儿"。① 其实，宋代笔记中，"些子"的用例也较多，并出现由"些"与词缀"儿""个"连用构成的三音节附加式合成词"些儿个"。《夷坚丁志》卷十八："珍女独处，漫自书云：'逢师许多时，不说些儿个，及至如今闷损我。'援毫之际，客忽来。"

"田地"，最初指土地，后语义逐渐抽象，指地步、程度。《洛阳缙绅旧闻记》卷一："赵晖亦怒，独王晏无言。将散，晏谓侯章、赵晖曰：'今世乱，我辈衣与束带闲事，将来未知死所尔。'侯与赵曰：'如何？'王晏曰：'到恁田地，藉个甚！'"又《朱子语类》卷六："大寒后，不成便热，须是且做个春温，渐次到热田地。大热后，不成便寒，须是且做个秋叙，渐次到寒田地。所以仁义礼智自成四派，各有界限。"

"元来"，"元"本义指人头，词义通过引申表示"初、初始"义。"来"，本为动词，表示"前来"义，后由动词虚化为词缀，共同组合而成"元来"，用作副词，意为发现原本不知道的情况。《罗湖野录》下："一日，游山次。白云且行且语曰：'子曾见甚尊宿，试语我来。'复曰：'顷在湖湘，如福严雅公、上封鹏公、北禅贤公，粗尝亲依。'白云笑曰：'元来见作家来。'"《侯鲭录》卷四："及观神像，两眼外皆髭也。晋卿作诗寄贯道云：'代梁继李号良图，却惑歌儿便丧躯。试拂尘埃觇遗像，元来满面是髭须。'"

"平白"，"白"，由色彩义的白色虚化为"空、没有"，表示凭空、无缘无故。《演繁露》卷十三："太白《越女词》曰：'相看月未堕，白地断肝肠。'此东坡长短句所取，以为平白地为伊肠断也。"《通俗编》卷十四引此例："白犹言空，今俗以徼幸营求而空费心力，曰白白儿，同此。"②

"真个"，副词，真的、确实。《东坡志林》："既自哂前言之谬，又复作两绝云：'青山若无素，偃蹇不相亲。要识庐山面，他年是故人。'又云：'自昔忆清赏，初游杳霭间。如今不是梦，真个是庐山。'"《能改斋漫录》卷

---

① 吕叔湘：《近代汉语指代词》，学林出版社1985年版，第368页。
② （清）翟灏：《通俗编》，上海古籍出版社2002年版，第410页。

十七:"颜持约流落岭外,舟次五羊,作《品令》云:'夜萧索,侧耳听,清海楼头吹角。停归棹,不觉重门闭。恨只恨,暮潮落。偷想红啼绿怨,道我真个情薄。纱窗外,厌厌新月上,应也则,睡不著。'"

"则个",语气助词,多用于句末表示祈使语气。《齐东野语》卷九:"庆福先至,姑姑云:'哥哥不快,可去问则个。'谓李福也。"《鸡肋编》卷上:"而其人每至宫前,必置担太息大言,遂为开封府捕而究之。无他,犹断杖一百罪。自是改曰:'待我放下歇则个。'"多见于宋代语录中,如《朱子语类》卷三十八:"若众人到末梢便撒了,圣人则始乎敬,终乎敬,故到末梢又整顿则个。"吕叔湘先生认为,"着""者""咱"应是同一语助词的不同形式。"则个"作为宋代新产生的语助词,它的前身是语气词"着"。"着"从"者"得声,"者",为入声字。元代以后,北方入声消失,而南方仍有入声,所以"则个"是"着"入声的读法,在形式上由一个字衍生为两个字"则个"。①

四、短语词汇化

汉语词汇研究中,双音复合词和短语之间的划界一直是一个比较困难且争议较多的问题,因为在汉语词汇发展的历史上,许多双音复合词都是由短语发展演变而来。对此,王力先生曾指出"仂语"的凝固成词是汉语复音词产生的主要方式。② 董秀芳也认为在词汇化的过程中,短语是双音复合词最主要的来源。③ 就是指短语在历史发展中,由原来临时的、松散的组合,逐渐变为结构紧凑、词义固化的复合词。在词汇化过程中,语义的变化是区分短语和词的重要特征。短语表达的意义,一般是构成它的组合成分正常的句法意义,但是词义并不等于语素意义的简单相加,而是会发生一定的变化。有些俗语词的形成以及词义演变也是短语词汇化的结果。

依据词汇化的形式,词汇化可以分为短语的词汇化和跨层结构的词汇化。

---

① 吕叔湘:《释〈景德传灯录〉中在、着二助词》,载吕叔湘:《汉语语法论文集》,商务印书馆1999年版,第70页。
② 王力:《汉语史稿》,中华书局1980年版,第561页。
③ 董秀芳:《词汇化——汉语双音词的衍生和发展(修订本)》,商务印书馆2011年版,第34页。

（一）短语的词汇化

短语的意义一般是较为直观、明显，但在使用过程中，语义发生引申，常会由具体直观变得抽象模糊。这一转变过程，会伴随语义的变化而发生功能上的变化。

"点心"，在口语中指用以充饥的小零食。"点心"的连用最早出现于唐代，开始是动宾短语，意思是充饥、填心、垫心。唐薛渔思《河东记》："有顷鸡鸣，诸客欲发。三娘子先起点灯，置新作烧饼于食床上，与诸客点心。"宋代笔记也有用例。《鸡肋编》卷下："时日高，拜跪既久，上觉微馁。孙见之，即出怀中蒸饼云：'可以点心。'上皇虽讶其异，然未肯接。""可以点心"，"点"用能愿动词"可以"来修饰，可知"点"为动词。

至宋，"点心"意义有了新变化。《能改斋漫录》卷二："世俗例以早晨小食为点心，自唐时已有此语。按，唐郑傪为江淮留后，家人备夫人晨馔，夫人顾其弟曰：'治妆未毕，我未及餐，尔且可点心。'其弟举瓯已罄，俄而女仆请饭库钥匙，备夫人点心。"本例中"点心"出现三次，"可点心""备夫人点心"与上例"可以点心"用法相同，"点心"依然是动宾短语。"以早晨小食为点心"中的"点心"，就可以看作名词的用法，指一些用于充饥的小零食。

因此可见，"点心"这一俗语词的形成，是由动宾短语"点心"经过词汇化实现的，即词义在发展过程中发生转喻，以充饥用的小零食来指称这一行为本身，意义、功能都发生了改变，从而由短语转变为一个俗语词，指正餐之外用以充饥的小零食。"点"的名词义就是源于"点心"的名词用法。

虽然"点""心"连用在唐代产生，但作为名词"点心"的用法在宋产生且已使用广泛。《东京梦华录》卷三："酒店多点灯烛沽卖，每分不过二十文，并粥饭点心。亦间或有卖洗面水，煎点汤茶药者，直至天明。"《癸辛杂识》前集："一日，召对便殿，从容问之曰：'闻卿健啖，朕欲作小点心相请，如何？'赵悚然起谢。"宋以后沿用。《五灯会元》卷七："见一婆子卖饼，因息肩买饼点心。"这种用法沿用至今，而且"点"作为名词还可以组成"早点""糕点"等新词。

"营生",从字面看,指谋生、经营生计。宋以前就有用例。晋葛洪《抱朴子·外篇》:"志苟不固,则贫贱者汲汲于营生,富贵者沈伦于逸乐。"唐陆贽《冬至大礼大赦制》:"免其差役,任自营生。"至宋依然沿用。《夷坚丁志》卷二:"生时有银若干,密埋于灶外,恐为人盗取,常睡卧其上。烦戒吾儿发取之,为作佛事,以资冥福,持所余尚足营生也。"在宋代,"营生"也可用作名词,指谋生之事、职业。《鸡肋编》卷中:"两浙妇人皆事服饰口腹,而耻为营生。"又《张协状元》第八出:"贩私盐,卖私茶,是我时常道业;剥人牛,杀人犬,是我日逐营生。"后来词义发生泛化,指"活计、差事"。"营生"内部组合关系越发模糊,一个重要的体现就是"生"在后来的发展中,读音出现弱化,转变为轻声。在北方方言中广泛使用,如"这个人什么营生都不会做"。"生"读作轻声。读音的弱化,一个深层原因就是词义的弱化。在组合形式中,一个语素读音的弱化也证明了两个语素结合的紧密性,也就是说,词汇化达到了更高级的阶段。

"没兴",宋代常用俗语词,意思是倒霉、晦气。《老学庵笔记》卷四:"晁之道与其弟季比同应举,之道独拔解。时考试官葛某眇一目,之道戏作诗云:'没兴主司逢葛八,贤弟被黜兄荐发。细思堪羡又堪嫌,一壁有眼一壁瞎。'"《夷坚丁志》卷十:"斋中钱范二秀才。诘之曰:'道人何为者?'对曰:'异事异事。八坐贵人,都著一屋关了。两府直如许多,便没兴不唧溜底也是从官。'"其中"没兴"是指运气不好,"不唧溜"指不太聪慧。

宋代其他文献中也有用例。宋陈著《江城子》:"应怪痴人,虚妄做浮生。正值楼台多簇燕,教没兴,不开晴。"《五灯会元》卷二十:"平生没兴,撞着这无意智老和尚,做尽伎俩,凑泊不得。"《张协状元》第八出:"经过此山者,分明是你灾。从前作过事,没兴一齐来。""从前作过事,没兴一齐来",是说因为从前做了很多坏事,现在许多倒霉的事情就会一起降临。这句话也成为后世小说中常用的一句俗语。《水浒传》第二十四回:"不是郓哥来寻这个人,却正是:从前作过事,没兴一齐来。"《金瓶梅》第四十七回:"这一来,管教苗青之祸从头上起,西门庆往时做过事,今朝没兴一齐来。"

"没兴"作"倒霉"义,被认为义同"没幸",其中"幸"为好运,"没幸"即是没好运、倒霉。这一解释对上述用例都可以说得通。只是"没兴"

在近代汉语中还有其他的用法,如明汤显祖《牡丹亭》第十出:"偶到后花园中,百花开遍,睹景伤情。没兴而回,昼眠香阁。忽见一生,年可弱冠,丰姿俊妍。"《醒世恒言》卷七:"转了这一念,反觉得没兴起来,酒也懒吃了。"此处"没兴"更多的是没有兴致、心灰意懒的一种状态。现代汉语中"扫兴""败兴",都是指兴致被破坏,由此产生沮丧懊恼的负面情绪。因此,"没兴"的"倒霉、晦气"义,也应该是由其字面义"没有兴致"引申而来的。因此将"没兴"解作同"没幸",不妥。

"下酒",字面意思是把酒喝下,动宾短语。《齐民要术》"种李第三十五":"饮酒时,以汤洗之,漉著蜜中,可下酒矣。"又"脯腊第七十五":"其鱼,草裹泥封,煻灰中爊之。去泥草,以皮、布裹而捶之。白如珂雪,味又绝伦,过饭下酒,极是珍美也。""过饭"与"下酒"结构相同,都是动宾结构短语。"下酒"在意义上发生了转喻,从一种动作行为变为与这一特定行为相关的事物,即用来指称佐酒的菜肴或者果品。《东京梦华录》卷一:"凡饮食,时新花果、鱼虾鳖蟹、鹑兔脯腊、金玉珍玩衣着,无非天下之奇,其品味若数十分。客要一二十味下酒,随索目下便有之。"

"学老子",也是由短语词汇化而产生的新词。老子是春秋时期道家学派的创始人,"学老子"为动宾短语,指学习老子、学习道家思想。宋时这一动宾结构在意义上发生了转喻,成为对道人的俗称。清俞樾《茶香室丛钞》卷十四"学老子":"宋范公称《过庭录》云:有学老子者曰:'刘跛子,颇有异行,时至洛看花。'又云:'水先生,颇能前知祸福。'学老子之称未详,殆宋时俗语,谓道术之士也。"

考察上面几个短语词汇化的用例,都属于动宾式短语词汇化之后成为名词。词汇化后的复合词在语义上都发生了隐喻或转喻,因此语素之间语义的结合不再是直接的,而是变得隐蔽。同时在语义发生隐喻或转喻之后,原有的动词性成分也发生了转类,成为名词性成分。这些都表明在词汇化之后,原有结构中的动词在发生转喻或隐喻后,动词的动词性特征逐渐减弱,在功能上发生了转类,由具体的动作变为对动作主体的指称,而且动作性弱的动词比动作性强的动词更容易和宾语发生词汇化。

（二）跨层结构词汇化产生的语义变化

跨层结构是指不在同一个句法层面上，而只是在表层形式的线性语序上相邻近的两个成分的组合。有些俗语词的产生就是通过跨层结构的词汇化形成的，而且伴随词汇化的结束，语义和用法也发生了一定的变化，如"实惠"等。

《梦粱录》卷十八："或年岁荒歉，米价顿穹，官司置立米场，以官米赈济，或量收价钱，务在实惠及民。""实惠及民"，从字面上理解，是指确实施恩惠于人，"实惠"为状中短语。"惠"又可用作名词，因此"实惠"也可进行重新分析，成为名词，指实实在在的好处。《麈史》卷上："初以五万缗是买路分尔，已为缪举，为今计，莫若旷然蠲之，则京西无受虚利，而湖北当蒙实惠也。""蒙实惠"即享受实实在在的好处。

"终不成"，在宋代笔记中保留两种不同的用法：一种为状中结构，指最终没有完成或实现。《老学庵笔记》卷三："咸平中，又命宋白、宋湜、舒雅、吴淑修《太祖国史》，亦终不成。"另一种则是用来表示反问或揣度语气的语气副词。这种用法出现于宋。《齐东野语》卷十一："恭圣笑曰：'终不成他特地来惊我，想是误耳，可以赦罪。'于是子母如初焉。"其他如《朱子语录》卷一百三十九："如杨、墨，杨氏终不成自要为我，墨氏终不成自要兼爱，只缘他合下见得错了。若不是见得如此，定不解常如此做。"《张协状元》第十九出："（末）胡乱搜寻，看得几钱，把借它。那张解元还得个绿衫上身时，终不成忘了贫女？"

这种新用法的产生，是由于"不成"的用法发生了变化，从句法结构演变为语气副词。语气副词"不成"的形成，其间经历了两次变化：一是原本不是一个结构单位的"不"与"成"，经过重新分析，凝固成词；二是"不成"在表示推测的语境中反复出现，受到语境的影响，它表达的否定语义变得模糊，逐渐处于否定和揣度的中间状态。对"不成"这一用法的形成和演变，杨永龙先生作过详细论证，可参看。[①] 语气副词"终不成"，则是"不

[①] 杨永龙：《近代汉语反诘副词"不成"的来源及虚化过程》，载《语言研究》2000年第1期。

成"用法的加强版,用"终"修饰"不成",在语气上比"不成"更为强烈。

(三) 不完整的词汇化

词汇化的结果,一是实现了由结构到词的转变,二是仍旧处于词汇化过程中。短语的词汇化有时需要经历一个很长的演变过程,因此在进行研究时,不仅要对已经实现词汇化过程的俗语词进行研究,而且要对仍处于词汇化过程中的俗语词,特别是在这一时期处于词汇化重要阶段的那部分俗语词进行研究。这样,既可以直观地认识和了解词汇化是一个词义发展演变的过程,也可以对分析这部分俗语词词汇化的实现,提供重要的语料证据和研究线索。

相对于词汇化过程已经实现的俗语词来说,有一部分在宋代仍处于词汇化过程中的形式,可称作不完整的词汇化,如"吃香"等。宋时为给帝王贺寿,三班院需要凑钱用于招待僧侣,供奉香合,这笔钱即为"香钱",判院官从香钱中获利,即为"吃香"。《归田录》卷二:"三班院所领使臣八千余人,莅事于外,其罢而在院者,常数百人。每岁乾元节醵钱饭僧进香,合以祝圣寿,谓之'香钱',判院官常利其余以为餐钱。群牧司领内外坊监使副判官,比他司俸入最优,又岁收粪壤钱颇多,以充公用。故京师谓之语曰:'三班吃香,群牧吃粪'也。"

据此可知,"吃香"是"吃香钱"的省略形式。又如宋代群牧司出售马粪赚取粪壤钱,"吃粪"就用来指赚取粪壤钱,为了增强戏谑的意味而称作"吃粪"。因此"吃香"这一形式是为了与"吃粪"保持结构上的对仗,而形成的临时组合。

现代汉语中,"吃香"表示受欢迎、被人重视,其语义的形成,应与宋代笔记中的"吃香"有直接联系。可以凭借职务关系或特殊位置谋取到更多的利益,这样的职位自然也变得大受欢迎,进而泛指一切受欢迎的事物、现象,词义发生泛化,最终由动宾结构的短语凝固成词。

第三节　俗语词色彩意义的变化

词汇的色彩意义属于词汇的附加意义，是使用者在使用过程中形成的或褒或贬、或正面或负面的认识，它是人的主观态度和主观情感的直接反映，也可以反映出语言使用者的社会心理、思想感情等。通常附加在词语上的感情色彩并不是一成不变的，也会随着人们主观认识的转变而发生变化，或扬升，或贬降。宋代笔记中的俗语词也有在色彩意义上发生变化的情况。

一、词义扬升

所谓词义扬升，是指词的肯定感情色彩或评价因素的产生或增强，如"乖角"，在宋时指做事不明事理、有悖情理的人。《萍洲可谈》卷一："都下市井辈，谓不循理者为'乖角'。"《七修类稿》卷二十四："乖角，不晓事意，故韩诗曰'亲朋顿乖角'是也。今人反以为聪明意，错矣。"①

"乖角"本源自东汉不应官府征召的郭泰，据传在一次下雨时，他的头巾被风吹折一角，于是时人纷纷效仿，也将头巾折角。本指折巾一角这种佩戴方式，只是这种方式有违常规，所以才被称为"乖角"。"乖"有背离常规的意思。"角"即巾角。据此，"乖角"又引申为"抵牾、矛盾"义，用作名词。如南朝梁慧皎《高僧传·译经上·安清》："或由传者纰缪，致成乖角。"唐刘知几《史通·内篇·浮词》："今之记事也则不然，或隔卷异篇，遽相矛盾；或连行接句，顿成乖角。"

唐宋时，"乖角"指有悖情理，又可用作形容词。唐罗隐《焚书坑》诗："祖龙算事浑乖角，将谓诗书活得人。"这种用法是"抵牾、矛盾"义的引申。《萍洲可谈》直接解释"乖角"为"都下市井辈谓不循理者"。据此可知，截至唐宋时期，"乖角"词义仍含有贬义色彩。至明代，特别是在明清通俗传奇小说中，"乖角"的感情色彩发生改变，由贬义转褒义，多指人聪

---

① （明）郎瑛：《七修类稿》，上海古籍出版社2002年版，第172页。

明机灵。清褚人获《坚瓠六集》:"俗美聪慧小儿曰乖角。"[1]

又有"乖觉"一词。《初刻拍案惊奇》卷十七:"谁知这儿子是个乖觉的,点头会意,就晓得其中就里。"明叶盛《水东日记》卷十:"世称警悟有局干人曰'乖觉子',于兵部奏内常用之。然未见所出,韩退之云'亲朋顿乖角',罗隐诗云'祖龙算事浑乖角',宋儒《语录》亦有'乖角',似与今用'乖觉'意相反云。""乖觉"与"乖角"应为同一个词,只是到明清时,"乖角"在感情色彩上出现了新的变化。

二、词义贬降

与词义扬升相反,词义贬降就是指词的否定感情色彩或评价因素的产生或增强,如"客作",原指被别人雇用做工的人,始见于三国时期。《三国志·魏书·管宁传》裴松之注引《魏略》:"(焦光)饥则出为人客作,饱食而已,不取其直。"宋代沿用。《肯綮录》:"今人指佣工之人为客作,三国时已有此语。焦光饥则出为人客作,饱食而已。"因其地位低下、身份卑贱而成为詈辞。

"弟子",本指弟弟和儿子。《论语·学而》:"子曰:'弟子入则孝,出则悌,谨而信,泛爱众,而亲仁。'"北宋邢昺疏:"男子后生为弟。言为人弟与子者,入事父兄则当孝与弟也。"又因老师对学生有如父兄般的教诲之恩,因此"弟子"又用来指门人、学生。《仪礼·士相见礼》:"与老者言,言使弟子。"贾公彦疏引雷次宗云:"学生事师,虽无服,有父兄之恩,故称弟子也。"宗教社团的信徒,也可以称"弟子",如"佛家弟子"等。

"弟子"一词在唐代有了新的发展,出现"梨园弟子"。唐玄宗酷爱音乐,曾挑选三百人在梨园演习音乐,由他亲自教授。因此这些艺人被称为"梨园弟子"。《旧唐书·玄宗本纪》:"玄宗于听政之暇,教太常乐工子弟三百人为丝竹之戏,音响齐发,有一声误,玄宗必觉而正之,号为皇帝弟子,又云梨园弟子,以置院近于禁苑之梨园。"白居易《长恨歌》:"梨园弟子白

---

[1] (清)褚人获:《坚瓠六集》,上海古籍出版社1995年版,第166页。

发新，椒房阿监青娥老。"

"梨园弟子"中，"弟子"仍是指学生、门人，只是这些"弟子"是歌舞艺人，而歌舞艺人在当时社会地位较低，受人歧视，"弟子"一词的语义色彩也因而受到影响，有了贬义的色彩。到宋代，"弟子"成为对妓女、歌女的俗称就与此有关。《演繁露》卷六："玄宗选乐工数百人，自教法曲于梨园，谓之皇帝梨园弟子。至今犹谓优女为弟子，此其始也。"《萍洲可谈》卷三："倡妇，州郡隶狱官，以伴女囚。近世择姿容，习歌舞，迎送使客，侍宴好，谓之弟子。"宋代还有"妓弟"之称，指称的对象就更加明显。《都城纪胜》："天府诸酒库，每遇寒食节前开沽煮酒，中秋节前后开沽新酒。各用妓弟，乘骑作三等装束。"元明时期又出现"弟子孩儿"，即指娼妓生的孩子，多用来骂人。《西厢记》第五本第三折："净云这桩事都是那长老秃驴弟子孩儿，我明日慢慢的和他说话。"《二刻拍案惊奇》卷十四："正说之间，大夫醒来，口里又喃喃的骂道：'小的们打起火把，快将这贼弟子孩儿送到厢里去！'"

考察"弟子"一词的演变，在词义上经历了由"弟弟和儿子→门人、学生→梨园弟子→歌女、妓女→娼妓的孩子"的转变，组合形式上由最初的并列短语发展为词，感情色彩上逐步由中性词转化为贬义词，造成这一重要转变的是唐代"梨园弟子"的产生。

三、感情色彩发生多次转变

宋代笔记中还有一部分俗语词，其词义并非简单地在褒贬之间变化，有的还会在褒贬程度上发生多次变化。

"小姐"在宋代是贱称，多指地位卑微的婢女或妓女。《陔余丛考》卷三十八："在宋时则闺阁女称小娘子，而小姐乃贱者之称耳。钱惟演《玉堂逢辰录》记营王宫火，起于茶酒宫人韩小姐谋放火私奔，是宫婢称小姐也。东坡亦有《成伯席上赠妓人杨姐》诗。《夷坚志》：傅九者好狎游，常与散乐林小姐绸缪，约窃而逃，不得，遂与林小姐共缢死。又建康女娼杨氏死，现形，与蔡五为妻。一道士来仗剑逐去，谓蔡曰：'此建康娼女杨小姐也.'此妓女称小姐也。"① 至元代始,才用来称呼贵族家庭的未婚女子,成为一种敬称,作为褒义词应用。在现代汉语中,"小姐"在早期仍是对未婚女子的尊称,后因多被用来指称从事性服务的年轻女性,遂带有了贬义色彩。

词语色彩意义的变化,与词语产生和存在的社会背景、社会心理密切相关。有些是长期以来形成的性别歧视造成的,如"小姐"一词,就产生了感情色彩上的多次变化,其中一个重要因素就是与女性在传统社会中的地位相对较低、长期受到歧视的社会现实相关。有些与特定的社会心理紧密相连,如"客作""村"等色彩意义的转变,即反映了人们长期以来对于某类职业、某个社会阶层的歧视。还有一些则源于特定历史时期形成的某种歧视心理的延续,如"汉",其色彩意义的转变,就是因南北朝时期,汉人政权旁落,地位下降所致。这种心理一直延续至宋。在对宋代笔记中俗语词的感情色彩变化进行考察时,一个较为明显的现象即是,色彩意义转贬的用例较多,这大概与人们对不好的、不愉快的事情产生的联想记忆更为深刻有关。

在词义生成及演变的过程中,也会出现词类之间的转变,特别是动词、名词、形容词等实词类别的转化。

(一) 名词→形容词

"酸馅",本为名词,宋时指类似于包子的面食。《梦粱录》卷十六中有"肉酸馅""七宝酸馅"的记录。这种酸馅,在寺庙里做得特别多,多为素馅。《铁围山丛谈》卷五:"(僧道楷)后十许年乃死。方其死时,招聚大众曰:'汝等偕来,尝吾大酸馅。'食竟,独入深山,久不出。众往视之,坐石上,已跏趺而化矣。"后成为诗论用语,常把僧诗中所透出的凡俗之气称为"酸馅气"。《石林诗话》卷下:"近世僧学诗者极多,皆无超然自得之气,往往反拾掇摹效士大夫所残弃,又自作一种僧体,格律尤凡俗,世谓之酸馅气。子瞻《赠惠通诗》云:'语带烟霞从古少,气含蔬笋到公无。'尝语人曰:

---

① (清)赵翼:《陔余丛考》,中华书局1963年版,第831页。

'颇解蔬笋语否？为无酸馅气也。'闻者无不皆笑。"

"利市"，原指做生意本少利多。《鹤林玉露》甲编卷一："俗语称利市，亦有所祖。《左氏传》：郑人盟商人之辞曰：'尔无我叛，我无强贾，尔有利市宝贿，我勿与知。'"后用作名词，指节日或喜事讨的喜钱。《东京梦华录》卷五："至迎娶日，儿家以车子或花檐子发迎客引至女家门，女家管待迎客，与之彩段，作乐催妆上车檐，从人未肯起，吵咬利市。"现广东方言仍将过年的红包、压岁钱称为利市。后引申为"吉利"。《北梦琐言》卷三："夏侯孜相国未偶，伶俜风尘，蹇驴无故坠井。每及朝士之门，舍逆旅之馆，多有龃龉，时人号曰'不利市秀才'。"《东轩笔录》卷十："王拱辰自翰林承旨除宣徽使，张方平自承旨为参知政事，不数日，而以忧去，服除，亦以宣徽使学士院，以承旨卜子为不利市，凡入翰林无肯居之者。"

（二）动词→名词

"行菜"，动词，指上菜、端菜。洪璨《永遇乐·送春》："金钗斗草，玉盘行菜，往事了无凭据。合楼松儿，分香帕子，总是牵情处。"后用来指上菜的人，用作名词。《东京梦华录》卷四："都人侈纵，百端呼索，或热或冷，或温或整，或绝冷，精浇、臛浇之类，人人索唤不同。行菜得之，近局次立，从头唱念，报与局内……须臾，行菜者左手杈三碗，右臂自手至肩，驮叠约二十碗，散下尽合各人呼索，不容差错。"邓之诚注："后世谓之堂官，昔都中又谓之跑堂。"

"常卖"，本为动词，指走街串巷叫卖。《云麓漫钞》卷七："方言以微细物博易于乡市中自唱，曰常卖。"《铁围山丛谈》卷一："有《制古元圭议》行于世，诚不诬已。元圭传乃丁晋公家物，流落出常卖檐上，士人王提举敏文者，以千七百金售得之，与宦者谭稹。"后用来指称叫卖日常物品的小贩，转变为名词。《东京梦华录》卷五："霍四究，说《三分》。尹常卖，《五代史》。文八娘，叫果子。其余不可胜数。"

以上俗语词发展过程中发生的词性转变，有的是转喻这一认知方式在词义转变过程中的体现，如"行菜""常卖"，都是用表示动作行为的动词性义项,转指与该动作行为相关的事物或人,形成名词性义项。在俗语词由名词性转变为形容词性的过程中,又多是借助事物之间性质上的相似性产生隐喻映射实现的,如"酸馅",是用食物转指长期食用这种食物的群体,同时依据这一群体的特征与某种行文风格上的相似性,产生出形容词用法,应该是转喻、隐喻共同作用的结果。

词条索引

章节		词条
绪论		宁馨　阿堵　睡觉　老婆　开荤　葛藤　插钗　压惊　草帖　定帖　兜裹　吃茶　打春　鞭春　子推燕　埋祟　粃盆　生盆　醉司命　撒园荾　赐无畏
宋代笔记俗语词分类例说	称谓类俗语词	爹　爹爹　老爹　妈　妈妈　老子　过房　过房子　螟蛉　丈　丈人　丈母　布袋　接脚　接脚婿　接脚夫　接脚夫人　汉　不了事汉　无良汉　闲汉　长脚汉　老汉　娘　娘子　小娘子　孃　老娘　奴　奴奴　措大　小底　虫蚁　弄虫蚁　冠子虫　虫儿　喜虫儿　无过虫　待诏　端公　张王李赵　三姑六婆　觅贴儿　白日鬼　旱魃　奴哥　酒纠　录事　生张八　鼓子花　官家　官里　朝家　阿舅　瓦剌国　宽定宕　下辈　客作儿　九百　伍佰　五百　乾　赤老　方头　鸭儿
	名物类俗语词	大梳裹　闹蛾　一年景　搭罗儿　不制衿　错到底　吃食　汤饼　蒸饼　笼饼　炊饼　环饼　凉饼　胡皱　盘游饭　团油饭　谷董羹　骨董羹　浑羊没忽　仰尘　杌子　兀子　太平车　平头车　串车　浪子车　痴车　檐子　木脚道　裹足　盘缠　销金锅儿　鬼市子　浮铺　歇眼　疹市　盘术　盘街　把街　卖梅子　撒暂　打野呵　打野河　分茶　拍户　打碗头　点花牌　花茶坊　门床马道　长生库　混堂　扑　卖扑　扑卖　关扑　呼卢　物事　家事　动事　动使　家生　引光奴　火寸　不彻头　黄胖　磨喝乐　戏面　骨朵　沙锣　斯锣　筛锣　三更　半夜　外后日　巴鼻　话霸　话靶

续表

章节		词条
宋代笔记俗语词构词法考察	动作类俗语词	剐脱 脱笼 脱空 赚脱 赚脱 骗妨 哈抱 栈 擦 下手 上路 放钱 生放 走作 作闹 踏逐 乾 没 会得 装潢子 争闲气
	性状类俗语词	唧溜 卿溜 厥拨 冬烘 泼 村 沙 絮 滚 臢 馊 热熟 定叠 妥帖 帖妥 宁帖 安帖 帖安 稳帖 帖伏 察只 色叫 色缴 嗑咀 饶舌 摸棱 二形 两来
	复合式俗语词	勾当 管勾 管定 趁 赶趁 扑买 买扑 匀停 停匀 打拷 拷打 锁钥 锁匙 钥匙 根脚 关节 耐实 照证 早晚 五角六张 空手冷面 八文十二 挂搭 则声 则甚 搭猱 放偷 嫁金蚕 照虚耗 吃冷茶 提茶瓶 恶发 手滑 口快 马构 都坑 秃丁 看盘 花腿 强项 婪尾酒 木老鸦 鬼樊楼 杂嚼 分疏 绝倒
	重叠式俗语词	翁翁 婆婆 的的 看看 些些
	派生式俗语词	老+姓名 老虎 老鸦 老婆 阿+名或姓 阿舅 阿谁 打叠 打聚 打量 打算 打交道 打酒坐 渡子 院子 察子 房子 海子 花子 酒子 嘴子 腔子 果子 痴伯子 平面子 指环子 注子 望子 等子 结子 叫子 帵子 拂子 消息子 手把子 些子 憨子 呆子 倾脚头 盖头 驾头 话头 意头 早来 晓来 夜来 适来 比来 怎生 院子 院子家 作家 公子家 囊家
宋代笔记俗语词成词理据分析	俗语词成词理据的语言因素	阿阿 则则 郭索 钩輈 谢豹 欸乃 娄罗 偻罗 茜苴 恅惶 老草 惶恅 郎当 阑单 鹘突 胡卢提 鹘露蹄 迷嬉 踏跙 骨路 锢路 栲栳 婶妗 破瓜 双弓米 披秉 三节人
	俗语词成词理据的其他因素	炊饼 蜂糖 羹菜 干办 干当 云汉 马子 牛米 两脚羊 饶把火 不羡羊 和骨烂 贴夫 白席 破天荒 安乐窝 五奴 遭鞋底 太师样 司马家

续表

章节		词条
	习非成是对俗语词形成的影响	恶发殿　大小姑山　彭郎矶　通印子鱼　荟蕞　几头酒　云子　牙人　牙婆　杜园　打夜胡　打野胡　麻胡　茉莉　盂兰盆　馂女　煖女　暖女　暖屋
宋代笔记俗语词词义的生成与演变	词义借用与俗语词词义的变化	祗候人　左右人　贴身　横床　横门　郎罢　欢　甜采　快活三　翠　马留　没雕当　程　乌鬼　卫子　步　顾姑　婆焦　不托　馎饦　兀擦　兀撒
	词义衍生与俗语词词义的变化	博士　待诏　巡官　衙推　黄门　哥　当家　当行　门客　娇客　官人　连袂　连襟　方亭侯　竹夫人　草大虫　路歧　焌糟　急足　急脚　跳河　两来　荒鼓板　鬳栗　黄白物　狮蛮　花红　芒儿　肉台盘　软盘　头面　害肚历　冤家　黑甜　软饱　待理会　耐辛苦　星腰　掐　过　消　吃　转　翻来　在　大段　根底　万一　照管　些　田地　元来　平白　真个　则个　点心　营生　没兴　下酒　学老子　实惠　终不成　吃香
	俗语词色彩意义的变化	乖角　弟子　小姐　酸馅　利市　行菜　常卖

参考文献

一、语料

（宋）陆游：《老学庵笔记》，中华书局1979年版。
（宋）赵彦卫：《云麓漫钞》，中华书局1996年版。
（宋）洪迈：《容斋随笔》，中华书局2005年版。
（宋）洪迈：《夷坚志》，中华书局1981年版。
（宋）朱弁：《曲洧旧闻》，中华书局2002年版。
（宋）周密：《癸辛杂识》，中华书局1988年版。
（宋）周密：《齐东野语》，中华书局1983年版。
（宋）周密：《武林旧事》，中华书局1991年版。
（宋）罗大经：《鹤林玉露》，中华书局1983年版。
（宋）欧阳修：《归田录》，中华书局1981年版。
（宋）赵令畤：《侯鲭录》，中华书局2002年版。
（宋）司马光：《涑水记闻》，中华书局1989年版。
（宋）叶绍翁：《四朝闻见录》，中华书局1989年版。
（宋）王谠著、周勋初校证：《唐语林校证》，中华书局1987年版。
（宋）孙光宪：《北梦琐言》，中华书局2002年版。
（宋）何薳：《春渚纪闻》，中华书局1983年版。
（宋）苏轼：《东坡志林》，中华书局1981年版。
（宋）魏泰：《东轩笔录》，中华书局1983年版。
（宋）朱彧：《萍洲可谈》，中华书局2007年版。
（宋）庄绰：《鸡肋编》，中华书局1983年版。
（宋）沈括：《梦溪笔谈》，中华书局1985年版。
（宋）苏辙：《龙川略志》，中华书局1982年版。
（宋）苏辙：《龙川别志》，中华书局1982年版。
（宋）刘昌诗：《芦浦笔记》，中华书局1986年版。
（宋）彭乘：《墨客挥犀》，中华书局2002年版。
（宋）彭乘：《续墨客挥犀》，中华书局2002年版。

（宋）张邦基：《墨庄漫录》，中华书局2002年版。
（宋）钱易：《南部新书》，中华书局2002年版。
（宋）吴处厚：《青箱杂记》，中华书局1985年版。
（宋）周辉：《清波杂志》，中华书局1994年版。
（宋）邵伯温：《邵氏闻见录》，中华书局1983年。
（宋）王辟之：《渑水燕谈录》，中华书局1981年版。
（宋）李廌：《师友谈记》，中华书局2002年版。
（宋）叶梦得：《石林燕语》，中华书局1984年版。
（宋）吴自牧：《梦粱录》，中华书局1985年版。
（宋）蔡绦：《铁围山丛谈》，中华书局1983年版。
（宋）姚宽：《西溪丛语》，中华书局1993年版。
（宋）释文莹：《玉壶清话》，中华书局1984年版。
（宋）释文莹：《湘山野录》，中华书局1984年版。
（宋）王栐：《燕翼诒谋录》，中华书局1981年版。
（宋）张世南：《游宦纪闻》，中华书局1981年版。
（宋）孟元老：《东京梦华录》，中华书局1982年版。
（宋）曾敏行：《独醒杂志》，上海古籍出版社2007年版。
（宋）王铚：《默记》，上海古籍出版社2007年版。
（宋）惠洪：《冷斋夜话》，上海古籍出版社2007年版。
（宋）马永卿：《嬾真子》，上海古籍出版社2007年版。
（宋）陶谷：《清异录》，上海古籍出版社2007年版。
（宋）张端义：《贵耳集》，上海古籍出版社2007年版。
（宋）徐度：《却扫编》，上海古籍出版社2007年版。
（宋）王明清：《挥麈后录》，上海古籍出版社2007年版。
（宋）黄休复：《茅亭客话》，上海古籍出版社2007年版。
（宋）王得臣：《麈史》，上海古籍出版社2007年版。
（宋）江休复：《江邻几杂志》，上海古籍出版社2007年版。
（宋）叶梦得：《避暑录话》，上海古籍出版社2007年版。
（宋）洪迈：《容斋随笔》，上海古籍出版社1978年版。
（宋）杨亿：《杨文公谈苑》，上海古籍出版社2007年版。
（宋）赵与时：《宾退录》，上海古籍出版社2007年版。
（宋）张师正：《括异志》，上海古籍出版社2007年版。
（宋）王应麟：《困学纪闻》，上海古籍出版社2008年版。
（宋）西湖老人：《繁胜录》，上海古籍出版社2002年版。

（宋）耐得翁：《都城纪胜》，上海古籍出版社 1993 年版。
（宋）王楙：《野客丛书》，大象出版社 2008 年版。
（宋）吴曾：《能改斋漫录》，大象出版社 2008 年版。
（宋）龙衮：《江南野史》，大象出版社 2008 年版。
（宋）李攸：《宋朝事实》，商务印书馆 1935 年版。
（宋）罗烨：《醉翁谈录》，古典文学出版社 1957 年版。

二、古籍

（汉）许慎：《说文解字》，中华书局 1963 年版。
（南朝梁）萧统编、（唐）李善注：《文选》，上海古籍出版社 1986 年版。
（唐）刘肃：《大唐新语》，中华书局 1984 年版。
（唐）崔令钦：《教坊记》，中华书局 2012 年版。
（唐）苏鹗：《苏氏演义》，中华书局 2012 年版。
（唐）赵元一：《奉天录》，中华书局 2014 年版。
（唐）释慧琳：《一切经音义》，上海古籍出版社 1986 年版。
（唐）刘餗：《隋唐嘉话》，中华书局 1979 年版。
（唐）张鷟：《朝野佥载》，中华书局 1979 年版。
（五代）王仁裕：《开元天宝遗事》，中华书局 2006 年版。
（清）彭定求等编：《全唐诗》（增订本），中华书局 1999 年版。
（清）董诰等编：《全唐文》，中华书局 1983 年版。
（唐）段成式：《酉阳杂俎》，中华书局 1981 年版。
（南唐）静、筠禅师：《祖堂集》，中州古籍出版社 2001 年版。
（五代）王定保：《唐摭言》，上海古籍出版社 2000 年版。
曾枣庄、刘琳主编：《全宋文》，上海辞书出版社 2006 年。
唐圭璋编：《全宋词》，中华书局 1965 年版。
傅璇琮等主编：《全宋诗》，北京大学出版社 1991 年版。
（宋）黎靖德：《朱子语类》，中华书局 1986 年版。
（宋）傅肱：《蟹谱》，商务印书馆 1939 年版。
徐征等主编：《全元曲》，河北教育出版社 1998 年版。
徐沁君校点：《新校元刊杂剧三十种》，中华书局 1980 年版。
程毅中辑注：《宋元小说家话本集》，齐鲁书社 2000 年版。
（元）徐元瑞：《吏学指南》，浙江古籍出版社 1988 年版。
（金）董解元撰、凌景埏校注：《董解元西厢记校注》，人民文学出版社 1962 年版。

（元）陶宗仪：《南村辍耕录》，中华书局 1958 年版。
（明）谢肇淛：《五杂俎》，上海古籍出版社 2002 年版。
（明）沈德潜：《万历野获编》，中华书局 1959 年版。
（明）陆容：《菽园杂记》，中华书局 1985 年版。
（明）郎瑛：《七修类稿》，上海古籍出版社 2002 年版。
（明）罗贯中：《三国演义》，中华书局 1995 年版。
（明）施耐庵等：《水浒全传》，人民文学出版社 1954 年版。
（明）吴承恩：《西游记》，人民文学出版社 1980 年版。
（明）兰陵笑笑生：《新刻绣像批评金瓶梅》，齐鲁书社 1989 年版。
（明）冯梦龙：《喻世明言》，中华书局 1991 年版。
（明）冯梦龙：《警世通言》，中华书局 1991 年版。
（明）冯梦龙：《醒世恒言》，中华书局 1991 年版。
（明）凌蒙初：《拍案惊奇》，上海古籍出版社 1985 年版。
（明）凌蒙初：《二刻拍案惊奇》，上海古籍出版社 1985 年版。
（明）陆容：《菽园杂记》，中华书局 1985 年版。
（明）徐渭：《南词叙录》，中国戏剧出版社 1959 年版。
（明）史玄：《旧京遗事》，北京古籍出版社 1986 年版。
（明）陈士元：《俚言解》，上海古籍出版社 1989 年版。
（明）田汝成：《西湖游览志余》，东方出版社 2012 年版。
（明）方以智：《通雅》，中国书店 1990 年版。
（清）梁章钜：《称谓录》，上海古籍出版社 1989 年版。
（清）钱大昕：《恒言录》，上海古籍出版社 2002 年版。
（清）褚人获：《坚瓠六集》，上海古籍出版社 1995 年版。
（清）厉荃：《事物异名录》，上海古籍出版社 1995 年版。
（清）徐珂：《清稗类钞》，中华书局 1984 年版。
（清）胡文英：《吴下方言考》，上海古籍出版社 2002 年版。
（清）纪昀：《阅微草堂笔记》，上海启智书局 1931 年版。
（清）郭麐：《灵芬馆诗话》，上海古籍出版社 2002 年版。
（清）吴振臣：《宁古塔记略》，中华书局 1985 年版。
（清）乔松年：《萝藦亭札记》，上海古籍出版社 2002 年版。
（清）李鉴堂：《俗语考原》，上海古籍出版社 1989 年版。
（清）翟灏：《通俗编》，上海古籍出版社 2002 年版。
（清）赵翼：《陔余丛考》，中华书局 1963 年版。
（清）曹雪芹：《红楼梦》，人民文学出版社 1982 年版。

（汉）司马迁：《史记》，中华书局 1959 年版。
（汉）班固：《汉书》，中华书局 1962 年版。
（南朝宋）范晔：《后汉书》，中华书局 1965 年版。
（晋）陈寿：《三国志》，中华书局 1959 年版。
（唐）房玄龄等：《晋书》，中华书局 1974 年版。
（南朝梁）沈约：《宋书》，中华书局 1974 年版。
（唐）李延寿：《北史》，中华书局 1974 年版。
（唐）李延寿：《南史》，中华书局 1975 年版。
（宋）欧阳修：《新五代史》，中华书局 1974 年版。
（元）脱脱：《宋史》，中华书局 1977 年版。

三、专著

章炳麟：《新方言》，上海古籍出版社 2002 年版。
鲁迅：《中国小说史略》，人民文学出版社 2007 年版。
钱锺书：《管锥编》，中华书局 1979 年版。
王力：《汉语史稿》，中华书局 1980 年版。
吕叔湘：《近代汉语指代词》，学林出版社 1985 年版。
吕叔湘：《语文杂记》，三联书店 1988 年版。
吕叔湘：《汉语语法论文集》，商务印书馆 1999 年版。
朱德熙：《语法讲义》，商务印书馆 2000 年版。
蒋绍愚：《古汉语词汇纲要》，北京大学出版社 1989 年版。
蒋绍愚：《近代汉语研究概要》，北京大学出版社 2005 年版。
郭在贻：《训诂学》（修订本），中华书局 2005 年版。
王锳：《唐宋笔记语辞汇释》，中华书局 2001 年版。
钟敬文：《民俗文化学》，中华书局 1996 年版。
蒋礼鸿：《义府续貂》，中华书局 1981 年版。
蒋礼鸿：《敦煌变文字义通释》，上海古籍出版社 1981 年版。
朱凤玉：《敦煌写本〈碎金〉研究》，文津出版社 1997 年版。
王重民、王庆菽、向达：《敦煌变文集》，人民文学出版社 1957 年版。
刘坚、蒋绍愚编：《近代汉语语法资料汇编·宋代卷》，商务印书馆 1992 年版。
朱庆之：《佛典与中古汉语词汇研究》，文津出版社 1992 年版。
徐时仪：《慧琳音义研究》，上海社会科学院出版社 1997 年版。
徐时仪：《古白话词汇研究论稿》，上海教育出版社 2000 年。

项楚：《王梵志诗校注》，上海古籍出版社1991年版。
刘叶秋：《历代笔记概述》，北京出版社2003年版。
唐贤清：《〈朱子语类〉副词研究》，湖南人民出版社2004年版。
陈明娥：《朱熹口语文献词汇研究》，厦门大学出版社2011年版。
程湘清主编：《宋元明汉语研究》，山东教育出版社1992年版。
李文泽：《宋代语言研究》，线装书局2001年版。
徐宗才：《俗语》，商务印书馆1999年版。
刘敬林：《金瓶梅方俗难词辨释》，线装书局2008年版。
谢穑：《宋代女性词人群体研究》，湖南人民出版社2010年版。
顾学颉、王学奇：《元曲释词》，中国社会科学出版社1983年版。
冯春田：《近代汉语语法问题研究》，山东教育出版社1991年版。
丁世良等：《中国地方志民俗资料汇编·华北卷》，书目文献出版社1989年版。
张鹤泉：《聊城方言志》，语文出版社1995年版。
俞理明：《汉语缩略研究——缩略：语言符号的再符号化》，巴蜀书社2005年版。
董秀芳：《词汇化——汉语双音词的衍生和发展》，商务印书馆2011年版。
康保成：《傩戏艺术源流》，广东高等教育出版社2011年版。
［瑞士］索绪尔：《普通语言学教程》，高明凯等译，商务印书馆1982年版。
［日］太田辰夫：《中国语历史文法》，蒋绍愚、徐昌华译，北京大学出版社2003年版。
［日］志村良治：《中国中世语法史研究》，江蓝生、白维国译，中华书局1995年版。

四、论文

赵元任：《什么是正确的汉语》，颜森译注，载《江西师范大学学报（哲学社会科学版）》1989年第3期。
黄征：《汉语俗语词研究的几个理论问题》，载《杭州大学学报》1992年第2期。
章培恒：《关于现存的所谓"宋话本"》，载《上海大学学报》1996年第1期。
江蓝生：《说"揩大"》，载《语言研究》1995年第1期。

王瑛：《唐宋笔记词语释义》，载《语文研究》1986 年第 4 期。

蒋宗许：《〈唐宋笔记语词汇释·备考录〉杂考》，载《古汉语研究》1995 年第 2 期。

王学奇：《释"巴"》，载《河北师范大学学报》2000 年第 4 期。

王学奇：《宋元明清戏曲中的少数民族语（二）》，载《唐山师范学院学报》2001 年第 3 期。

俞理明：《"娘"字小考》，见《汉语史学报》（第二辑），上海教育出版社 2002 年版。

李娟红：《宋代笔记小说对词语理据的探求管窥》，见《汉语史研究集刊》（第十一辑），巴蜀书社 2008 年版。

刘蓉：《宋代笔记和方俗词语研究》，载《玉溪师专学报》1995 年第 1 期。

武建宇：《宋代笔记俗语词斠补》，载《河北师范大学学报》2009 年第 5 期。

刘颖：《宋代笔记小说中的名词词尾"子"》，载《长江大学学报》2011 年第 4 期。

郭作飞、周红苓：《唐宋笔记疑难词语考释》，载《古汉语研究》2009 年第 4 期。

邓红梅：《唐宋笔记中民间隐语的特点》，载《成都大学学报》2006 年第 2 期。

李文泽：《宋代语言中的同义词聚合》，载《四川大学学报》2001 年第 1 期。

李娟红：《从笔记小说释词现象看词语的理据》，载《江西社会科学》2009 年第 1 期。

高兴：《古人笔记与〈汉语大词典〉》，载《安徽师大学报》1998 年第 4 期。

丁海燕：《宋人史料笔记研究——从〈四库全书总目〉对宋代史料笔记的评价谈起》，载《中州学刊》2004 年第 1 期。

汪少华：《"阑单"辨》，载《古汉语研究》1995 年第 3 期。

黑维强：《说"馎饦、饽饦儿、圪饦儿"》，载《语言科学》2009 年第 1 期。

钟兆华：《"不成"词性的转移》，载《中国语文》1991 第 4 期。

杨永龙：《近代汉语反诘副词"不成"的来源及虚化过程》，载《语言研究》2000 年第 1 期。

杨琳：《俗语词研究概说》，载《文化学刊》2013年第5期。
杨琳：《龟、鸭、王八语源考》，载《中国文化研究》2006年第2期。
杨琳：《论方言求义法》，载《燕赵学术》2010年春之卷。
［日］竺沙雅章：《论"吃菜事魔"》，载《世界宗教资料》1988年第3期。
薛兆瑞：《释"官家"》，见《文史》（第18辑），中华书局1983年版。
马国凡、邢向东：《内蒙西部方言词语札记》，载《内蒙古师范大学学报》1989年第2期。
雷汉卿：《近代俗语词杂考》，见《汉语史研究集刊》（第9辑），巴蜀书社2006年版。
王庆：《说婪尾、蓝尾、阑尾、阑》，载《文史知识》2013年第11期。
周士琦：《漫话古董》，载《收藏家》1995年第1期。
张恨无：《装裱名词考辨》，载《苏州教育学院学报》2008年第4期。
陈明富：《"泼"作詈词演变轨迹考察》，载《天中学刊》2013年第5期。
牛尚鹏：《试谈"栲栳"之词义、理据及语源》，载《唐山学院学报》2011年第5期。
李正宇：《释"耴没忽"——敦煌遗书王梵志诗俗词语研究之一》，载《敦煌研究》创刊号，1983年。
李伟大：《"吱声"源流考辨》，载《中国语文》2013年第5期。
李天虹：《秦汉时分纪时制综论》，载《考古学报》2012年第3期。

五、学位论文

郭晓君：《〈夷坚志〉词语研究》，厦门大学2008年硕士学位论文。
吴敏：《〈老学庵笔记〉词汇研究》，四川大学2006年硕士学位论文。
曹文亮：《〈能改斋漫录〉训诂研究》，四川大学2007年硕士学位论文。
武艳茹：《〈容斋随笔〉心理动词研究》，河北师范大学2010年硕士学位论文。
赵艳丽：《〈唐语林〉词汇研究》，四川大学2007年硕士学位论文。
周军：《洪迈笔记语言分词理论与实践》，广西师范大学2010年硕士学位论文。
黄建宁：《笔记小说俗谚研究》，四川大学2004年博士学位论文。
武建宇：《〈夷坚志〉复音词研究》，四川大学2004年博士学位论文。
陈敏：《宋人笔记与汉语词汇学》，浙江大学2007年博士学位论文。

六、工具书

汉语大词典编委会:《汉语大词典》,汉语大词典出版社,1991—1998年。

袁宾、段晓华、徐时仪、曹澂明:《宋语言词典》,上海教育出版社1997年版。

龙潜庵:《宋元语言词典》,上海辞书出版社1985年版。

曹聪孙:《中国俗语典》,四川教育出版社1991年版。

丁福保:《佛学大辞典》,中国书店出版社2011年版。

蒋礼鸿:《敦煌文献语言词典》,杭州大学出版社1994年版。

许宝华、[日]宫田一郎:《汉语方言大词典》,中华书局1999年版。

许少锋:《近代汉语大词典》,中华书局2008年版。

[日]长泽规矩也:《明清俗语辞书集成》,上海古籍出版社1989年版。

后 记

  本书是在我 2016 年博士毕业论文的基础上完善而成。时隔多年，虽做了多次修改增删，但依然觉得还很不成熟，之所以不揣浅陋选择出版，是希望对自己过往的学习和思考作一个阶段性总结，更是希望能得到更多的批评指导。

  在这里，我也想借此机会向一直给予我关心、支持和鼓励的人表示由衷的感谢。首先我要感谢的是我的两位授业恩师：我的博士生导师冯春田教授和硕士生导师吴庆峰教授。两位恩师不仅在我就读期间，更是在我之后的教学科研道路上一直给予我源源不断的关心和鼓励。冯老师博学多识、睿智严谨，在语言现象和问题的关照、研究等方面给予我很大的启发，本书在立意、写作和修改过程中，冯老师都倾注了大量心血；吴老师善治训诂，谆谆教诲如春风化雨，听说本书即将出版，欣然提笔作序，并通读书稿，将其中的问题一一标出，逐项进行沟通，令我深受感动。可以说，两位恩师不仅令人钦佩，更让人感到温暖，正是他们的鞭策和教导，改变和提升了我对学习、教学和科研的认知，把我带进语言研究这个既丰富多彩又魅力无限的广袤世界。

  感谢那些在本书，包括博士论文写作过程中给予我关心帮助的各位老师和朋友们，多年以来，至今感念在心。在论文开题和写作、定稿、答辩过程中，中国社会科学院杨永龙教授、赵长才教授、沈明教授，山东大学钱曾怡教授、宋开玉教授、丁秀菊教授，山东师范大学张文国教授等，都及时提出建议和指导、给予鼓励。感谢山东财经大学国际教育学院、山东大学儒学高等研究院的领导和老师们，感谢王其和、刘永静等我的同门学友们，在我工作、学习期间，给了我关心、帮助和支持。感谢知识产权出版社和责任编辑李学军老师，正是他严谨认真的审校，才有了本书的及时出版。最后，感谢我的家人，是他们始终给予我最深厚、最贴心的陪伴、理解和关怀。这些年来，学习、教学、思考、写作，一路走来，得到的关心和帮助让我终身受益，须臾不能忘记。

齐瑞霞
2021 年 7 月于泉城济南